高等职业教育"互联网+"创新型系列教材

供配电技术

主　编　齐向阳

副主编　操时英　张一新　张　赛

参　编　杨代铭　兰海生　邱建宏

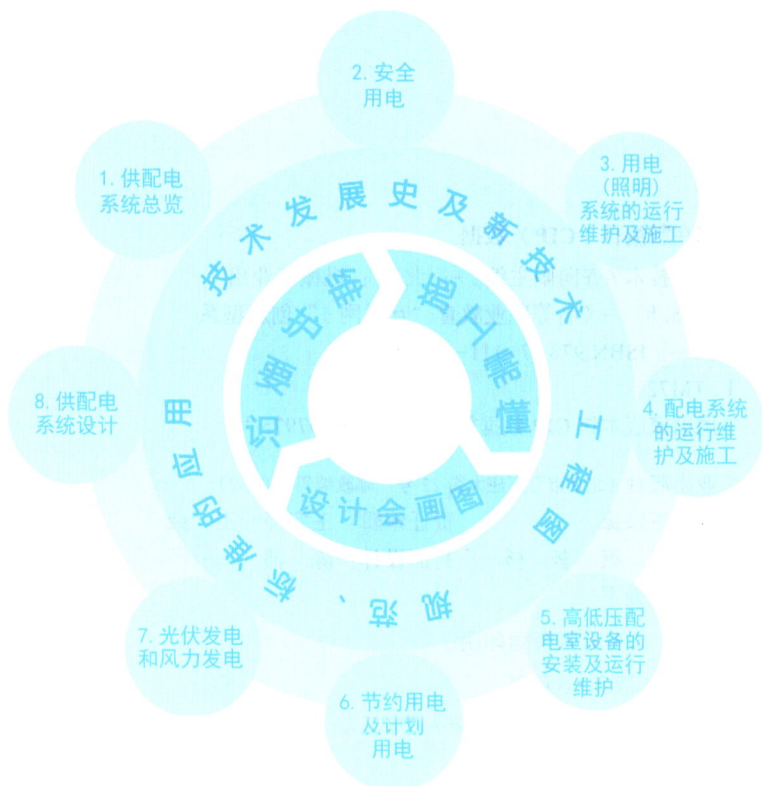

1. 供配电系统总览
2. 安全用电
3. 用电（照明）系统的运行维护及施工
4. 配电系统的运行维护及施工
5. 高低压配电室设备的安装及运行维护
6. 节约用电及计划用电
7. 光伏发电和风力发电
8. 供配电系统设计

技术发展史及新技术

机械工业出版社

本书主要内容包括供配电系统总览、安全用电、用电（照明）系统的运行维护及施工、配电系统的运行维护及施工、高低压配电室设备的安装及运行维护、节约用电及计划用电、光伏发电和风力发电以及供配电系统设计。

本书内容力求全面涵盖供配电技术的知识点和能力点，注重讲述技术所依据的工程规范、标准，注重技术发展史和新技术；章节排序上由易到难，内容上多采用图表形式。

本书可作为高等职业教育电气自动化技术、供用电技术、电力系统自动化技术、建筑电气与智能化工程、建筑智能化工程技术、建筑消防技术、分布式发电与智能微电网技术专业及相关专业的教材，可供从事电力、电气工程及相关专业的技术或管理人员参考，也可供对供配电技术感兴趣的人员阅读。

为方便教学，本书配有微课、视频、免费电子课件、模拟试卷及参考答案等，凡选用本书作为授课教材的教师，均可登录机械工业出版社教育服务网（http://www.cmpedu.com）注册后下载。咨询电话：010-88379375。

图书在版编目（CIP）数据

供配电技术 / 齐向阳主编 . -- 北京：机械工业出版社，2025.8. --（高等职业教育"互联网+"创新型系列教材）. -- ISBN 978-7-111-78795-2

Ⅰ . TM72

中国国家版本馆 CIP 数据核字第 2025WQ7975 号

机械工业出版社（北京市百万庄大街 22 号　邮政编码 100037）

策划编辑：王宗锋　　　　　　　责任编辑：王宗锋　王　荣
责任校对：张　薇　李　杉　　　封面设计：陈　沛
责任印制：单爱军

中煤（北京）印务有限公司印刷

2025 年 8 月第 1 版第 1 次印刷

184mm × 260mm · 15 印张 · 362 千字

标准书号：ISBN 978-7-111-78795-2

定价：49.00 元

电话服务　　　　　　　　　　网络服务
客服电话：010-88361066　　　机 工 官 网：www.cmpbook.com
　　　　　010-88379833　　　机 工 官 博：weibo.com/cmp1952
　　　　　010-68326294　　　金 书 网：www.golden-book.com
封底无防伪标均为盗版　　机工教育服务网：www.cmpedu.com

前　言

本书共 8 章，首先进行供配电系统总览，打下初步的基础；其次是安全用电，包括用电故障及其排查、触电抢救、局部等电位联结改造、电气火灾的防范等，为电力安全施工奠定基础；然后重点讲述用电（照明）系统的运行维护及施工、供配电系统的运行维护及施工、高低压配电室设备的安装及运行维护；接下来讲述节约用电及计划用电、光伏发电和风力发电；最后讲述供配电系统设计。

本书在章节安排上由易到难，按照维护、施工、设计的顺序进行编排；知识点编排也是由易到难。

本书具有以下特色。

1）依托真实的工程实践设计任务。以高层住宅供配电系统设计任务为例，根据设计院的真实设计工作内容和流程，将任务分解为高层住宅供配电系统方案设计、初步设计和施工图设计。

2）以工作任务为载体重构知识体系。基于实际工作岗位需求和工作职责，对供配电技术的知识点和技能点进行梳理重构，形成知识体系，其内在逻辑性更符合学生的认知规律。例如，先讲解漏电、短路、尖峰电流等的危害及排查，引导学生入门；再讲解短路的形式、物理过程及短路电流的成分；接下来讲解短路电流的计算，这样就将短路这一较难的知识点按照学生的认知规律重构，由浅入深、循序渐进地引导学生学习。

3）结合国家或行业的规范、标准等进行学习。每节有对应的规范、标准简介。

4）以技术发展史作为素质教育主线。每节单列一小节技术发展内容。

5）多采用图片和表格等，增强教材可读性。本书结合典型商住楼的施工图进行讲解时，涵盖的施工图有：高低压系统图，干线系统图，楼层配电箱、电表箱、用户配电箱系统图，高低压配电室平面图，住宅单元平面图。本书依托比较完整的施工图进行学习，落实了维护要识图、施工需懂图和设计会画图的基本思想。

本书第 1 章由深圳职业技术大学齐向阳编写，第 2 章由深圳职业技术大学操时英编写，第 3 章、第 4 章由深圳职业技术大学齐向阳和许昌电气职业学院张赛编写，第 5 章、第 7 章由广西电力职业技术学院张一新和深圳市光辉电器实业有限公司邱建宏编写，第 6 章由深圳职业技术大学杨代铭编写，第 8 章由深圳职业技术大学操时英和深圳市建筑设计研究总院有限公司兰海生编写。

由于编者知识和经验有限，书中难免有疏漏和不当之处，敬请各位读者、同行和专家批评指正。

编　者

二维码清单

序号	名称	图形	页码	序号	名称	图形	页码
1	供配电技术知识点		1	8	10kV 高压切换柜		137
2	高压系统图和实物的对照		11	9	环网柜		142
3	光强、光通量、亮度和照度		37	10	低压开关柜母线架构		145
4	总线式智能家居系统的安装		51	11	馈电柜介绍		146
5	以配电干线系统为主介绍三级供配电		88	12	低压配电系统图导读		189
6	UPS 的调试		119	13	低压配电系统馈电子系统图物对照		189
7	高低压配电室整体介绍		137	14	配电干线系统图导读		191

目　录

第1章

供配电系统总览

供配电及用电设备占整个建筑投资的百分比越来越高，从早期的 10% 左右发展到目前的 50% 以上。同时，对供配电的可靠性、用电安全、节电、防雷等要求越来越高。供配电及照明的监控、智能化发展迅速，新技术不断出现，这对供配电及照明系统的运行维护、施工和设计提出了更高的要求。在讲解上述内容之前，本章先对供配电及照明系统的构成、知识体系、规范、标准和工程图等进行总览和认识。

1.1 供配电系统的构成和知识体系总览

在详细掌握供配电及照明系统的各个部分之前，首先应了解该系统的构成和知识体系。

1.1.1 电力系统的组成

电力系统是由发电、变电（升压或降压）、输电、配电和用电五个环节组成的电能生产、输配与消费系统。这个系统实现了非电能量通过电能方式传输，最终在人们需要的地方、以人们希望的非电能量方式消耗的全过程。通常，电力系统可分为发电厂、电力网及电力用户三大部分，如图 1-1 所示。

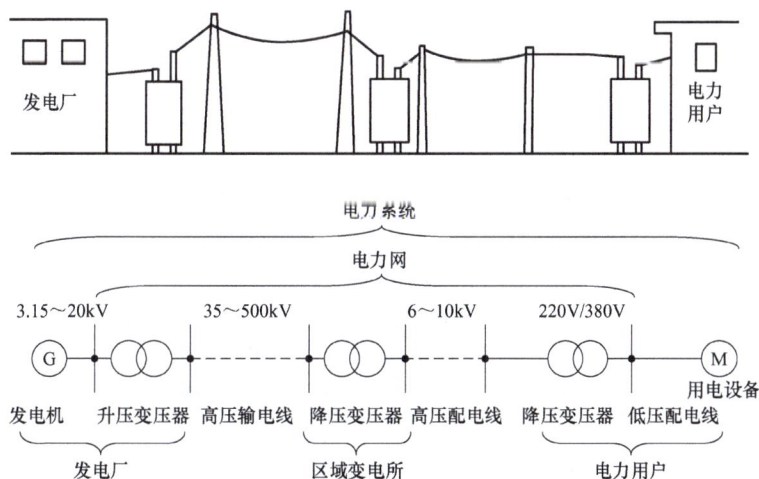

图 1-1 电力系统

1. 发电厂

发电厂把自然界的一次能源通过发电动力装置（主要包括锅炉、汽轮机、发电机及电厂辅助生产系统等）转换成电能。根据一次能源的不同，发电厂主要分为水力发电厂、火力发电厂、核能发电厂、热电厂及燃气发电厂等，此外，还有太阳能发电、风力发电、潮汐发电及地热发电等多种新型发电形式。

由于对环保的要求越来越严格，以及石油、煤炭等能源供应的日趋紧张，发电方式的发展方向是：减少火力发电，增加水力发电、核能发电，大力发展新能源发电（如光伏发电、风力发电、地热能及生物质能发电等）。

我国的三峡水电站安装了 32 台单机容量为 70 万 kW 的水电机组，总装机容量达到 2240 万 kW；内蒙古的大唐托克托发电厂总装机容量为 672 万 kW；广东的华能海门电厂规划建设 6×1000MW 超超临界燃煤发电机组，超超临界燃煤发电机组具有显著的节能和改善环境的效果，与超临界燃煤发电机组相比，热效率可提高 1.2%～4%，一年可节约 6000t 优质煤；大亚湾核电站拥有两台装机容量为 98.4 万 kW 的压水堆核电机组，年发电能力近 150 亿 kW·h；青海的龙羊峡水光互补光伏电站装机容量为 85 万 kW，电站以 330kV 电压等级输电线路送至龙羊峡水电站，通过水电调节后送入电网，一年可发电 14.94 亿 kW·h。

2. 电力网

电力网简称电网，狭义的电力网指的是发电厂和电力用户之间的这部分系统，由变压器、电力线路等组成，起到变换、输送和分配电能的作用。

广义的电力网往往包括电力用户，一般也按照电压等级划分，如高压电网、低压电网，10kV 电网、110kV 电网等。

这里顺带说明动力系统的概念，通常，电力系统加上发电厂的动力部分，以及热能系统和热能用户，称为动力系统。

3. 电力用户

电力用户是由多种配电设备所组成的变换电压和直接向终端用户分配电能的系统，位于电力系统的末端。

本书所说的供配电及照明系统通常是指电力用户。

1.1.2 供配电系统的构成

一般企业、住宅小区或大楼的供电电压是 10kV，有的超大型企业和摩天大楼用电容量特别大，需要 35kV 的供电电压。

图 1-2 所示为供配电及照明系统的构成。对特别重要的电力用户，应提供两路 10kV 电压，一路正常使用，另一路备用。两路 10kV 电压之间的切换由切换柜完成。

环网柜是一种高压开关柜，用来给变压器提供 10kV 电压，以及给附近的电力用户提供 10kV 电压。附近的几个环网柜组成一个开环的网状系统，这就是"环网柜"名称的由来。

建筑内的变压器通常设置两台，室内采用干式变压器，以防油浸式变压器的油污污染室内空间。正常情况下，两台变压器互不相干，各自给各自的负荷供电。在一台变压器发生故障的情况下，另外一台变压器的低压电力通过低压母线上的联络开关给故障变压器下的重要负荷供电，反之亦然，即两台变压器互相备用。这种平时各自工作、故障时互为备用的方式称为暗备用。相对地，平时一台变压器工作、另一台变压器备用的方式称为明备用，明备用很少使用。

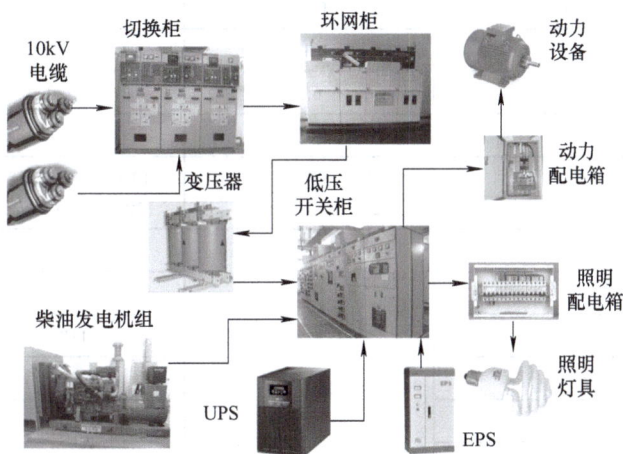

图 1-2　供配电及照明系统的构成

低压开关柜是低压配电的中枢，低压电力从低压开关柜的进线柜引入，从出线柜（又称为馈电柜）引出，给各设备、房间等供电。

柴油发电机组、UPS（不间断电源）、EPS（应急电源）等的作用是在正常电力中断或变压器故障的情况下，手动或自动起动，给重要的负荷（如消防系统、服务器等）提供电力。EPS 主要用于消防设备等的应急供电，强调"持续供电"这一功能；UPS 一般用于精密仪器负荷（如计算机、服务器等），强调"不间断"，即要求切换时间非常短、供电质量高等。

1.1.3　电力系统的电压

我国三相交流电网和电力设备（包括发电机、电力变压器和用电设备等）的额定电压遵守 GB/T 156—2017《标准电压》的规定，详见表 1-1。其中，"低压"指 1000V 及以下的电压；"高压"指 1000V 以上的电压。但也有下列细分：安全特低电压指 50V 及以下的电压，低压指 1000V 及以下的电压，中压指 3 ～ 35kV 的电压，高压指 66 ～ 220kV 的电压，超高压指 330 ～ 500kV 的电压，特高压指 500kV 以上的电压。电压分类标准并不完全一致，有的分类标准将 35kV 归入高压范畴，将 220kV 归入超高压范畴。

通常把交流 36V 及以上的电压称为强电，把交流 36V 以下的电压称为弱电。

电力设备的用电电压一般是 380V/220V，也有一些场合用其他等级的电压，例如，矿山设备用到的 660V 电压。须说明的是，GB/T 156—2017《标准电压》中规定的"电网和用电设备额定电压"尚有 1000（1140）V，但此电压值仅限于矿井下使用。

各国或地区使用的电压有所不同，例如，美国使用 120V/60Hz，日本使用 100V/50Hz，欧洲使用 230V/50Hz。

表 1-1　我国三相交流电网和电力设备的额定电压

分类	电网和用电设备的额定电压 /kV	发电机的额定电压 /kV	电力变压器的额定电压 /kV	
			一次绕组	二次绕组
低压	0.38	0.40	0.38	0.40
	0.66	0.69	0.66	0.69
高压	3	3.15	3、3.15	3.15、3.3
	6	6.3	6、6.3	6.3、6.6
	10	10.5	10、10.5	10.5、11
	20	13.8、15.75、18、20、22、24、26	13.8、15.75、18、20、22、24、26	—
	35	—	35	38.5
	66		66	72.5
	110		110	121
	220		220	242
	330		330	362
	500		500	550
	750		750	825（800）
	1000		1000	1100

1. 电网和用电设备的额定电压

电网的额定电压（标称电压）等级是国家根据国民经济的发展需要和电力工业的发展水平，经全面技术经济分析后确定的，是确定其他电力设备额定电压的基本依据。

用电设备的额定电压规定与电网额定电压相同。不过，按 GB/T 11022—2020《高压交流开关设备和控制设备标准的共用技术要求》规定，高压开关设备和控制设备的额定电压按其允许的最高工作电压标注，即其额定电压不得小于它所在系统可能出现的最高电压。系统的额定电压、最高电压和高压设备的额定电压见表 1-2，我国现在生产的高压设备已按此规定进行了标注。

表 1-2　系统的额定电压、最高电压和高压设备的额定电压　　　　（单位：kV）

系统的额定电压	系统的最高电压	高压开关、互感器及支柱绝缘子的额定电压	穿墙套管的额定电压	熔断器的额定电压
3	3.5	3.6	—	3.5
6	6.9	7.2	6.9	6.9
10	11.5	12	11.5	12
35	40.5	40.5	40.5	40.5

2. 发电机的额定电压

电力线路一般允许的电压偏差为 ±5%，发电机处于线路首端，其额定电压应高于电网（线路）额定电压 5%，以维持线路末端电压偏差在额定值的 −5% 以内。

3. 电力变压器的额定电压

（1）电力变压器一次绕组额定电压　电力变压器一次绕组额定电压的确定分为两种情况：一是变压器一次绕组与发电机直接相连，其一次绕组额定电压应与发电机额定电压相同，即高于电网（线路）额定电压 5%；二是变压器一次绕组不与发电机直接相连，则应将变压器看作电网的用电设备，其一次绕组额定电压应与电网额定电压相同。

（2）电力变压器二次绕组额定电压　变压器二次绕组额定电压是指变压器在其一次绕组上加额定电压时的二次绕组开路（空负荷）电压。当变压器满载（额定负荷）运行时，二次绕组内有约 5% 的阻抗电压降，因此变压器二次绕组额定电压的确定需要考虑上述因素，分为两种情况：一是变压器二次侧的出线较长，如二次侧为较大的高压电网，如图 1-3 中的变压器 TM1，其二次侧出线为较长的高压线路，则变压器二次绕组额定电压一方面要考虑补偿绕组本身 5% 的电压降，另一方面要考虑变压器满载运行时其二次电压仍需高于二次侧电网额定电压 5%，因此变压器二次绕组额定电压应高于其二次侧电网额定电压 10%；二是变压器二次侧的出线不长，如二次侧为低压电网或直接供电给高低压用电设备，如图 1-3 中的变压器 TM2，则变压器二次绕组额定电压只需高于其二次侧电网额定电压 5%，仅考虑补偿变压器绕组内 5% 的电压损耗。

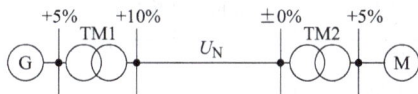

图 1-3　确定电力变压器一、二次绕组额定电压的说明图

1.1.4　供配电系统的知识体系

前面讲解了供配电及照明系统的构成，接下来讲述这些设备构成背后的知识体系。为便于记忆和理解，这里用心智图表示供配电及照明系统的知识体系，如图 1-4 所示。

图 1-4　用心智图表示的供配电及照明系统的知识体系

1.1.5 某商住楼供配电系统的组成及安装位置

图 1-5 所示为某商住楼供配电及照明系统的组成及安装位置。

通常，高、低压开关柜及变压器、柴油发电机组等位于高层建筑的高低压配电室内；端接箱、插接箱及电表箱属于配电干线系统，对于高层建筑，配电干线系统位于电气竖井内，图 1-5 中两条竖直虚线之间的空间表示电气竖井；用户配电箱位于住户或办公房间内。该商住楼一个端接箱给 8 个楼层的插接箱供电，每个楼层设置一个插接箱给该楼层的12 户住户供电，每户的电表箱集中和插接箱设置在一起。

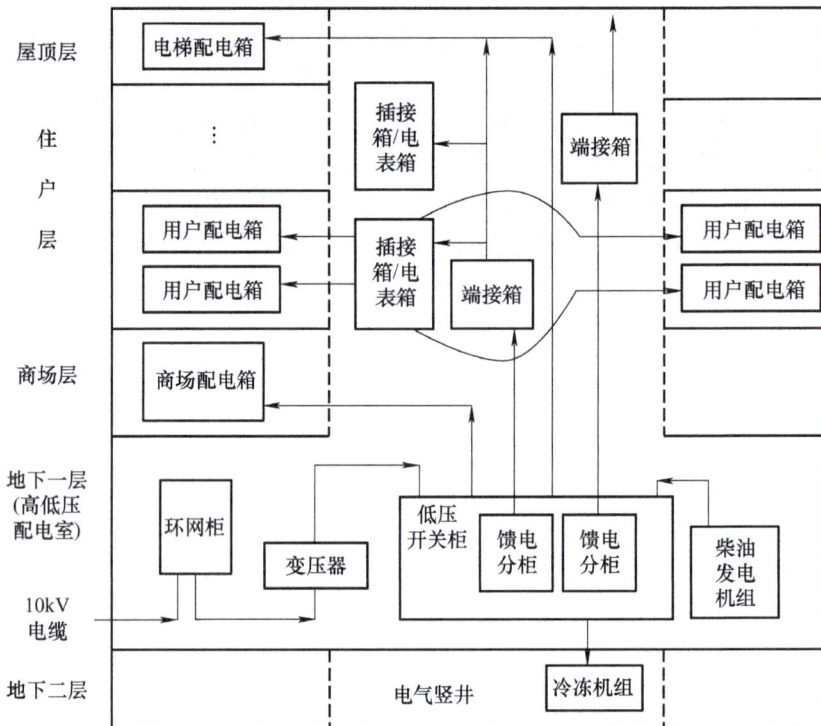

图 1-5　某商住楼供配电及照明系统的组成及安装位置

1.1.6 技术发展：智能电网

智能电网是以物理电网为基础，将先进的传感测量技术、通信技术、计算机技术和控制技术与物理电网高度集成形成的新型电网。它有如下七大特征。

（1）自愈　有自愈能力的电网可以发现并对电网的故障作出反应，快速解决故障，减少停电时间和经济损失。

（2）互动　商业、工业和居民等能源消费者可以看到电费价格，可以选择最合适自己的供电方案和电价。

（3）安全　在建设时就考虑了彻底的安全性。

（4）高电能质量　不会有电压跌落、电压减损、扰动和中断等电能质量问题，适应数据中心、计算机、电子和自动化生产线的需求。

（5）适应所有电源种类和电能储存方式 电网允许即插即用地连接任何电源，包括可再生能源和电能储存设备。

（6）可市场化交易 支持持续的全国性交易，允许地方性与局部革新。

（7）优化电网资产，提高运营效率 仅需建设少量新的基础设施，花费很少的运行维护成本，就可以使已建成系统提供更多的能量。

▷ 习　题 ◁

1. 电力系统由哪三部分构成？
2. 什么是高压？什么是低压？
3. 什么是强电？什么是弱电？
4. 什么场合会用到切换柜？
5. 端接箱通常安装在什么位置？
6. 环网柜的作用是什么？
7. 找一个典型的高层建筑框架图，在图上放置供配电及照明系统的各个组成部分。
8. 试用心智图画出供配电及照明系统的知识体系。

1.2　供配电规范、标准和工程图的认知

本节学习供配电系统的标准、规范和工程图。

1.2.1　供配电规范、标准、图样、图集

供配电系统的标准繁多，有国家标准，也有行业标准。有针对工程设计的标准，有针对产品生产的标准，有针对施工安装的标准，还有设计图样、安装图样等。在国家标准中，GB（GB 表示国标）是强制性国家标准，GB/T（T 表示推荐）是推荐性国家标准，GB/Z（Z 表示指导）是指导性国家标准。

在以后的章节中，将根据不同的内容对相应的规范、标准进行简要介绍或要点解析。这里先列举一些重要的规范、标准。

1. 工程设计方面

工程设计方面有如下规范、标准：

① GB 50052—2009《供配电系统设计规范》。
② GB 50054—2011《低压配电设计规范》。
③ GB/T 50034—2024《建筑照明设计标准》。
④ GB 51348—2019《民用建筑电气设计标准（共二册）》。

除了上边列举的针对建筑供配电及照明整体的标准外，还有针对某一子系统的标准，如：

① GB 50016—2014《建筑设计防火规范》（2018 年版）。
② GB 50057—2010《建筑物防雷设计规范》。
③ GB 50053—2013《20kV 及以下变电所设计规范》。

④ GB 51309—2018《消防应急照明和疏散指示系统技术标准》。

⑤ DL/T 5137—2001《电测量及电能计量装置设计技术规程》（电力行业标准）。

图 1-6 所示为 GB 50052—2009《供配电系统设计规范》的封面和内容条款。

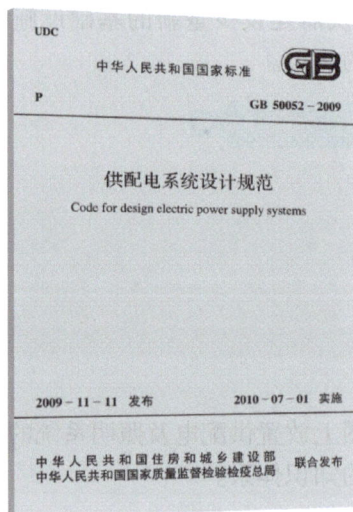

1	总则
2	术语
3	负荷分级及供电要求
4	电源及供电系统
5	电压选择和电能质量
6	无功补偿
7	低压配电
	本规范用词说明

a) 封面　　　　　　　　　b) 内容条款

图 1-6　《供配电系统设计规范》的封面和内容条款

2. 施工安装方面

施工安装方面有如下规范、标准：

① GB 50303—2015《建筑电气工程施工质量验收规范》。

② GB 13955—2017《剩余电流动作保护装置安装和运行》。

3. 产品制造方面

产品制造方面的规范、标准有 GB 16917.1—2014《家用和类似用途的带过电流保护的剩余电流动作断路器（RCBO）　第 1 部分：一般规则》。

4. 国家标准图样、图集

国家标准图样、图集如下：

① 09DX003《民用建筑工程电气施工图设计深度图样》。

② 99D201-2《干式变压器安装》。

图样、图集等标准图编制的一般原则是以现行国家标准为依据。

1.2.2　某商住楼供配电系统工程图的认知

建筑电气工程图是建筑电气施工的依据，又称为施工图，是用规定的或约定的方法、图形符号和文字符号绘制的图样。本书涉及的电气设备、元器件的图形符号和文字符号见附录 A。

一个建筑的电气工程图有完整的一套图样，包括很多内容。其中，平面图和系统图是最重要的一部分图样。

1. 高低压配电室平面图

高低压配电室平面图是表示设备、装置与线路平面布置的图样，是进行电气安装的主要依据，以建筑平面图为依据。

某商住楼高低压配电室平面图如图 1-7 所示。

由供电局提供一路 10kV 高压供电电缆。高低压配电室位于地下一层，其中，高压环网柜（图 1-7 中左下角）、变压器（TM1、TM2）和低压开关柜（图 1-7 中左上角）位于同一个房间。高压环网柜也可以安放在独立的房间内，变压器需要用隔离网或外壳隔开，或者安放在独立的房间内。

另外设置了柴油发电机组（图 1-7 中右上角），独立安放在高低压配电室的隔壁房间内。

2. 高压配电系统图

系统图是表现电气工程供电方式、电能输送与分配控制关系和设备运行情况的图样。从配电系统图中能够看到设备的连接关系，各级控制关系、控制设备和保护设备，配电的规模、各路负荷用电容量及导线规格等。

高压配电系统图比较简单，该商住楼的高压系统图就是环网柜的系统图，如图 1-8 所示。从该系统图可以看出，此环网柜分为四个单元，两个馈电单元分别给两台变压器供电，电源（一）、电源（二）单元分别为 10kV 进线和 10kV 出线。

3. 低压配电系统图

低压配电系统图就是低压开关柜的系统图，是比较复杂的系统图。低压配电系统图见附录 B。低压开关柜由很多个分柜组成，每个分柜又由一个或若干个抽出式配电箱组成。这些分柜或抽出式配电箱数目较多，从功能上划分，一般分为进线柜、计量柜、无功补偿柜、联络柜及出线柜等。

变压器作为一个集高压、低压于一体的设备，既出现在高压配电系统图中，又出现在低压配电系统图中。

4. 配电干线系统图

对于高层建筑，配电干线系统图又称为竖向配电干线系统图（见附录 C）。对于工厂等扁平状的建筑，配电干线系统图又称为水平配电干线系统图。

低压配电柜至各用电设备的配电线路先用电力电缆，沿托盘式（或梯式）电缆桥架引至电气竖井，在电气竖井内采用封闭式母线槽作为主干线向各楼层及用电设备供电；对于高层建筑，通常设置多个端接箱，一个端接箱给若干个楼层配电。

5. 楼层配电箱、住宅电表、用户配电箱系统图和住户照明平面图

楼层配电箱、住宅电表和用户配电箱系统图如图 8-2 所示，住户照明平面图如图 8-3 所示。设置楼层配电箱，为该楼层的用户配电箱分配电力。每个住户单元安装一个用户配电箱，也称为终端配电箱。每个用户配电箱配备一个电表，这些电表通常集中安装在楼层配电箱中。

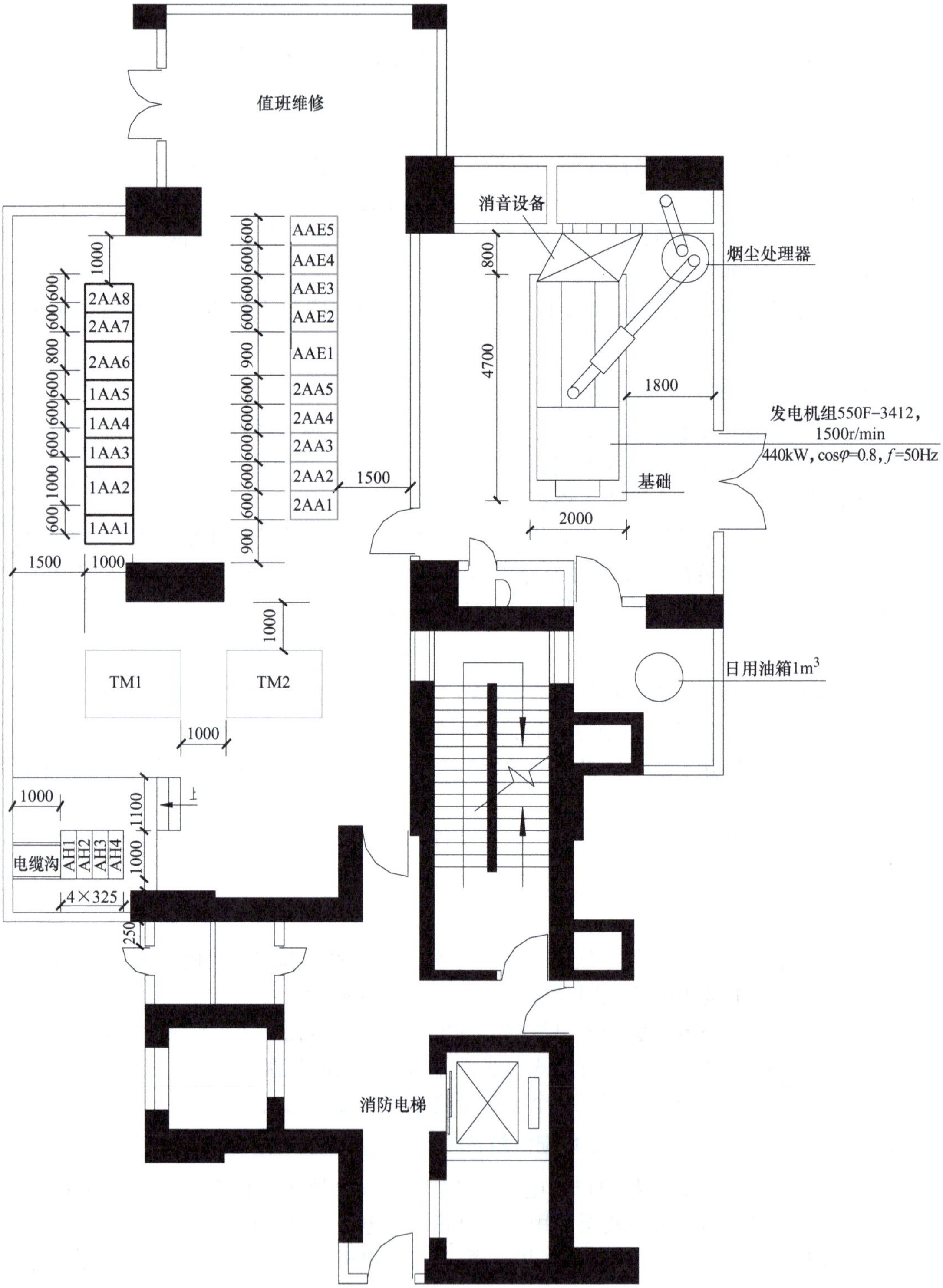

值班维修

消音设备

烟尘处理器

| AAE5 |
| AAE4 |
| AAE3 |
| AAE2 |
| AAE1 |
| 2AA5 |
| 2AA4 |
| 2AA3 |
| 2AA2 |
| 2AA1 |

| 2AA8 |
| 2AA7 |
| 2AA6 |
| 1AA5 |
| 1AA4 |
| 1AA3 |
| 1AA2 |
| 1AA1 |

1000

600 600 600 600 900

600 600 600 600

600 1000 600 600 800 600 600

800

4700

1800

发电机组550F-3412，1500r/min
440kW，cosφ=0.8，f=50Hz

基础

2000

1500

1500   1000

TM1   TM2

1000

1000

1000

日用油箱1m³

电缆沟   AH1 AH2 AH3 AH4

1100

1000

4×325

250

上

消防电梯

图 1-7 某商住楼高低压配电室平面图

高压环网柜编号	AH4	AH3	AH2	AH1

10kV 配电系统图

630A　630A　630A　630A

80A　　125A

用途	馈电	馈电	电源(二)	电源(二)
截面管径	YJV–3×35 SC80	YJV–3×50 SC80	YJV–3×300 SC150	YJV–3×300 SC150

节能型干式变压器
1000/10
10/0.4/0.23
Uk=6.0%
联结组别：D，yn11
带温控箱
带IP20保护外罩
TM2

节能型干式变压器
1250/10
10/0.4/0.23
Uk=6.0%
联结组别：D，yn11
带温控箱
带IP20保护外罩
TM1

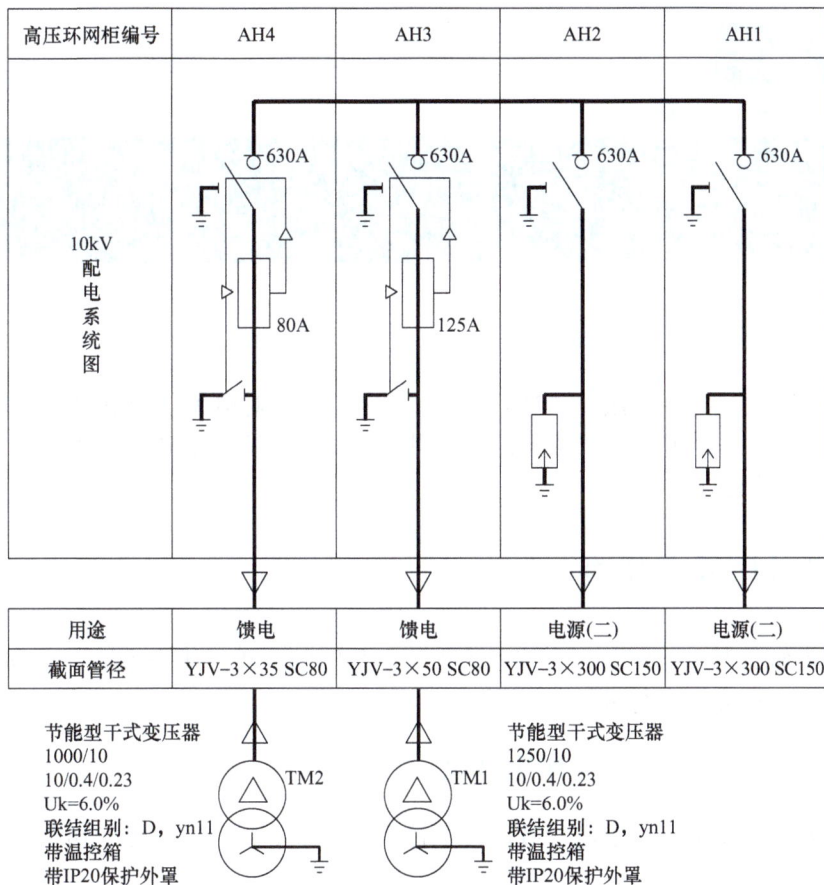

图 1-8　某商住楼高压配电系统图

1.2.3　技术发展：建筑电气设计规范发展

　　随着工业建设的蓬勃发展，因为需要进行工厂供配电设计，所以产生了正规的建筑电气设计这一行业。20 世纪 70 年代初，我国开始按苏联的规程和导则编制 GB 5×××× 系列建筑电气国家标准，这是编制我国建筑电气设计规范的开始。改革开放后，我国引进了国际电工委员会（IEC）标准和一些国外的电气标准，成立了各种专业 IEC 标准相应的归口委员会。

高压系统图和实物的对照

◁ ▷ 习　题 ◁ ▷

1. 什么是系统图和平面图？
2. 说出三个供配电及照明设计标准或规范。

第2章

安全用电

《中华人民共和国电力法》(2018 修正) 规定 "国家对电力供应和使用，实行安全用电、节约用电、计划用电的管理原则"。大到整个电力系统，小到电力用户，用电的安全性、可靠性必须排在首位。

2.1 用电故障及其排查

本节学习常见漏电、短路、尖峰电流等用电故障的分析、排查方法。过电压（包括雷电）的内容将在第 4 章进行讲解。

2.1.1 触电危害、安全电流和安全电压

人体触及正常带电体或漏电导致的带电体就是触电。触电对人体的伤害主要是电灼伤和电击伤。

电灼伤主要是局部的热、光效应，轻者只有皮肤灼伤，重者灼伤面积大，并可深达肌肉、骨骼，甚至相关组织出现碳化。

电击伤是触电、雷击最常见也最易致死的伤害之一。触电后会出现心跳、呼吸的变化，初时呼吸浅快、心跳快、心律不齐、肌肉抽搐、昏迷、血压下降。如果不及时脱离电源，触电者很快就会出现心室纤维性颤动，数分钟后甚至因心跳停止、呼吸停止而死亡。

人体可接触的安全电流和安全电压分别是多少呢?

(1) 安全电流 安全电流是人体触电后的最大摆脱电流，规定值为 30mA·s。

触电死亡的直接原因不是电压，而是电流。图 2-1 所示为电流对人体的影响曲线，这是 IEC 提出的人体对触电时间和通过人体电流（50Hz）的反应的曲线。

(2) 安全电压 安全电压是不致使人直接死亡或致残的电压，通常规定为交流 36V。

安全电压是分等级的，是为防止触电事故而采用的由特定电源供电的系列电压。安全电压的等级见表 2-1。当电气设备采用超过 24V 的安全电压时，必须采取防止直接接触带电体的保护措施。

安全电压以人体允许电流与人体电阻的乘积为依据而确定。

当人体触电时，电流是造成伤害的直接因素，电流越大，伤害越严重。经验证，当通过人体的电流超过 50mA·s 时，触电伤害会危及生命，并且触电者不容易独自脱离电源。人体的电阻一般在 800 ~ 10000Ω 之间。按 800Ω 计算人体的电阻，通过 50mA 的电流，

要在人体上加 40V 的电压。因此，在一般情况下，规定 36V 以下的电压为安全电压。但应该注意的是，人体的电阻在某些情况下会急剧下降，如工作场所非常潮湿或有腐蚀性气体，人流汗或被导电溶液溅湿，有导电灰尘等，这时，36V 也并不是绝对的安全电压。规定加在人体的电压不超过 12V，所以 12V 电压称为绝对安全电压。

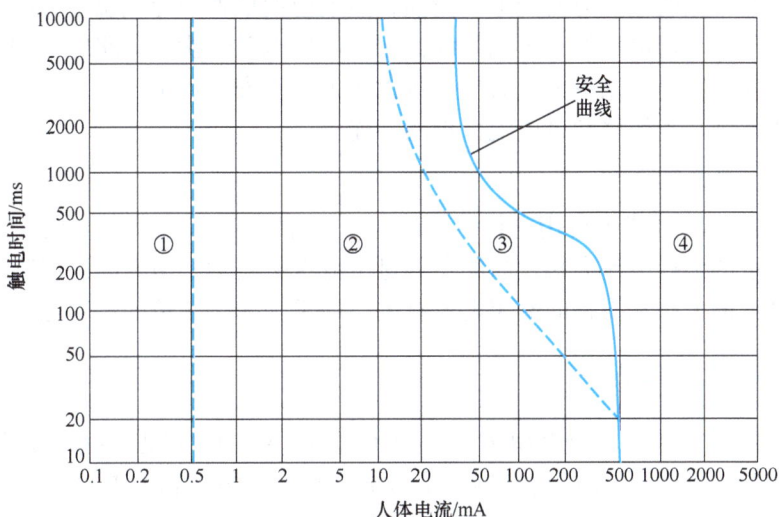

图 2-1 电流对人体的影响曲线

①—人体无反应区 ②—人体一般无病理生理性反应区 ③—人体一般无心室纤维性颤动和器质性损伤区
④—人体可能发生心室纤维性颤动区

表 2-1 安全电压等级

安全电压（交流有效值）/V		举例
额定值	空负荷上限值	
42	50	在有触电危险的场所使用的手持式电动工具等
36	43	在矿井、多导电粉尘等场所使用的行灯等
24	29	某些人体可能偶然触及的带电体或设备
12	15	
6	8	

2.1.2 漏电、短路、尖峰电流及其危害

1. 漏电及其危害

漏电是指线路的某一个地方由于某种原因（如风吹、雨打、日晒、受潮、碰压、划破、摩擦、腐蚀等）使导线的绝缘下降，导致线与线、线与地之间有一定的电流通过。需要说明的是，供配电设备和用电设备都有正常的漏电流。

漏电会造成人员伤亡、电气火灾和设备损坏等严重危害。漏电可通过剩余电流断路器（RCB）和等电位联结来处理。漏电流的中位数大小为数毫安至数安。

2. 短路及其危害

短路是指不同电位的导电部分之间或导电部分对地的低阻抗短接，是电力系统中常见的故障。发生短路的原因主要包括电气绝缘破损、误操作、鸟兽危害等。

短路的危害有很多，主要危害有：短路电流导致电动效应和热效应，电动效应使设备和导线承受非常大的电磁力而变形、受损，热效应使设备和导线温度急剧升高，甚至熔断；电压骤降；造成停电事故；影响系统稳定；产生电磁干扰。短路电流的中位数大小为数百安至数万安。雷电流则更大，其中位数大小为数千安至数十万安。

断路器通常都具备短路和过电流保护的功能。

3. 尖峰电流及其危害

尖峰电流是指单台或多台用电设备持续 1～2s 的短时最大负荷电流，如电动机的起动电流等。严重的尖峰电流会触发断路器的过电流保护机构，引发断路器跳闸，造成停电事故。尖峰电流的大小和设备的额定电流有关，通常为 3～5 倍的额定电流。

2.1.3 剩余电流动作保护

剩余电流断路器是带有剩余电流动作保护装置（RCD）的断路器，是常说的漏电保护断路器的规范化名称。RCD 是检测剩余电流，将剩余电流值与基准值进行比较，当剩余电流值超过基准值时，使主电路断开的装置。

RCD 的原理如图 2-2 所示。剩余电流就是 RCD 通过电流互感器一次侧的电流矢量和，通常用 $I_{\Delta n}$ 表示，即

$$I_{\Delta n}=I_{L1}+I_{L2}+I_{L3}+I_N \tag{2-1}$$

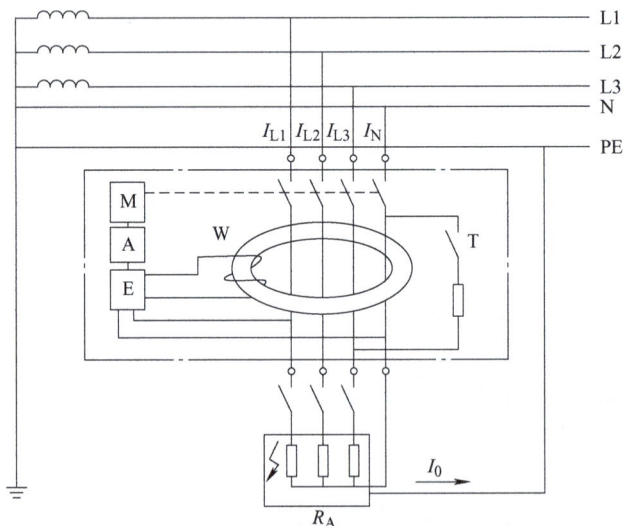

图 2-2 RCD 的原理图

W—剩余电流检测元件　E—电子信号放大器　A—判别元件
M—脱扣机构　T—试验按钮　R_A—电源中性点接地电阻

正常情况下，当电路中没有发生人身电击、设备漏电或接地故障时，剩余电流

$I_{\Delta n}=0$，即

$$I_{\Delta n}=I_{L1}+I_{L2}+I_{L3}+I_N=0 \qquad (2\text{-}2)$$

即电流 I_{L1}、I_{L2}、I_{L3} 和 I_N 在电流互感器中产生磁通的矢量和为 0，这样在电流互感器的二次回路中没有感应电压输出，RCD 保持正常供电。

当电路中发生人身电击、设备漏电或接地故障时，通过设备接地电阻 R_A 有一个接地电流 I_0 流过，则剩余电流 $I_{\Delta n}$ 不为 0，即

$$I_{\Delta n}=I_{L1}+I_{L2}+I_{L3}+I_N \neq 0 \qquad (2\text{-}3)$$

电流互感器中产生磁通的矢量和也不为 0，电流互感器二次回路中有一个感应电压输出，此电压直接或通过电子信号放大器施加在脱扣线圈上，产生一个工作电流。二次回路的感应电压值随着故障电流的增大而增大，当接地故障电流达到额定值时，脱扣线圈中的电流足以推动脱扣机构动作，使主开关断开电路，或使报警装置发出报警信号。

电流互感器二次回路的输出信号比较小，一般为 mV·A 级。要直接推动脱扣机构动作，需要脱扣机构具有很高的动作灵敏度，要求其动作功耗也在 mV·A 级。这种脱扣机构一般采用释放式的电磁结构，其结构复杂、工艺要求较高。电流互感器二次回路的输出信号也可以通过一个电子放大器施加到脱扣机构上，这种情况下对脱扣机构的灵敏度要求较低，可以采用拍合式的电磁铁或螺管电磁铁，其结构简单、工艺要求较低。前者在执行剩余电流保护功能时不需要工作电源，一般称为动作持性与电源电压无关的 RCD（又称为电磁式 RCD），后者称为动作持性与电源电压有关的 RCD（又称为电子式 RCD）。

2.1.4　规范、标准简介

剩余电流动作保护有如下规范、标准：

① GB/T 13955—2017《剩余电流动作保护装置安装和运行》。

② GB/T 16916.1—2014《家用和类似用途的不带过电流保护的剩余电流动作断路器（RCCB）第 1 部分：一般规则》。

③ GB/T 16917.1—2014《家用和类似用途的带过电流保护的剩余电流动作断路器（RCBO）第 1 部分：一般规则》。

其中，GB/T 13955—2005 以安装使用为主，而 GB/T 16916.1—2014、GB/T 16917.1—2014 这两个标准主要为保护装置的生产技术标准，这些标准构成了一个完整保护装置的标准体系。

2.1.5　检测仪器：漏电流测试仪及漏电保护器测试仪

1. 漏电流测试仪

漏电流测试仪的测试方法如图 2-3 所示。它可以检测交流和直流两种漏电流。测交流电路时，同时钳住相线和中性线，即可检测交流电路或终端负荷的漏电状况；测直流电路时，同时钳住正、负两线，即可检测直流电路或终端负荷的漏电状况，并可测量微弱的直流电流。

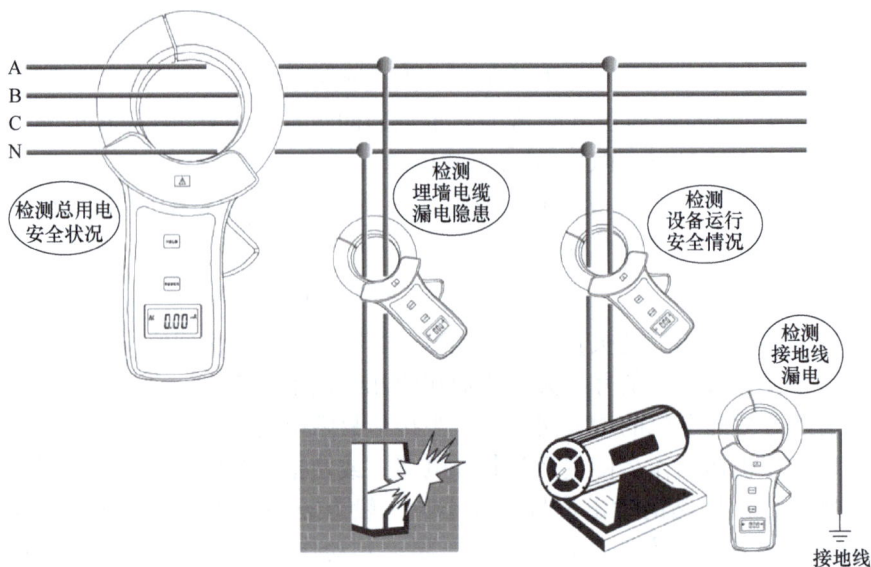

图 2-3　漏电流测试仪的测试方法

2. 漏电保护器测试仪

漏电保护器测试仪主要用于测试漏电保护器即剩余电流保护器的动作电流、不动作电流和动作时间等。

2.1.6　常见漏电、短路、尖峰电流等用电故障的排查

1. 漏电故障

1）某房间内，住户发现电冰箱、电表箱和电暖器上均带电，天气潮湿时，连地板都带电；而且发现电热水器和计算机无故烧毁。

排查：经检查，该房间没有安装 RCB。住户的一根导线破损，搭在电表箱上，相线碰到电表箱外壳，而电冰箱、电表箱和电暖器等电器设备的外壳均通过地线连接在一起，但地线并没有良好接地，所以这些设备的外壳均带电，当天气潮湿时，连地板都带电。电热水器和计算机烧毁也并非"无故"，而是因为绝缘破损的相线碰触到没有良好接地的电器设备外壳，外壳可能有 100V 以上甚至 220V 的电压，足以导致电器的电路板损坏。

原因归纳：电器设备外壳没有良好接地；没有安装 RCB。

解决办法：将电器设备外壳及地线可靠接地；安装 RCB。

2）一居民在浴室洗澡过程中触电身亡。

排查：该居民家中安装了 RCB，但该 RCB 并未跳闸；检查发现浴室自来水管带电，仔细排查，该房间内没有发现漏电处；进一步扩大排查范围，发现楼上用户将接地线接在自来水管上，该楼上用户家发生漏电，导致自来水管带电。

RCB 因漏电跳闸，需要满足两个条件，一是地线良好接地，二是漏电发生在 RCB 保护范围内，本案例漏电属于从其他房间传导来的漏电，RCB 只能防范被保护回路范围内故障电压导致的漏电事故，不能防范从其他地方沿接地线传导过来的故障电压导致的漏电事故。

原因归纳：浴室自来水管没有良好接地，其他房间的漏电通过自来水管传导至死亡居民浴室。

解决办法：将自来水管等外露导体可靠、良好接地，更好的办法是在浴室等空间做等电位联结（等电位联结在后面章节中进行讲述）。

3）伴随着一声雷鸣，某高校的一个食堂停电。

排查：由于雷电导致瞬时对地泄漏电流太大，引发该食堂总断路器跳闸。

原因归纳：雷电导致的泄漏电流使得 RCB 动作。

解决办法：一是选用延时型断路器，以躲过瞬时雷电流；二是在线路中接入避雷器。

4）某学校计算机机房（每个机房 44 个座位）交付使用时，均出现 RCB 误动作。

排查：排除线路错误后，发现每个机房都只安装了三个 30mA 的 RCB。根据选用漏电保护器的原则，其动作电流应大于线路中正常漏电流 2 ～ 4 倍。一般一台台式计算机的正常漏电流为 3 ～ 4mA，如果一个 30mA 的漏电保护器后面接 10 台计算机，则可能引发误动作，所以一般设计中按 7 ～ 8 台为标准，对于湿度较大的场所，一般不超过 5 台。

原因归纳：RCB 带负荷过多。

解决方法：增加 RCB 数量。

5）某企业在原有办公楼旁边修建了一栋招待所，完工后，各照明线路运行正常。然后在招待所外墙安装了轮廓景观灯带，安装电工把招待所的灯带安装完毕，并将线路接好，但没有进行试验。到了晚上，当灯带断路器合闸时，整个招待所停电。

排查：该招待所总进线处安装了一个 100A 的三相四线 RCB，RCB 跳闸后，无法再合闸，而下面的各分路 3P 或 1P 断路器均没有跳闸。初步断定有漏电，遂对各分支断路器进行断、合排查，每断开一支路，再进行重合闸，将所有支路断路排查完毕，还是合不上闸。

在得知白天进行过景观灯带安装后，察看招待所楼顶的灯带接线，发现景观灯带使用的是办公楼电源，但安装电工只用了办公楼电源的相线，而新装的灯带中性线就近接在招待所的中性线上。由于招待所 RCB 的中性线上多出了灯带的这部分电流，使 RCB 内部零序电流互感器的平衡被打破，造成脱扣器动作，从而导致断电。发现问题之后，把新装灯带的中性线改接到原办公楼电源的中性线上，合闸成功。

原因归纳：多路电源中性线混用导致的漏电。

解决办法：各用各的中性线。

2. 短路故障

为保证安全，某实训装置需要使用 63V/36V 电压，所以每个实训台配备一个三相 380V/63V 的隔离变压器，变压器接线后通电，断路器跳闸。

排查：某个实训台三相变压器 380V 接线端子处与 L1 端子接线的一根铜线碰触到邻近的 L2 端子，通电后发生短路。

原因归纳：两根相线接触导致短路。

解决办法：必须规范、严谨、细致地接线。

3. 尖峰电流故障

某 30kW 电动机起动时，漏电流为 5.58mA，运行时，漏电流为 0.96mA，配电子型

50A 的 RCB 作漏电和短路保护，漏电流整定值为 300mA。当电动机起动时，出现 RCB 跳闸。

排查：RCB 跳闸通常是如下两个原因：一是剩余电流不为 0，即常说的漏电；二是发生了过电流或短路。因电动机起动时正常漏电流为 5.58mA，远小于漏电流整定值，检查线路，RCB 距电动机不足 2m，排除线路长存在漏电流的影响，进一步检查，接线无误，电动机无绝缘破损，所以可排除漏电、接线错误等导致的过电流或短路跳闸。那么，跳闸原因应该是电动机起动时产生的瞬时过电流（通常保护电动机的 RCB 过电流或短路电流动作值为电动机额定电流的 12 倍）。将 RCB 换成 50A、300mA、延时 0.3s 的延时型 RCB，故障排除。

原因归纳：RCB 跳闸是由接触器合闸瞬间产生的尖峰电流（瞬时起动电流）所引起的。

解决方法：采用延时型 RCB，或采取措施减小电动机的瞬时起动电流。

2.1.7　技术发展：漏电保护技术的发展

1. 零序电流保护与剩余电流动作保护

RCD 出现于 20 世纪初，当时的典型产品是电压动作型 RCB。自 1930 年制造出世界上第一台电流动作型 RCB 以后，多个国家对剩余电流动作保护技术进行了广泛的研究。到 20 世纪 60 年代，一些国家在安装 RCD 方面建立了相应的法规，IEC 也发布了 RCD 的保护方式等。此后，在漏电保护方面，剩余电流动作保护逐渐超过此前占据主流地位的零序电流保护，这是因为剩余电流动作保护的动作灵敏度更高，原因如下：

1）零序电路是三相的电流矢量和，即零序电流 $I_0=I_A+I_B+I_C$，当线路上所接的三相负荷完全平衡（无接地故障，且不考虑线路、电气设备的漏电流）时，$I_0=0$；当线路上所接的三相负荷不平衡时，$I_0=I_N$，I_N 为不平衡电流；当某一相发生漏电故障，即相对地接地故障时，必然产生一个单相接地故障电流 I_d，此时检测到的零序电流 $I_0=I_N+I_d$，即为三相不平衡电流与单相接地电流的矢量和。

2）剩余电流是相电流和中性线电流的矢量和，即剩余电流 $I_{\Delta N}=I_A+I_B+I_C+I_N$，当没有发生漏电故障时，无论三相负荷是否平衡，剩余电流 $I_{\Delta N}$ 都为 0；当发生漏电故障时，剩余电流 $I_{\Delta N}=I_d$（假定同样不考虑正常的漏电流），即故障时的接地电流。所以 RCD 能十分灵敏地切断发生漏电即相对地接地故障的线路，进而有效防止人身电击或接地电弧引起的电气火灾。当然，在需要测量三相不平衡电流的场合，就不能使用剩余电流动作保护，而要使用零序电流保护。

2. 自适应漏电保护技术

已经有学者研究自适应漏电保护技术：在电网及用电设备工作正常的情况下，由于用电设备数量、电网结构的变化，或大气环境的变化，电网中的漏电流会有较大的变化，因此固定动作阈值的漏电保护不能满足实际需要。自适应漏电保护技术可将漏电保护范围分成几个区间，根据漏电流的变化情况，自动改变漏电动作阈值，实现自适应漏电保护。在漏电流超过一定值（但小于漏电动作阈值）的情况下，且持续时间大于一定值时，自动调节漏电动作阈值。该技术还可以根据温度、湿度对漏电动作阈值选择不同的修正系数，更合理地进行漏电保护；还可以采用漏电保护的反时限特性进行级间配合，减少漏电动作的影响范围。

3. 电磁式 RCD 和电子式 RCD

有专家认为，我国和欧洲使用的基本上是同一级低压标称电压（220V 和 230V），电击危险程度相同。但对于防人身电击，欧洲普遍采用的是电磁式 RCD，我国普遍采用的是电子式 RCD。电子式 RCD 在电源"断零"或发生接地故障残压过低时会拒动，失去防电击作用。电磁式 RCD 则无此缺陷，但售价较高。IEC 对电子式 RCD 的装用是有限制的，对其装用专门规定了附加措施，以确保人身安全。

▶◀ 习 题 ▶◀

1. 用电应满足什么基本要求？
2. 什么是安全电压？其规定值是多少？
3. 什么是安全电流？其规定值是多少？
4. 安全电流和安全电压是怎么来的？
5. 什么是剩余电流？
6. 说明 RCB 的工作原理。
7. 如何防止漏电？
8. 画出单相 RCB 的工作原理图。

2.2 触电抢救

本节学习触电抢救的原则、脱离电源的措施、脱离电源后的抢救和心肺复苏（CPR）法。

2.2.1 触电抢救的原则

触电抢救的原则是迅速、就地、准确、坚持。

（1）迅速—争分夺秒地使触电者脱离电源并进行抢救。

（2）就地—必须在现场附近就地抢救。马上就地抢救，千万不要长途送往医院抢救，以免错过最佳抢救时间。同时，及早与医疗部门联系，请医务人员接替救治。

据有关资料，触电后 1min 内抢救的，有 90% 的救活概率；1～4min 内抢救的，有 60% 的救活概率，即所谓的急救"黄金 4min"。心脏停搏一旦超过 6～10min，救活概率极低。

（3）准确—用心肺复苏法（包括人工呼吸法和胸外心脏按压法）进行抢救，动作要准确。如果现场有自动体外除颤器（AED）或可较快取得 AED，应进行一次或数次体外除颤。

（4）坚持—只要有 1% 的希望，就要尽 100% 的努力去抢救。在医务人员未接替救治前，不能放弃现场急救，即使触电者没有呼吸或脉搏，也不能擅自判定触电者死亡而放弃抢救。

2.2.2   脱离电源的措施

脱离电源就是断开电源开关、拔掉带电设备插座或将触电者从带电设备、导线处脱离。

使触电者脱离电源时，救护人员要注意保护自己。在触电者未脱离电源前，救护人员不得直接用手触及触电者。

低压电源触电的脱离方法可以概括为拉、切、挑、拽、垫。

1）拉：附近有电源开关或插座时，应立即拉下开关或拔掉电源插头。

2）切：若一时找不到断开电源的开关，应迅速用绝缘完好的断线钳或利器剪断、割断导线，从而断开电源。

3）挑：对于由导线绝缘损坏造成的触电，救护人员可用绝缘工具或干燥的木棍等将导线挑开。

4）拽：救护人员可戴上手套或在手上包缠干燥的衣服等绝缘物品拖拽触电者，也可站在干燥的木板、橡胶垫等绝缘物品上用一只手将触电者拖拽开。

5）垫：设法把干木板塞到触电者身下，使其与地面隔离。救护人员应站在干燥的木板或绝缘垫上。

如果触电者触及高压带电设备，救护人员应迅速切断电源，并立即通知配电室值班人员紧急停电，或用适合该电压等级的绝缘工具（穿戴绝缘手套、绝缘靴，并用高压绝缘棒）使触电者脱离带电设备。救护人员在抢救过程中应注意保持自身与周围带电部分必要的安全距离。当无法拉闸断电时，可抛掷裸金属线使线路短路接地，迫使保护装置动作，断开电源。抛掷金属线前，应注意先将金属线一端可靠接地，然后抛掷另一端，被抛掷的一端切不可触及触电者和其他人。

2.2.3   脱离电源后的抢救

应根据触电者的具体状况采取相应的措施，须判断触电者神志是否清醒，严重触电者的呼吸、心跳是否正常。

呼吸、心跳的判定方法：若触电者意识丧失，则应在10s内用看、听、试的方法判定触电者的呼吸、心跳情况。看触电者的胸部、腹部有无起伏动作；用耳贴近触电者的口鼻处，听有无呼气声；测试口鼻有无呼气的气流，再用两手指试一侧（左或右）喉结旁凹陷处的颈动脉有无搏动。若看、听、试后发现触电者既无呼吸又无颈动脉搏动，则可判定呼吸、心跳都停止。

1）若触电者神志清醒，则应使其就地躺平，暂时不要站立或走动，并对其进行严密观察。

2）若触电者神志不清醒，则应就地仰面平躺，且确保其气道通畅，并用5s时间呼叫触电者或轻拍其肩部，以判定触电者是否丧失意识，禁止通过摇动触电者头部呼叫触电者。

3）对于需要抢救的触电者，应立即就地进行正确抢救，并设法联系医疗部门接替救治。

对于有心跳而无呼吸的触电者，应立即采用人工呼吸法进行抢救；对于无心跳而有呼吸的触电者，应立即采用胸外心脏按压法进行抢救；对于既无心跳又无呼吸的触电者，应立即交替采用胸外心脏按压法和人工呼吸法进行抢救。

发生严重的触电后，救治流程如图 2-4 所示。

图 2-4　救治流程

2.2.4　规范、标准简介

2000 年我国发布了 DL/T 692—1999《电力行业紧急救护工作规范》后，国内外在紧急救护方面特别是心肺复苏上有了新的发展，2005 年，我国对原标准进行了修订，现行标准为 DL/T 692—2018《电力行业紧急救护技术规范》。除了名称变更外，取消了原标准中部分紧急救护管理方面的内容，将各项急救技术规范分别单列为触电、创伤、溺水、中暑、有害气体中毒、伤员搬运等急救项目。

2.2.5　心肺复苏法

心肺复苏法包括人工呼吸法和胸外心脏按压法等。

心肺复苏心脏按压与人工呼吸的最新比例是 30：2，以前若单人操作，胸外心脏按压与人工呼吸交替以 15：2 的比例进行，即 15 次胸外心脏按压和 2 次人工呼吸交替进行；若双人操作，则以 5：1 的比例进行，即 5 次胸外心脏按压和 1 次人工呼吸交替进行。双人操作时，做人工呼吸的人应特别注意胸外心脏按压者手的动作，在其停止按压的间隙，立即吹气。

心肺复苏的方法：让触电者仰卧平躺；施救者左手掌根部置于触电者两乳头连线的中点处，右手掌压在左手背上，双手交叉互扣；施救者上身前倾，掌根垂直用力，将触电者的胸骨向下压 5 ～ 6cm，然后放松，按压和放松的时间各占 50%；胸外心脏按压速度为每分钟 100 ～ 120 次，连续按压 30 次后，进行 2 次人工呼吸，按照按压与人工呼吸比例（30：2）循环进行。

实施心肺复苏期间，应尽快使用 AED 进行一次或多次体外除颤。

2.2.6　技术发展：AED 及其使用方法

AED 是一种便携式医疗设备，它可以诊断特定的心律失常，并给予电击除颤，是可被非专业人员用于抢救心源性猝死患者的医疗设备。AED 及其使用方法如图 2-5 所示。

统计表明，我国每年心脏猝死的发病率约为 42/10 万。如果使用 AED，抢救成功率能提高到 30% ～ 70%。心室颤动的症状包括意识丧失、抽搐、呼吸停顿、听诊心音消失、无大动脉搏动、血压测不出、发绀（皮肤或黏膜呈现青紫色）和瞳孔散大等。

儿童钥匙插口

电极片
连接口

ON/OFF

1 开关

警示按钮
使用中不需要点击的
为心肺复苏的帮助键

2

3 放电按钮

一对电极片

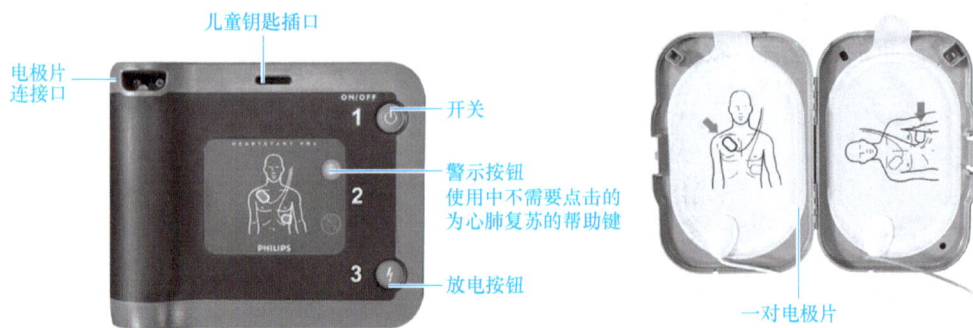

a) AED及其电极片

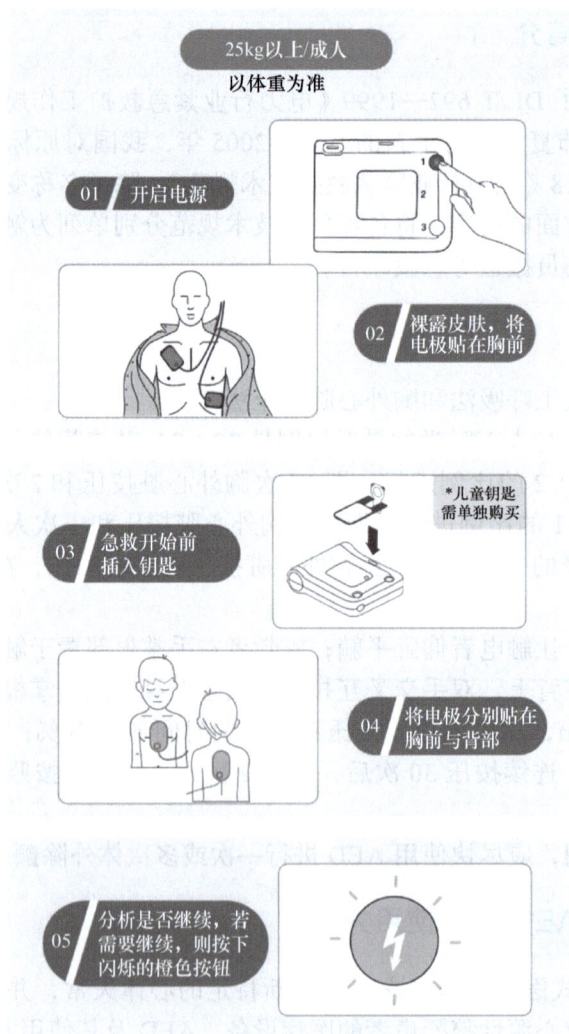

25kg以上/成人
以体重为准

01 开启电源

02 裸露皮肤，将
电极贴在胸前

03 急救开始前
插入钥匙

*儿童钥匙
需单独购买

04 将电极分别贴在
胸前与背部

05 分析是否继续，若
需要继续，则按下
闪烁的橙色按钮

b) AED的使用方法

图 2-5　AED 及其使用方法

1.触电抢救的原则是什么?

2.发生严重的触电后,救治流程是什么?

3.如何实施心肺复苏?

2.3 局部等电位联结改造

前面内容讲到,RCD 只能防范其保护回路范围内故障电压导致的电击事故,从其他地方沿接地线传导过来的故障电压导致的电击事故需要用等电位联结来防范。本节讲解某浴室局部等电位联结施工改造的方法。

2.3.1 等电位联结及其层次

等电位联结是使电气装置的外露可导电部分(如设备外壳)和装置外可导电部分(如水管)电位基本相等的地方进行电气连接。虽然电气装置的外露可导电部分与保护导体(如 PE 线)连接可以降低接触电压值,也可以提高保护电器的动作灵敏度,但尚须做等电位联结。等电位联结可以有效降低接触电压值,还可以防止由建筑物外传入的故障电压对人身造成危害,提高电气安全水平。

通常把等电位联结分为如下三个层次。

(1)总等电位联结(Main Equipotential Bonding,MEB) 依据 GB 50054—2011《低压配电设计规范》,建筑物内的总等电位联结应符合下列规定。

1)每个建筑物中的下列可导电部分,应做总等电位联结。

① 总保护导体(保护导体、保护接地中性导体)。

② 电气装置总接地导体或总接地端子排。

③ 建筑物内的水管、燃气管、采暖和空调管道等各种金属干管。

④ 可接用的建筑物金属结构部分。

2)外部的上述可导电部分,应在建筑物内距离引入点最近的地方做总等电位联结。

(2)辅助等电位联结(Supplementary Equipotential Bonding,SEB) 将能同时触及的两个导电部分用导线直接做等电位联结,使故障接触电压降至接触电压限值以下,称为辅助等电位联结。

(3)局部等电位联结(Local Equipotential Bonding,LEB) 总等电位联结虽然能大大降低接触电压,但如果建筑物离电源较远,建筑物内保护线路过长,那么,保护电器的动作时间和接触电压都可能超过规定的限值。这时,应在局部范围内再做一次等电位联结,即局部等电位联结。

局部等电位联结一般是在浴室、游泳池、医院手术室等场所,在这些局部范围内通过局部等电位联结端子板将多个辅助等电位联结单元联结起来才能达到要求,这种联结称为局部等电位联结。

浴室、游泳池等场所是电击危险大的特殊场所,这是因为人在沐浴时遍体湿透,人体阻抗大大下降，沿金属管道导入浴室的 10 ～ 20V 电压足以使人发生心室纤维性颤动而死亡。随着电器在浴室里应用的增多，发生漏电的潜在危险也在增多，因此，在浴室内需要做一次局部等电位联结。医院的手术室等也是电击危险大的特殊场所，因为病人抗电击的能力下降。

2.3.2 规范、标准简介

相关规范、标准如下：

① GB 50054—2011《低压配电设计规范》。

② GB 50096—2011《住宅设计规范》。

③ 15D502《等电位联结安装》。

IEC 61140：2016《Protection against electric shock–Common aspects for installations and equipment》将保护等电位联结分为总等电位联结、辅助等电位联结和局部等电位联结。而 IEC 60364-4-41—2017《Low-voltage electrical installations–Part 4-41：Protection for safety–Protection against electric shock》中将等电位联结分为总等电位联结、辅助等电位联结。我国的 GB 50054—2011《低压配电设计规范》中将等电位联结分为总等电位联结、辅助等电位联结和局部等电位联结。

GB 50054—2011《低压配电设计规范》5.2.4 小节制定了建筑物内的总等电位联结应符合的一些规定。5.2.5 小节规定，当电气装置或电气装置某一部分发生接地故障后，间接接触的保护电器不能满足自动切断电源的要求是，尚应在局部范围内再做一次局部等电位联结；亦可将伸臂范围内能同时触及的两个可导电部分之间做辅助等电位联结。

GB 50096—2011《住宅设计规范》8.7.2 小节规定：住宅供电系统应采用 TT、TN-C-S 或 TN-S 接地方式，并进行总等电位联结；卫生间宜做局部等电位联结。

2.3.3 某浴室局部等电位联结施工改造

某浴室的长、宽、高分别为 3m、2m、2.9m（以下设计高度按照 3m 计算），浴室及浴室内设备如图 2-6 所示。

浴室局部等电位联结应至少包括卫生间内金属管、排水管、金属浴盆、金属采暖管和建筑物钢筋网，更全面的做法是将金属地漏、扶手、浴巾架、肥皂盒等孤立物品也包括在内。这里只针对主要导电部分进行施工设计。理论上，针对可发生漏电的电气设备，其 2.5m 范围内可能触及的所有导体都应进行局部等电位联结。

图 2-7 所示为浴室局部等电位联结总图和各部分示意图，图中斜线为局部等电位联结线，实际施工为直线。下边针对各部分进行具体的施工设计，计算局部等电位联结线的长度时均参照图示位置，局部等电位联结线均采用铜线，其截面根据低压配电系统（TN-S 系统）PE 线截面及对局部等电位联结线最小截面的要求选定为 4mm² 铜线，具体选用铜芯聚氯乙烯绝缘线，型号为 BVR-1×4。

1. 地面或墙体预埋件的联结

地面内钢筋网宜与局部等电位联结线连通。当墙为混凝土墙时，墙内钢筋网宜与局部等电位联结线连通。

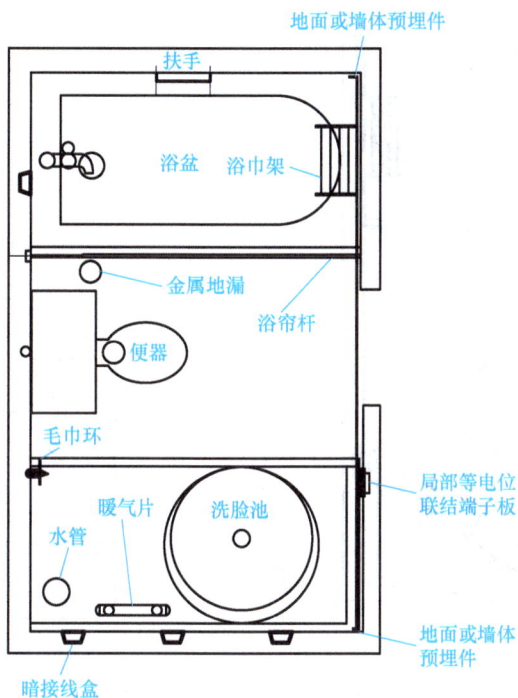

图 2-6　浴室及浴室内设备

预埋连接板和引出接线板为向土建专业提出的构件需求，其位置和数量根据具体工程设计确定。

2. 洗涤盆及暖气片的联结

局部等电位联结线均采用在地面内或墙内穿塑料管暗敷的方法。

3. 卫生设备（浴缸和淋浴设备）的联结

用绝缘线把卫生设备及水管连接。

4. 管道（供水管道、煤气管道）的联结

各种管道的联结采用抱箍法，适用于局部等电位联结线与金属管道的连接。抱箍和管道的接触表面须擦拭干净，安装完毕后刷防护漆。

煤气管道与水管在紧邻位置（图 2-7 中未表示出煤气管道位置），所以两者先连接后再接至局部等电位联结端子板，需要 3 个抱箍、1 个出线面板和 3.5m 连接线。

5. 局部等电位联结端子板的联结

浴室内各导电部分相互联结后，经局部等电位联结端子板连接到外面的总等电位联结系统中，各导电部分也可直接连接至局部等电位联结端子板。此部分连接材料不计入浴室局部等电位联结材料中。

6. 局部等电位联结总耗材

浴室局部等电位联结材料见表 2-2。图 2-7 中的标号对应表 2-2 中的编号。

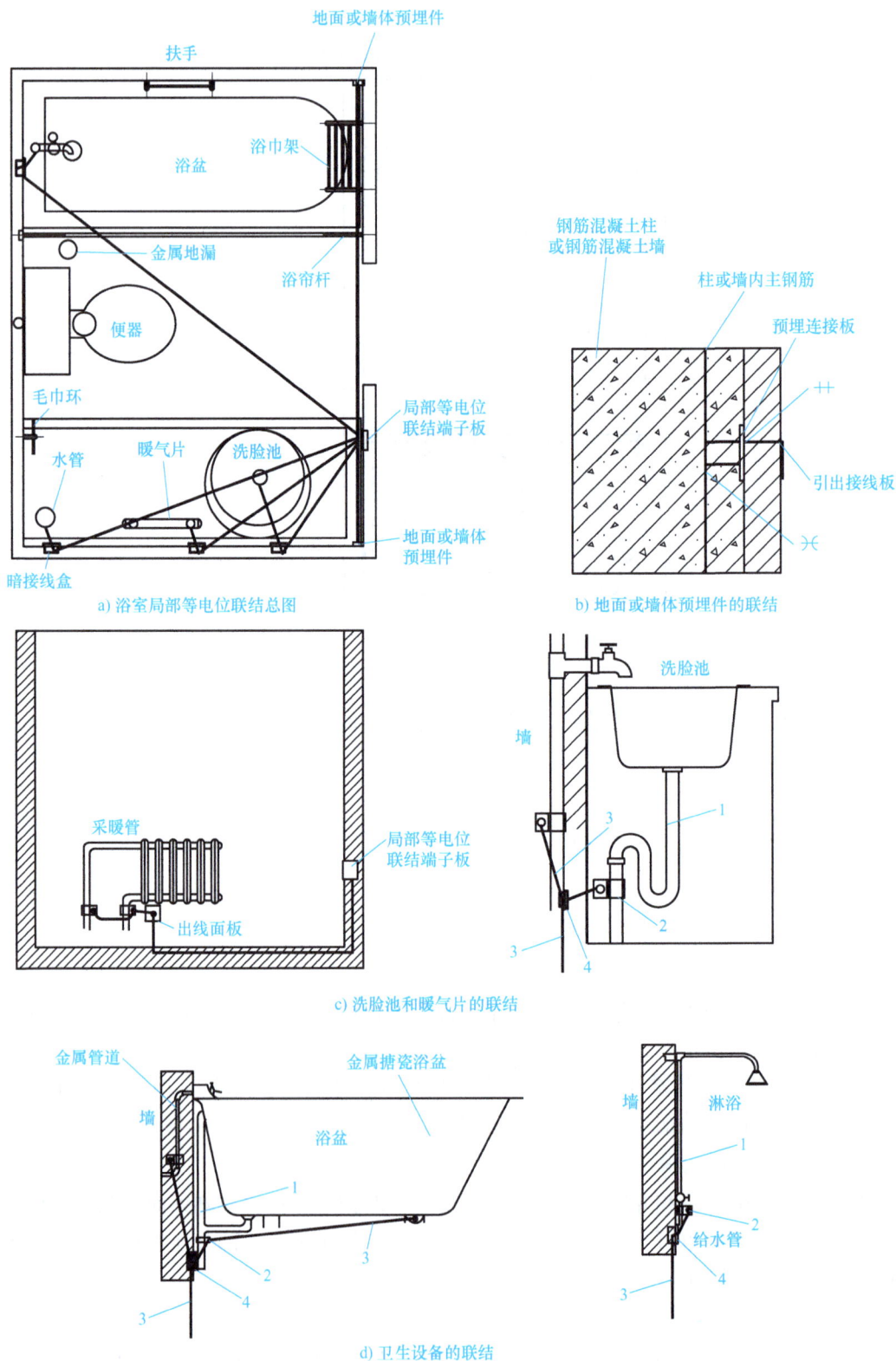

a) 浴室局部等电位联结总图

b) 地面或墙体预埋件的联结

c) 洗脸池和暖气片的联结

d) 卫生设备的联结

图 2-7　浴室局部等电位联结总图和各部分示意图

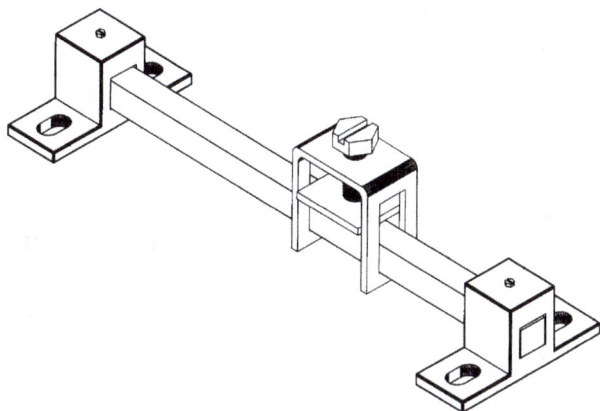

e) 局部等电位联结端子板的联结

图 2-7　浴室局部等电位联结总图和各部分示意图（续）

表 2-2　浴室局部等电位联结材料表

各部分			洗脸池和暖气片	卫生设备	管道	整个浴室
编号	名称	型号规格	数量	数量	数量	数量
1	金属管道	见工程设计				
2	抱箍	b×4	4个	2个	3个	9个
3	联结线	BVR－1×4	5m	8m	3.5m	16.5m
4	出线面板	86×86	2个	2个	1个	5个

2.3.4　检测仪器：等电位联结测试仪

　　等电位联结测试仪也称为微欧计、直流电阻测试仪，是用于测量金属构件之间等电位联结质量的专用仪表，也可以测量各种电气设备与地网地极间的连接电阻、变压器直流电阻，还可以测量开关、插座触头的接触电阻、线圈、金属导线、焊接点、金属铆接点等低值电阻。图 2-8 所示为一种等电位联结测试仪及其使用方法。

2.3.5　技术发展：等电位联结的发展

　　国际上实施等电位联结已经十分普遍，规范和标准十分详细，相应的产品也十分丰富。20 世纪 90 年代初期，某公寓项目由于卫生间没做等电位联结而返工补做。之后，我国在等电位联结方面开始跟随国际标准。1996 年 6 月 1 日实施的 GB 50054—1995《低压配电设计规范》包含了等电位联结的内容。1997 年，专家编制了 97SD567《等电位联结安装》图集，提出了等电位联结的一些基本做法。由于是首次试用图，有些矫枉过正，尤其是卫生间的等电位联结，做法十分复杂，无标准产品支持，也无验收标准，但引起了人们对等电位联结的重视。2002 年新编的 GB 50303—2002《建筑电气工程施工质量验收规范》中增加了有关等电位联结的内容。

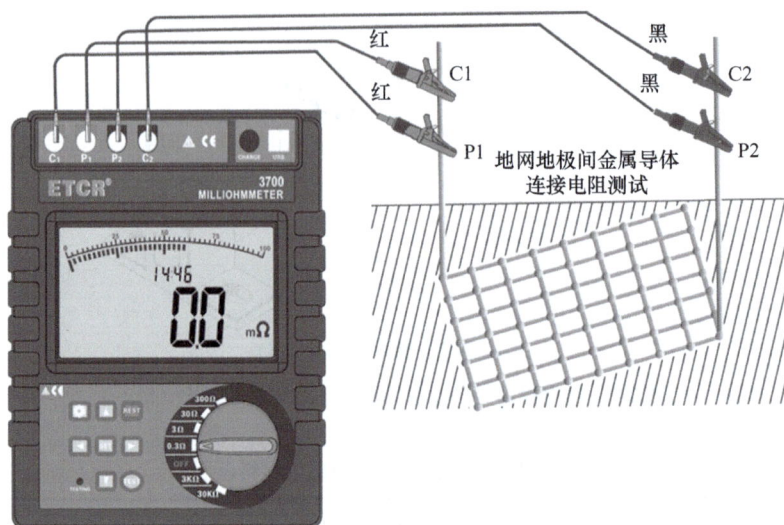

图 2-8　一种等电位联结测试仪及其使用方法

习　题

1. 简要说明等电位联结的作用。
2. 等电位联结的三个层次是什么？
3. 简述浴室局部等电位联结的做法。

2.4　电气火灾的防范

随着电气设备使用量的增加，电气火灾在火灾中所占的比例越来越高。电气火灾主要以预防为主，那么，应如何减少或消除火灾隐患呢？

2.4.1　电气火灾的成因

1. 电气火灾的常见原因

引发电气火灾的原因很多，主要有短路、过负荷、接地故障、接线电阻过大、电热器使用不当、静电和雷电等。其中，由接地故障引发的火灾不断发生，而且它比一般短路引起的火灾更具有隐蔽性，后果十分严重，已引起供电部门及用户的特别关注。

2. 接地故障引发火灾的原因

接地故障是相线对地或与接地有联系的导体之间的短路。

造成接地故障的原因很多，主要有：设备、线路安装敷设施工质量不达标；电气线路和设备疏于检查，因过负荷或使用年限长等原因导致绝缘老化；选用的电气产品不符合质量要求；外界因素（如水分侵入、挤压、鼠咬导致绝缘破坏等）。

接地故障根据故障形式又分为金属性和电弧性两种。前者为故障点以熔焊形式出现，故障电流大；后者为故障点接触不良，产生电弧火花，阻抗大，又称接地电弧短路，故障电流小。电弧性接地故障是常见的电气火灾原因。

电弧性接地故障引起的火灾，其故障点往往是似接非接，产生电弧，电弧具有很大的阻抗，限制了故障电流，使过电流保护开关不能动作或延缓动作。故障点局部高温达 $2000 \sim 3000℃$，容易引燃旁边的可燃物质。由于故障电弧阻抗大，220V 相电压大部分降落在电弧上，接地电压大大减小，因此一般不会导致人身电击。

接地故障发生时，如不及时切断电源，在 TN-S、TN-C-S 系统中，故障电压会沿 PE 线传导，使所有与之相连的电气装置金属外壳带有对地接触电压，这时，有可能导致邻近低电位的水管、暖通管道、煤气管等金属构件引发电弧成为火源，仅 20V 的维持电压就可使电弧连续发生，引燃周围可燃物及可燃气体。

2.4.2 电气火灾监控系统的构成

电气火灾监控系统属于先期预报警系统，与传统火灾自动报警系统不同的是，电气火灾监控系统早期报警是为了避免损失，而传统火灾自动报警系统是为了减少损失。

电气火灾监控系统可作为传统火灾自动报警系统的子系统，其构成如图 2-9 所示。

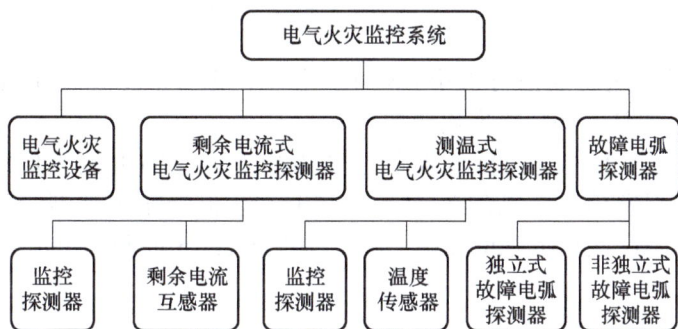

图 2-9 电气火灾监控系统的构成

当电气设备或线路中的电流、温度等出现异常或突变时，终端探测头（如剩余电流互感器、温度传感器等）对该信息进行采集，并输送到监控探测器，与报警设定值进行比较，若超出设定值，则发出报警信号。同时，采集的信息也被传送到监控设备中，经监控设备进一步识别、判定，当确认可能会发生火灾时，监控主机发出火灾报警信号，点亮报警指示灯，发出报警声响，并在液晶显示屏上显示火灾报警等信息。

1. 电气火灾监控设备

电气火灾监控设备应能接收来自监控探测器的监控报警信号，发出声、光报警信号，指示报警部位，显示报警时间，并予以保持，直至电气火灾监控设备被手动复位。电气火灾监控设备应能实时接收来自监控探测器测量的剩余电流值和温度值，剩余电流值和温度值应可查询；报警状态下应能显示并保持报警值。

2. 剩余电流式电气火灾监控探测器和测温式电气火灾监控探测器

剩余电流式电气火灾监控探测器通常具有少量的温度接口，可以接温度传感器。剩余电流式电气火灾监控探测器的接口如图 2-10 所示。

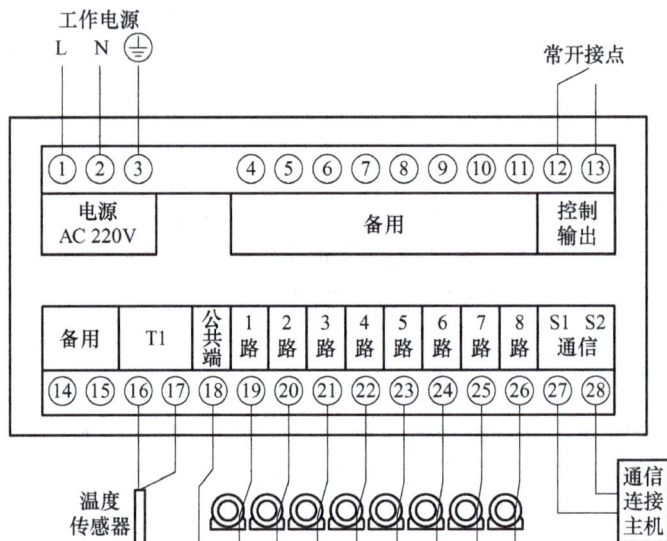

图 2-10　剩余电流式电气火灾监控探测器的接口

探测器与上位机进行通信可采用 RS-485 总线，也可采用无线通信技术，还可通过 APP（应用程序）、电话、短信等发出通知。

剩余电流式电气火灾监控探测器的主要参数有：①漏电报警值，常见的为 50 ～ 1000mA；②温度报警值，常见的为 55 ～ 145℃；③报警输出类型，常见的为开关型；④报警输出触点容量，如 AC 220V/3A、AC 220V/5A；⑤报警输出信号类型，常见的为无源型。

3. 故障电弧探测器

故障电弧探测器包含独立式和非独立式两种类型。独立式故障电弧探测器带声光报警功能，可独立使用。非独立式故障电弧探测器可以通过信号处理单元接入上位机（电气火灾监控设备），依靠电气火灾监控设备实现系统功能，不能独立运行。图 2-11 所示为故障电弧探测器实物。

（1）故障电弧及其种类　故障电弧是由于触头、线路接触不良或线路绝缘损坏而产生的电弧，相对地，正常操作开关而产生的电弧称为正常电弧。

许多严重的火灾事故是由线路中低于额定电流或短路动作电流的故障电弧引起的，当故障电弧产生时，线路上的漏电、过电流和短路等保护装置可能无法检测到故障电弧。故障电弧的种类如图 2-12 所示。

（2）故障电弧的检测方法

1）通过电流进行检测。通过电弧发生时的电流幅值和电流波形的斜率等特性进行检测，这种方法虽然简单，但仅通过时域进行判断有一定的局限性，可能造成误判。

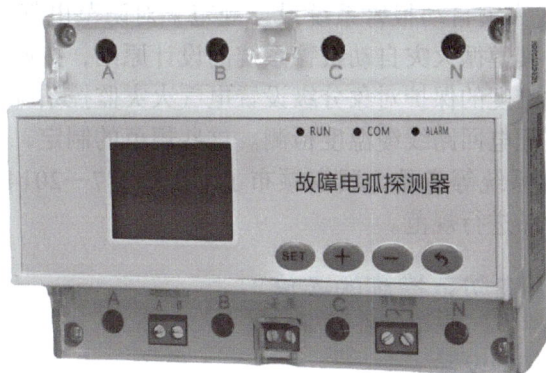

图 2-11 故障电弧探测器实物

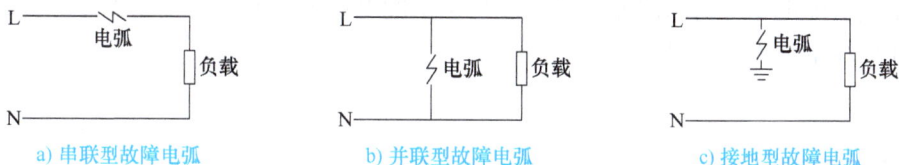

a) 串联型故障电弧   b) 并联型故障电弧   c) 接地型故障电弧

图 2-12 故障电弧的种类

2）通过频域分析进行检测。从频域的角度进行分析和判断故障电弧的电流信号，比时域分析简单，而且物理上的表现更为直观，对故障电弧的判断也比较准确。但是如果信号的频率和采样的频率不一致，就会导致判断准确度下降。

3）通过小波变换进行检测。小波变换在时域和频域中都能产生良好的局部变化特性，而且对信号有良好的适应性，从而使大部分的信号都能从原始数据中提取出来。利用小波变换对故障电弧的电流信号进行分析，不仅能反映电流信号产生的突变，还可以检测到这种突变的大小。

2.4.3 规范、标准简介

相关规范、标准如下：

① GB 50016—2014《建筑设计防火规范》（2018 年版）。

② GB 50116—2013《火灾自动报警系统设计规范》。

③ GB 14287.1—2014《电气火灾监控系统 第 1 部分：电气火灾监控设备》。

④ GB 14287.2—2014《电气火灾监控系统 第 2 部分：剩余电流式电气火灾监控探测器》。

⑤ GB 14287.3—2014《电气火灾监控系统 第 3 部分：测温式电气火灾监控探测器》。

⑥ GB 14287.4—2014《电气火灾监控系统 第 4 部分：故障电弧探测器》。

GB 50016—2014《建筑设计防火规范》列出了应设置火灾自动报警系统的场所，所列场所按建筑物的供电级别和消防用水量来确定是否设置火灾自动报警系统。

GB 50116—2013《火灾自动报警系统设计规范》对防范电气火灾也有设置电气火灾监控系统的相关规定，其遵循火灾自动报警系统的设计原则，按照建筑物的使用性质、火灾危险性、疏散和扑救难度的保护对象分级设置电气火灾监控系统。该系统在火灾自动报警系统的基础上增加了配电回路线缆温度检测。这些规范的制定，催生了大量火灾自动报警系统及电气火灾监控系统等产品，国家颁布了 GB 14287—2014《电气火灾监控系统》四部分标准，对这些产品进行规范。

2.4.4　某建筑电气火灾防范措施的实施

1. 电气火灾监控系统的设置

电气火灾监控系统检测点的位置设置如图 2-13 所示。图中第一级、第二级和第三级是指供配电系统的三级断路器，通常第三级是设备或终端用户（如住宅单元）的断路器，第二级是楼层配电箱等的断路器，第一级是该供配电系统的低压进线断路器。三级断路器设置将在后续章节中详细讲述。

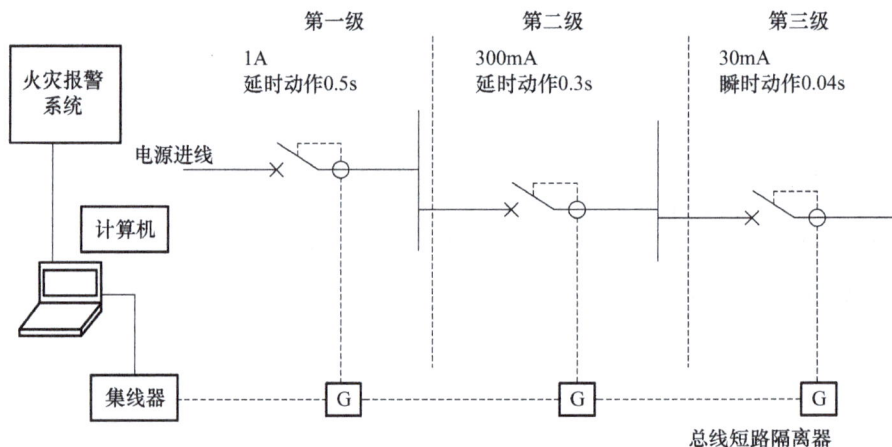

图 2-13　电气火灾监控系统检测点的位置设置

（1）剩余电流检测点位置　从电气火灾发生的部位来看，负荷侧发生火灾的概率远大于电源进线侧，在不能两全的情况下，将剩余电流检测点设置在负荷侧为宜。剩余电流检测点安装在供配电系统的第二级开关进线处（楼层配电箱处）。若将剩余电流检测点设置在第三级开关处，则剩余电流检测点数量将成倍增加，会增加很多投资。

（2）温度检测点位置　温度检测元件如 PT100 铂热电阻或双金属温度探头等，可黏贴于供配电系统的第二级开关进线端，当供配电系统的第一级与第二级开关之间距离较短时，也可黏贴于第一级开关下接线端。因断路器与电缆连接处接触电阻最大，在线路过负荷状态下，此处温度最高，为火灾易发点。

（3）故障电弧探测器　目前故障电弧探测器更多地用于监控末端供电线路和用电负

荷，即第三级供配电线路。

当被探测器线路在 1s 内发生 14 个及以上半周期的故障电弧时，探测器可在 30s 内发出报警信号，点亮报警指示灯；非独立式故障电弧探测器的报警指示应保持至与其相连的电气火灾监控设备复位，独立式故障电弧探测器的报警指示应保持至手动复位。

2. 其他常规措施

1）装饰、装修工程不用或尽量少用可燃材料，电气线路穿过可燃物时，应进行穿管保护，设置专用接地绝缘线。配电装置与可燃物应有足够的安全距离，确实分不开的，应做好隔热保护措施。

2）采用过电流保护兼作接地故障保护时，按低压配电设计规范验收，满足切断故障回路时间，合理选用保护电器过电流保护值。

3）按规范选择接地保护截面，较大的截面及较小重复接地电阻能增大故障电流，有利于保护装置动作的灵敏度。

4）电气线路按防火要求宜采用铜芯线，铜芯线接头不易氧化和腐蚀，且强度高、接头接触电阻小。

5）实施等电位联结、降低接触电压，能有效消除漏电电气设备与低位金属构件之间可能产生的电弧、电火花。

2.4.5 技术发展：电气火灾防范系统及设备的发展

电气火灾的防范措施经历了由过电流保护、漏电火灾报警系统到电气火灾监控系统的过程。

消除接地故障引发的电气火灾以往多采用过电流保护装置（如熔断器、低压断路器），虽然经济简单，但由于各种原因，过电流保护装置动作不够可靠，不能及时切断接地故障回路，甚至拒动现象屡屡发生，主要原因如下。

1）熔断器可能人为地加大熔丝线径，使得熔断电流变大，起不到接地故障保护作用。

2）接地故障点在系统足够远的末端，故障阻抗大，故障电流不足以使保护装置动作。PE 线在接线端子处连接不牢固（往往不易发现），故障时因电阻大导致故障电流不足以使保护装置动作。

3）低压断路器的脱扣电流设置过大，断路器不能及时断开电路或动作。

4）接地装置不符合要求，造成接地电阻大，故障电流小。当发生电弧性接地故障时，若电弧电抗大，也会导致故障电流小。

漏电火灾报警系统通过检测接地故障产生的剩余电流来检测可能的火灾，但不能检测过电流造成的电气火灾。

目前，采用电气火灾监控系统是较好的预防电气火灾的方法，该系统不仅可检测漏电流，还能直接检测温度。

电弧故障断路器（Arc Fault Circuit Interrupter，AFCI）不但可以检测出线路和用电设备内的故障电弧，还可以将正常的操作电弧（如开关的分断、电动机旋转产生的电弧等）与故障电弧区分开来。当线路上产生故障电弧时，它可以及时切断电源，防止由故障电弧引发的火灾。

◁ 习　题 ▷

1. 画出电气火灾监控系统的构成图。
2. 说明剩余电流式电气火灾监控探测器的主要参数。
3. 故障电弧的种类有哪些？
4. 引发电气火灾的原因有哪些？

第3章

用电（照明）系统的运行维护及施工

3.1 照明电光源的选用

选择合适的光源及灯具，对营造舒适、健康、节能的居家环境至关重要，本节学习照明电光源的选用。

3.1.1 常用照明电光源的种类

电光源通常按发光原理进行分类，如图 3-1 所示。图 3-2 所示为典型的电光源。

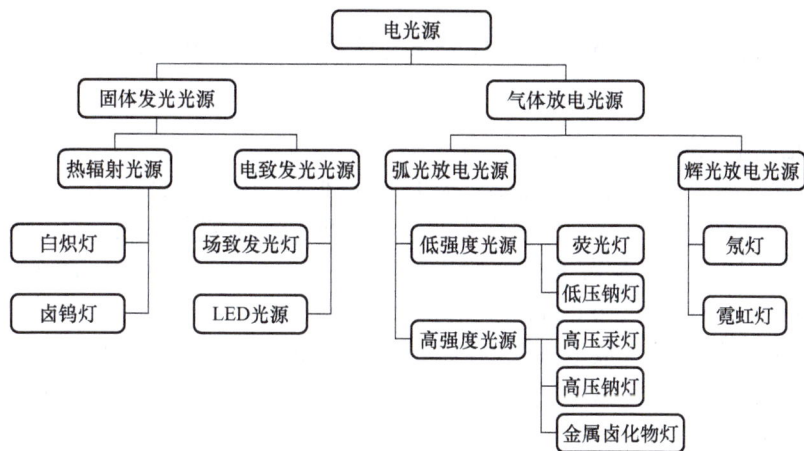

图 3-1 电光源的分类

1. 固体发光光源

（1）热辐射光源

1）白炽灯。白炽灯通过电能将灯丝加热到白炽状态而发光。灯丝在发光的同时还产生大量的红外辐射和少量的紫外辐射，它们最终以热能的形式损失掉。要想提高白炽灯的光效，应选用高熔点材料制作灯丝，并使之在尽可能高的温度下工作。

2）卤钨灯。卤钨灯是填充气体内含有部分卤族元素或卤化物的充气白炽灯。在普通白炽灯中，高温造成钨丝蒸发，蒸发的钨沉淀在玻壳上，导致玻壳发黑。1959 年，人们发明了卤钨灯，利用卤钨循环的原理使钨丝温度达到更高。

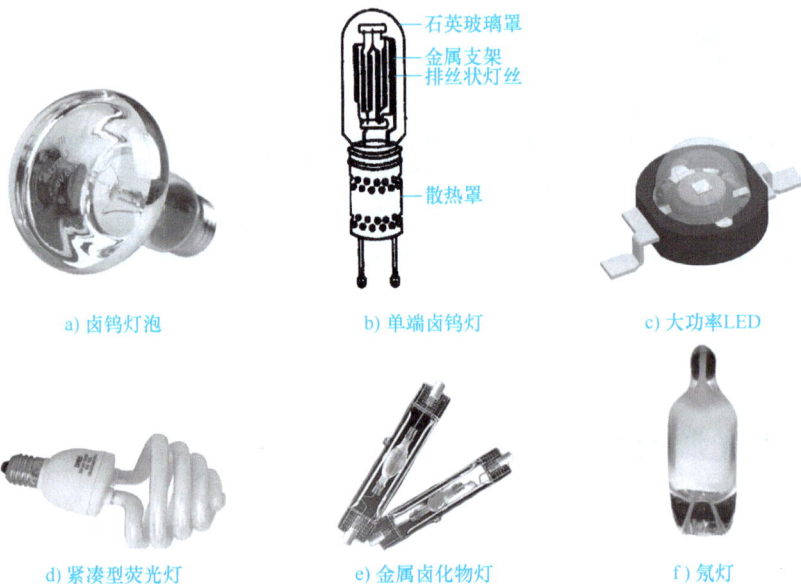

a) 卤钨灯泡　　　　b) 单端卤钨灯　　　　c) 大功率LED

d) 紧凑型荧光灯　　　e) 金属卤化物灯　　　f) 氙灯

图 3-2　典型的电光源

（2）电致发光光源

1）场致发光灯。场致发光灯是两电极之间的固体发光材料在电场激发下发光的电光源，通常用于玩具和装饰照明。

2）LED（发光二极管）光源。LED 光源是目前主流的照明光源。

2. 气体放电光源

（1）弧光放电光源

1）低强度光源。此处所说的强度是表面发光强度，用 W/cm^2 表示，即单位表面积的电功率。一般小于 $3W/cm^2$ 就是低强度光源。低强度光源主要包括荧光灯和低压钠灯，通常所说的节能灯属于紧凑型荧光。荧光灯按管径的大小分为 T12、T8 和 T5 等，数字表示灯管直径为 1/8in（1in=0.0254m）的倍数，应优先采用 T5 型灯，使用电子镇流器。低压钠灯是利用低压钠蒸气放电发光的电光源，在它的玻璃外壳内涂以红外线反射膜，是光衰较小和光效较高的电光源。低压钠灯发出的是单色黄光，用于对光色没有要求的场所，它的透雾性表现非常出色。

2）高强度光源。即 HID 灯（高强度气体放电灯），主要有高压汞灯、高压钠灯和金属卤化物灯。

高压汞灯又称为高压水银灯，高压汞灯由灯头、石英放电管和玻璃外壳等组成。石英放电管内有两个主电极和一个辅助电极，抽成真空后除了充入一定量的汞外，还充入少量氩气，以降低起动电压并保护电极。工作时，放电管内压力可升高到 2～6MPa。放电管一般封装在椭圆形的玻璃外壳中，玻璃外壳除了起保温作用外，还可防止环境对灯的影响。其内壁涂有荧光粉，以提高高压汞灯的光效并改善光色。

高压钠灯是利用高压钠蒸气放电的气体放电灯，其构造与高压汞灯类似。因为钠对金属有较强的腐蚀作用，所以它的放电管采用半透明多晶氧化铝陶瓷制成，两端装钨丝电极，放电管内抽成真空后充入氙气和钠汞合金。

金属卤化物灯是 20 世纪 60 年代发展起来的第三代电光源，其优点是光效高、光色好。与高压汞灯相似，金属卤化物灯的放电管中除了充有汞和氩气外，还添加了金属卤化物。金属卤化物灯主要由一个透明的玻璃外壳和耐高温的石英玻璃管组成。壳与管之间充入氮气或其他惰性气体，石英玻璃管内充有惰性气体、汞蒸气和金属卤化物。如果选择几种金属卤化物并控制它们的比例，就可以得到不同的光色。金属卤化物灯的类型主要有镝灯、钠铊铟灯等。其发光原理与高压汞灯相似，灯启燃后，先由惰性气体放电，待放电管内温度升高后，转为汞蒸气与金属卤化物参与放电。

（2）辉光放电光源

辉光放电是指低压气体中显示辉光的气体放电现象，即稀薄气体中的自持放电（自激导电）现象。

氖是一种惰性气体，一般情况下不与其他物质发生反应。氖在放电时发出橘红色辉光，氖灯（Neon Tube）是氖氩辉光灯的简称，属于冷阴极气体放电灯，具有体积小、耗电少、耐冲击、寿命长、使用电压范围宽的特点，常用作仪表、设备的指示灯，如试电笔的有电指示灯。

霓虹灯是明亮发光的、充有稀薄氖气或其他稀有气体的通电玻璃管或灯泡，是一种冷阴极气体放电灯。霓虹灯管是一个两端有电极的密封玻璃管，其中填充了一些低气压的气体。几千伏的电压施加在电极上，玻璃管中的气体使其发出光。光的颜色取决于管中的气体。

也有人认为氖灯就是霓虹灯，霓虹灯是氖灯的音译。最初，氖灯里通常充氖气而发出橙红色光，但使用其他气体会产生其他颜色，如氢（红色）、氦（粉红色）、二氧化碳（白色）、汞蒸气（蓝色）等，变成五颜六色的霓虹灯。

LED 光源不仅在通用照明领域得到普及，在装饰照明、景观照明、广告等领域也逐渐取代了霓虹灯。

3.1.2　常用光度量

下面介绍发光强度、光通量、亮度、照度、色温、显色指数、发光效率、眩光等光度量。

[光强、光通量、亮度和照度]

1. 发光强度

发光强度简称光强，是光源在空间某一方向上的辐射强度。光强的符号为 I，单位为 cd（坎德拉）。光强是七个基本物理量之一（七个基本物理量分别是长度、质量、时间、电流、热力学温度、物质的量和发光强度）。

2. 光通量

光通量是指光源在单位时间向周围空间辐射的能引起视觉反应的能量，即可见光的能量。光通量通常用 Φ 来表示，单位为 lm（流明）。理论上，其功率可用 W 来度量，但因视觉对光的感觉还与光色有关，所以另定"流明"来度量光通量。

3. 亮度

亮度是用来表示物体表面发光（或反光）强弱的物理量。被视物体发光面在视线方向上的发光强度与发光面在垂直于该方向上的投影面积的比值，称为发光面的表面亮度，单位为 cd/m²（坎德拉每平方米）。

4. 照度

单位面积（被照射面）上入射的光通量称为照度，用 E 表示，单位为 lx（勒克斯）。照度指物体被照亮的程度，用单位面积所接受的光通量表示，即

$$E = \frac{\Phi}{A} \tag{3-1}$$

式中，Φ 为光通量，单位为 lm；A 为面积，单位为 m²；E 为照度，单位为 lx。

住宅照度标准值见表 3-1。

表 3-1　住宅照度标准值

房间或场所		参考平面及其高度	照度标准值 /lx
起居室	一般活动	0.75m 水平面	100
	书写、阅读		300
卧室	一般活动		75
	床头、阅读		200
餐厅	—	0.75m 餐桌面	150
厨房	一般活动	0.75m 水平面	100
	操作台	台面	300
卫生间	一般活动	0.75m 水平面	100
	化妆台	台面	300
走廊、楼梯间	—	地面	100
电梯前厅	—	地面	75

光通量和照度的关系对比力学的度量，光通量相当于压力，而照度相当于压强。光强、光通量、亮度、照度示意图如图 3-3 所示。

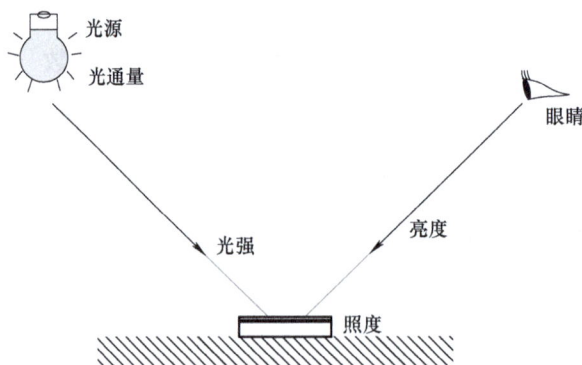

图 3-3　光强、光通量、亮度、照度示意图

5. 色温

当实际光源的光谱成分与完全辐射体（既不反射也不透射，能全部吸收它上面的辐射的黑体）在某一温度时的光谱成分一致时，就用完全辐射体的绝对温度表示实际光源的光谱成分。色温用绝对温度表示，单位为 K（开尔文）。当色温大于 5300K 时，光源发出冷

色光；当色温小于 3300K 时，光源发出暖色光；当色温在 3300 ～ 5300K 之间时，光源发出中间光。

6. 显色指数

把光源对物体真实颜色的呈现程度称为光源的显色性。为了对光源的显色性进行定量评价，引入显色指数的概念。以标准光源为准，将其显色指数定为 100，其余光源的显色指数均低于 100。显色指数用 Ra 表示，Ra 值越大，光源的显色性越好。

7. 发光效率

发光效率简称光效，是电光源发出的光通量与用电功率之比，单位是 lm/W。发光效率是评价电光源用电效率最主要的技术参数之一。

8. 眩光

由于视野中的亮度分布或亮度范围不适宜，或存在极端的对比，以致引起不舒适的感觉，或降低观察细部及目标能力的视觉现象。

眩光按其产生来源可分为直接眩光和反射眩光。直接眩光是由视野中，特别是在靠近视线方向存在的发光体所产生的眩光。反射眩光是由视野中的反射引起的眩光，特别是在靠近视线方向看见反射像所产生的眩光。

眩光按其效应可分为失能眩光和不舒适眩光。失能眩光又称为生理眩光，这种眩光会妨碍对物体的视觉效果，使视功能下降，但它不一定引起不舒适。不舒适眩光又称为心理眩光，这种眩光使人不舒适，但它不一定妨碍对物体的视觉效果。

统一眩光值（Unified Glare Rating，UGR）是度量室内视觉环境中的照明装置发出的光引起人眼不舒适感主观反应的心理参量。

3.1.3　照明 LED 光源的驱动

鉴于 LED 光源目前的广泛应用，下面学习 LED 光源驱动方式的进展。LED 光源驱动原理如图 3-4 所示。

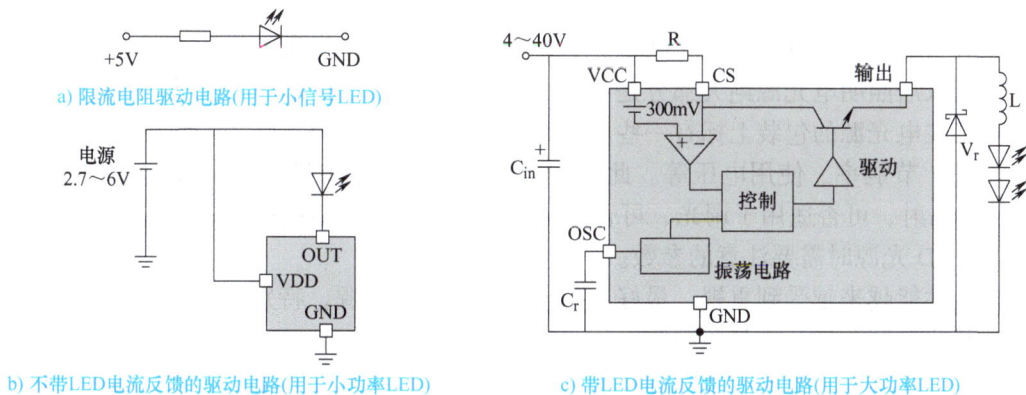

a) 限流电阻驱动电路(用于小信号LED)

b) 不带LED电流反馈的驱动电路(用于小功率LED)

c) 带LED电流反馈的驱动电路(用于大功率LED)

图 3-4　LED 光源驱动原理

图 3-4a 中小信号 LED 的电流一般不超过 20mA，当需要驱动的 LED 电流较大，如达到 100mA 以上时，就需要大功率的限流电阻，这将导致驱动电路的效率降低、体积

增大。

既然限流电阻的作用是给小功率 LED 提供一个比较稳定的小电流，那么，当需要驱动较大电流的 LED 时，可以考虑使用恒流源电路。图 3-4b 采用了最简单的三端子恒流源集成电路（IC）。

当需要驱动更大功率 LED 时，图 3-4b 所示电路也不合适了，因为三端子恒流源集成电路虽然具备一定的恒流功能，但对于大功率 LED（如 500mA 以上的 LED），它提供的电流不够恒定。

图 3-4c 是带 LED 电流反馈的驱动电路，采用五端子恒流源集成电路，相比于三端子恒流源集成电路，增加了两个端子。其中，CS 是电流检测端子，用于检测 LED 电流；OSC 是振荡端子，给集成电路提供工作频率，因为比较复杂的集成电路都需要振荡端子外接电容或晶体振荡器给其内部的晶体管提供统一的工作节拍。该恒流源集成电路各外围元器件的作用：C_{in} 是电解电容，用于降低直流电源的低频干扰；C_r 是振荡电容，与集成电路内部的振荡电路一起产生作为电路节拍的脉冲；R 是检测电阻，用于检测驱动 LED 的电流；V_r 是钳位二极管，用于保护 LED 免受过电压的危害；L 是电感，用于减小 LED 电流的波动。

3.1.4 规范、标准简介

相关规范、标准如下：
① GB/T 50034—2024《建筑照明设计标准》。
② GB/T 24823—2017《普通照明用 LED 模块 性能要求》。
③ GB 7000.1—2015《灯具 第 1 部分：一般要求与试验》。

在 GB/T 24823—2017 标准中，"8. 光输出"对光输出中的光通量、光强分布、峰值强度、光束角、光效等做了要求，"9. 色坐标、相光色温（CCT）和显色性"对色坐标、相关色温（CCT）、显色性（CRT）等做了要求。

3.1.5 某住宅房间照明电光源的选用

选择依据主要是电光源的光度量。尽量选择高光效的电光源。

目前家居照明电光源绝大部分是 LED 光源，包括 LED 灯泡和 LED 灯管等。

通常在电光源的包装上标有一些主要参数：光通量、功率、灯头安装形式及尺寸、色度、寿命、节能率、使用电压等。此外，还标有一些其他参数，如有没有汞、有没有红外 / 紫外辐射、可否适用于调光、可否适用于封闭式安装、适用的灯罩尺寸等。这些都是在选用 LED 光源时需要注意的参数。

显色性能越来越受到重视，最好选择高显色指数的光源，特别是一些高显色要求的场合，如梳妆台照明、艺术品照明等。

优质的光源除了需要考虑光源罩的材质和做工，以实现通光率高、光色均匀、柔和明亮、无刺眼的眩光等；还需要考虑光源的散热及防触电，例如，在靠近 LED 灯泡灯头位置采用高强度热塑料壳体，既利于散热，又确保不会发生触电事故。还应留意光源是否阻燃，以消除电气火灾的隐患。

3.1.6　技术发展：照明电光源发展史及 OLED 光源

1. 照明电光源发展史

20 世纪之前，人类多使用油灯、烛灯或煤气灯作为光源，20 世纪是照明电光源的重要发展阶段。在 100 多年的电光源发展历程中，随着电光源研究水平的提高以及新材料的不断出现，照明电光源从弧光灯、白炽灯、霓虹灯、高压汞灯、低压钠灯、荧光灯、氙灯、卤钨灯发展到金属卤化物灯、半导体固体光源 LED、OLED（Organic Light Emitting Diode，有机发光二极管）、陶瓷金卤灯和微波硫灯等。这个历程可分为四代：第一代的代表是白炽灯和卤钨灯，第二代的代表是荧光灯，第三代的代表是高强度气体放电灯，发展到第四代半导体固体光源 LED、OLED，照明效率提高了 100 倍。光源发展的历史就是光源光效不断提高、寿命不断延长、性能不断提升的历史。当前全球已进入半导体照明新时代，LED 光源日趋成熟，OLED 和激光光源曙光初现，智能跨界照明和以人为本的健康照明理念正不断深入人心。此外，还有导光设备，包括导光管和光纤采光系统等。

2. OLED 光源

LED 光源相比传统的照明光源，虽然有着种种优点，但是 LED 只能以点光源的形式应用。在室内通用照明领域，为了达到一定空间的照明亮度，LED 需要很高的发光强度。为了防止刺眼、产生柔和的光线，LED 往往需要加装灯罩使用，这样一来，LED 灯具的光效也会随之下降。

另外，由于 LED 的体积非常小，点亮时产生的热量难以及时散发出去，所以必须为 LED 灯具配备散热装置。如果要利用 LED 制作面光源，如作为 LCD（液晶显示器）的背光，则需要组合多个 LED 并搭配导光板等复杂的光学系统。除此之外，LED 的光效会随着温度的升高而急骤下降。

基于上面几点原因，LED 光源的优点（如光效、轻薄性及成本优势）在制作成灯具后会大打折扣。

OLED 又称为有机电激光显示、有机发光半导体。OLED 发光均匀柔和，接近朗泊（Lambert）辐射分布，因此，OLED 本身就是一个灯具，无须搭配灯罩使用。目前，白光 OLED 主要以发红、绿、蓝三种基本颜色的有机材料依次叠加混合而成。

另外，有机材料发光光谱的特点是其半波峰很宽，因此白光 OLED 的光谱中没有较大的缺口，这使得 OLED 光源的显色指数非常优异，特别适用于室内通用照明，甚至是专业摄影等应用。通过调节每种颜色材料的发光比例，可以产生任意色调的光，以适应不同的应用场合。

由于 OLED 具有非常大的发光面积，工作时产生的热量可以及时散发掉，无需散热装置，因此 OLED 可以非常轻薄，节省了空间成本。另外，OLED 可以被设计成多种造型，大大拓展了 OLED 灯具在艺术装潢领域的应用空间。OLED 还具有可透明特性，能实现传统灯具完全无法想象的应用方式。

OLED 依据色彩可分为单色、多彩和全彩等种类，其中，全彩 OLED 的制备最为困难；依驱动方式可分为被动式 OLED（Passive Matrix OLED，PMOLED）与主动式 OLED（Active Matrix OLED，AMOLED）。

习　题

1. 常用光度量有哪些？
2. 什么是光通量？其单位是什么？
3. 什么是照度？其单位是什么？
4. 什么是光效？
5. 什么是色温？其单位是什么？
6. 什么是显色性？用什么来衡量？

3.2　灯具、照明方式和照明种类

本节学习灯具的分类和特性，以及照明种类、照明方式的选择。

3.2.1　灯具的分类和特性

灯具是光源、光源适配器、灯罩及附件的总称，其作用在于点亮、固定与保护光源，控制配光，防止眩光等。

灯具的分类方法繁多，如按用途分类、按安装方式分类、按灯具外壳防尘防水和防触电保护分类等，根据 CIE（国际照明委员会）推荐的按光通量分配比例的灯具分类见表 3-2。

表 3-2　按光通量分配比例的灯具分类

灯具类别		直接型	半直接型	全漫射（直接 – 间接）	半间接型	间接型
光强分布						
光通量分配（%）	上	0～10	10～40	40～60	60～90	90～100
	下	100～90	90～60	60～40	40～10	10～0

灯具的特性有以下几种。

1. 灯具效率

灯具的发射光通量与灯具内全部光源正常点燃时发射的总光通量之比，称为灯具效率。

2. 光束角、遮光角和截光角

1）光束角是指在某一给定平面上，以极坐标表示的光强曲线的两矢径间所夹的角度。通俗地讲，光束角是指光源或灯具发出光束的角度，也就是光束一定强度范围边界所形成的夹角。通常，光源强度最大的主轴与两侧 50% 光强位置构成的夹角就是光束角。

一般来说，光束角在被照面上比较直观的体现是光斑和照度，在其他条件相同的情况下，光束角越大，中心光强越小，光斑越大，照度越小，不同大小的光束角如图 3-5 所示。

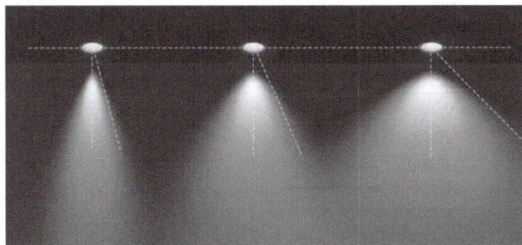

图 3-5　不同大小的光束角

2）遮光角又称为保护角，指投光边界线与灯罩开口平面的夹角，如图 3-6 所示。一般来说，灯具的遮光角越大，配光曲线越狭小，光效越低，但减少眩光的作用越好。

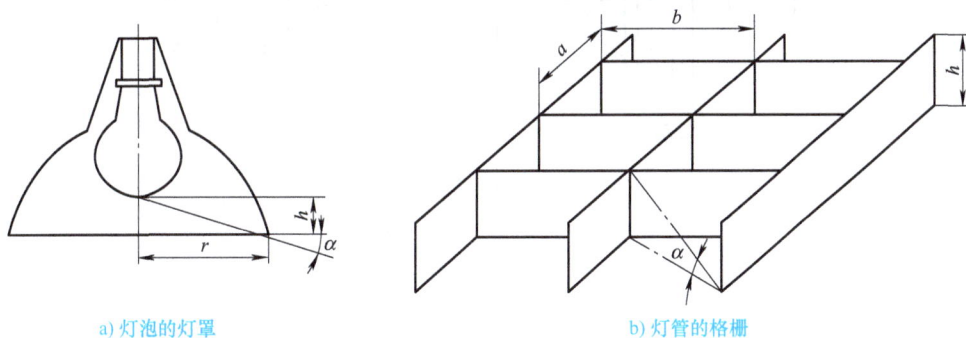

a) 灯泡的灯罩　　　　　　　　　　　　b) 灯管的格栅

图 3-6　灯具的遮光角

遮光角的计算公式为

$$\alpha = \arctan \frac{h}{r} \tag{3-2}$$

3）截光角是灯具垂直轴与刚好看不见高亮度的发光休的视线之间的夹角。截光角是遮光角的余角。

3. 配光特性

光源发光时，光线的传播方向可能与实际希望达到的方向不符，这就需要人为设计特定的结构来改变光线的传播方向，对光线传播的空间分布进行重新调整，使光线在空间的分布达到所需状态，这种对光线传播方向进行控制的方式称为灯具的配光。

对光束角和遮光角进行改变可以控制配光，不过不能完整、精确地控制配光。灯具的配光特性通常用配光曲线来表示，配光曲线就是灯具的光强分布曲线，是表述灯具的光强在空间中分布的图形。

配光曲线一般有三种表示方法，分别是极坐标配光曲线、直角坐标配光曲线和等光强曲线，如图 3-7 所示。对于投光灯，一般采用直角坐标配光曲线；对于室内灯具和道路灯具，多采用极坐标配光曲线。

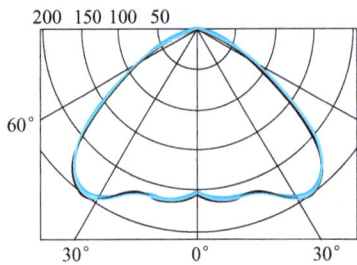

200 150 100 50

60°

30°   0°   30°

单位：cd/1000lm

$C=90°$ ———
$C=45°$ ———
$C=0°$ ———

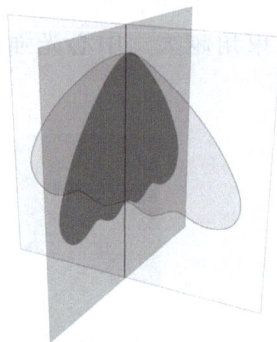

a) 极坐标配光曲线(轴对称灯具的配光曲线)

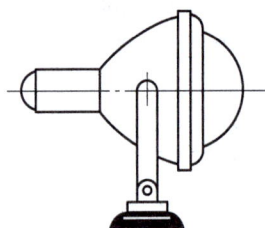

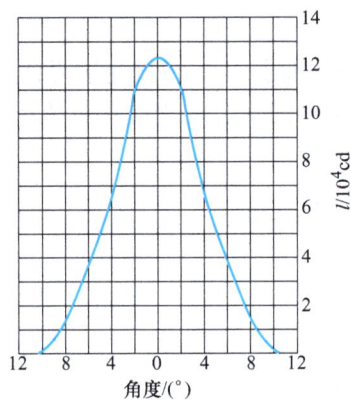

b) 直角坐标配光曲线

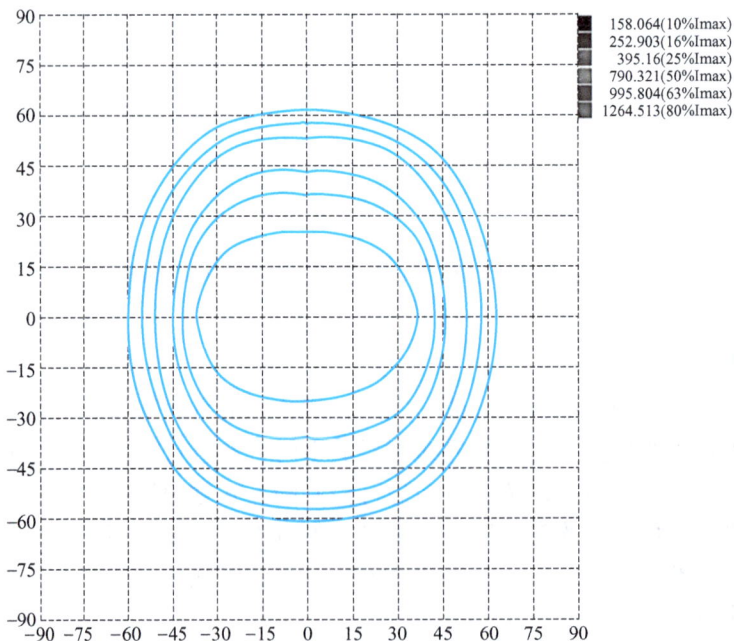

158.064(10%Imax)
252.903(16%Imax)
395.16(25%Imax)
790.321(50%Imax)
995.804(63%Imax)
1264.513(80%Imax)

c) 等光强曲线(矩形网图)

图 3-7   配光曲线

（1）极坐标配光曲线 在通过光源中心的测光平面上，测出灯具在不同角度的光强值。从某一方向起，以角度为函数，将各角度的光强用矢量标注出来，连接矢量顶端的曲线就是灯具的极坐标配光曲线。若灯具有旋转对称轴，则只需要通过轴线的一个测光面上的光强分布曲线就能说明其光强在空间中的分布，如图 3-7a 所示。图中，$C=0°$、$C=45°$、$C=90°$ 分别表示与水平面垂直的三个平面，其中 $C=0°$ 表示 $0° \sim 180°$ 平面，$C=90°$ 表示 $90° \sim 270°$ 平面，$C=45°$ 表示 $45° \sim 225°$ 平面，三个平面的配光曲线基本相同；若灯具不是轴对称灯具，则需要多个测光面上的配光曲线。为比较不同光通量灯具的配光曲线，统一把光通量折算为 1000lm，即配光曲线上的光强值是光通量为 1000lm 时的光强值。

（2）直角坐标配光曲线 对于聚光型灯具，由于光束集中在十分狭小的空间立体角内，很难用极坐标来表达其光强的空间分布状况，对此，采用直角配光曲线来表示。纵轴表示光强，横轴表示光束的投射角，如图 3-7b 所示。若灯具有旋转对称轴，则只需一条配光曲线表示；若灯具是不对称灯具，则需要多条配光曲线表示。

（3）等光强曲线 将光强相等的矢量顶端连接起来构成的曲线称为等光强曲线。将相邻的一系列等光强曲线所组成的图称为等光强图，常用的等光强图有圆形网图、矩形网图与极坐标图。由于矩形网图既能说明灯具的光强分布，又能说明光通量的区域分布，所以投光灯具的等光强图都采用矩形网图，如图 3-7c 所示。

3.2.2 照明种类

照明种类有正常照明、应急照明、值班照明、警卫照明和障碍照明。其中，应急照明包括备用照明、安全照明和疏散照明。

照明种类的确定应符合下列规定。

1）室内工作及相关辅助场所均应设置正常照明。

2）当下列场所的正常照明电源失效时，应设置应急照明。

① 须确保正常工作或活动继续进行的场所，应设置备用照明。

备用照明是在正常照明因电源失效后，可能会造成爆炸、火灾和人身伤亡等严重事故的场所，或停止工作将造成很大影响或经济损失的场所设置的继续工作用的照明，或在发生火灾时为了保证消防工作能正常进行而设置的照明。

② 须确保处于潜在危险之中人员安全的场所，应设置安全照明。

安全照明是在正常照明因电源失效后，为确保处于潜在危险状态人员安全而设置的照明，如使用圆盘锯等作业场所。

③ 须确保人员安全疏散的出口和通道，应设置疏散照明。

疏散照明是在出口和通道设置的指示出口位置及方向的疏散标志灯和为照亮疏散通道而设置的照明。

3）须在夜间非工作时间值守或巡视的场所，应设置值班照明。

值班照明是在非工作时间里，为需要夜间值守或巡视值班的车间、商店、营业厅、展厅等场所提供的照明。它对照度要求不高，可以利用工作照明中能单独控制的一部分，也可利用应急照明，对电源没有特殊要求。

4）须警戒的场所，应根据警戒范围的要求设置警卫照明。

为了防范的需要，重要的厂区、库区等有警戒任务的场所应根据警戒范围的要求设置警卫照明。

5）在危及航行安全的建筑物、构筑物上，应根据相关部门的规定设置障碍照明。

在飞行区域建设的高楼、烟囱、水塔及在飞机起飞和降落的航道上对飞机的安全起降可能构成威胁的地方，应按民航部门的规定装设障碍标志灯；船舶航行的航道两侧或中间的建筑物、构筑物等应装设障碍标志灯。

3.2.3 照明方式

照明方式可分为一般照明、分区一般照明、局部照明和重点照明。通常采用多种照明方式混合使用。

确定照明方式的原则如下。

1）为照亮整个场所，均应采用一般照明。

2）当同一场所的不同区域有不同照度要求时，为节约能源，贯彻照度该高则高、该低则低的原则，应采用分区一般照明。

3）对于部分作业面照度要求高，但作业面密度又不大的场所，若只采用一般照明，会大大增加安装功率，因而是不合理的，应采用混合照明方式，即通过增加局部照明提高作业面照度，以节约能源。

4）在一个工作场所内，如果只采用局部照明会造成亮度分布不均匀，从而影响视觉作业，故不应只采用局部照明。

5）在商场建筑、博物馆建筑、美术馆建筑等场所，需要突出显示某些特定的目标，可采用重点照明提高该目标的照度。

3.2.4 规范、标准简介

相关规范、标准如下：

① GB/T 50034—2024《建筑照明设计标准》。

② GB 7000.1—2015《灯具 第1部分：一般要求与试验》。

3.2.5 某住宅房间照明灯具的选用和照明方式、照明种类的选择

可按照明种类→照明方式→灯具→电光源的顺序来选择，电光源的选用已在3.1节讲述过。

1）根据照明的场所确定照明种类。住宅房间照明从照明种类上看属于正常照明。

2）进一步确定某个照明场所的照明方式。房间内不同的场所可采用分区一般照明。例如，客厅需要读书、写字的地方可设置局部照明，墙壁上悬挂的装饰画等可设置重点照明。

3）选择灯具。选择依据主要是灯具的三个特性。尽量选择高光效的灯具；选择合适的遮光角，以避免眩光；选择合适的光束角，以实现被照物的显示效果；利用配光曲线有针对性地分配光线，提供丰富多样的光环境。

3.2.6　技术发展：办公室照明方式与视觉功效

有研究初步证明，不同的照明方式对人的主观感受和视觉功效是有影响的。照度及其分布、色温、眩光和照明控制这几点是影响办公室照明质量要素中最容易被使用者感觉到和有意识分辨的，也是目前最有实用价值的评价办公室照明质量的指标，可以用来比较直接地指导办公室照明的设计和检测。

综合人的视觉功效和主观感受，在相同照明功耗和一般照明功率密度下，直接－间接照明方式是最受欢迎的照明方式。

相比低色温，高色温更受喜爱。结合照明方式和视觉功效进行综合考虑，3500K 左右色温的直接－间接照明和间接照明最受欢迎。

在 VDT（视频显示终端）的使用环境中，为满足屏幕上视觉作业的需要，增设重点照明的情况下视觉功效最高，但使用者的接受度差，因此可以采用接受度更高的直接－间接照明。

习　题

1. 什么是灯具的遮光角？有什么作用？
2. 什么是灯具的配光特性？有什么作用？
3. 什么是灯具的光效？
4. 简述有哪些照明方式。
5. 简述有哪些照明种类。

3.3　开关、插座、灯具的安装和管线的敷设

本节根据图样进行某住宅房间管线的敷设，开关、插座及灯具的安装。

3.3.1　常用开关的种类及结构

常用的机械开关是跷板开关，此外还有报警开关、调光开关等。各种开关如图 3-8 所示。开关按照一个面板上的开关数目分为单开、双开和多开开关等，按照控制方式分为单控、双控和多控开关等。

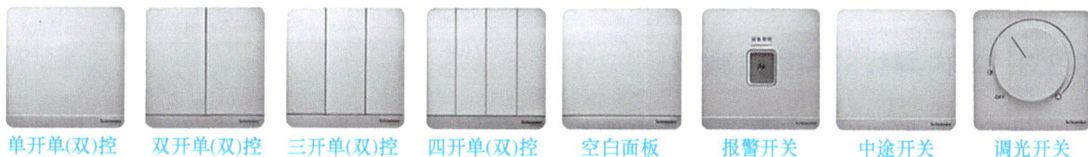

单开单(双)控　双开单(双)控　三开单(双)控　四开单(双)控　空白面板　报警开关　中途开关　调光开关

图 3-8　各种开关

从开关正面看不出来是单控开关还是双控开关，从开关背后看，有两个接线端子的就是单控开关，有三个接线端子的就是双控开关。图 3-9a 所示为单控开关的平面图，图 3-9b 所示为双控开关的平面图和原理图，3-9c 所示为多控开关的实物图和接线图。

a) 单控开关　　　　　　　　　　　　　　b) 双控开关

c) 多控开关

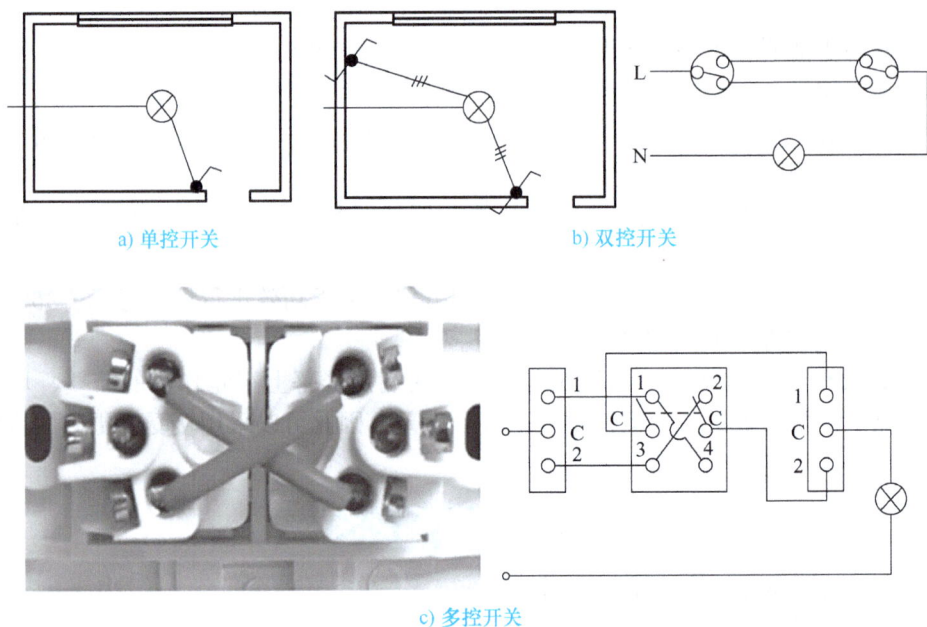

图 3-9　单控、双控及多控开关

　　中途开关又称中途掣开关、双路换向开关，由两个单刀双掷开关组成，用于实现三个或三个以上位置的通断控制。在别墅、错层等大面积房型或一些公共场所中，可能会有一个电器需要在三个甚至更多位置进行通断控制。在三个位置控制一个电器，需要两只双控开关加一只中途开关；在四个位置控制一个电器，需要两只双控开关加两只中途开关，以此类推。

3.3.2　常用插座的种类及结构

　　目前常用的插座是五孔插座，可以带开关，也可以不带开关。空调通常采用三孔插座，一般带开关。在卫生间等场所也可以选用带盖板的防水插座。我国的空调器一般使用250V/16A 的插座，滚筒式洗衣机、微波炉、电热水器、电磁炉一般使用 250V/10A 的插座，电冰箱、波轮式洗衣机、电视机、电热杯、计算机一般使用 250V/6A 的插座。就插座尺寸而言，6A 和 10A 的插座尺寸相同，与 16A 插座的尺寸不同。

3.3.3　室内导线的种类及敷设

　　供配电线路可分为架空线路、电缆线路和室内线路三类。室内线路通常使用绝缘线，常用的绝缘线有 BV（铜芯聚氯乙烯绝缘导线）、BVR（铜芯聚氯乙烯绝缘软导线）、BVV[铜芯聚氯乙烯绝缘护套圆形导线（塑料护套线）]、RVV（铜芯聚氯乙烯绝缘护套软导线）、YJV（交联聚乙烯绝缘线）。

　　绝缘导线的表示方法如图 3-10 所示。

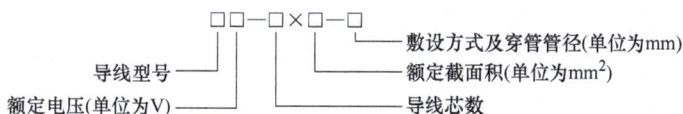

图 3-10　绝缘导线的表示方法

表 3-3、表 3-4 给出了导线的敷设方式及敷设部位，在电气图样上的文字符号。

表 3-3　导线的敷设方式在电气图样上的文字符号

文字符号	敷设方式	文字符号	敷设方式
无	明敷	PC	穿聚氯乙烯硬质导线管
TC	穿导线管	FPC	穿聚氯乙烯半硬质导线管
SC	穿焊接钢管	KPC	穿聚氯乙烯塑料波纹导线管
RC	穿水煤气管	CP	穿金属软管

表 3-4　导线的敷设部位在电气图样上的文字符号

文字符号	敷设部位	文字符号	敷设部位
WE	沿墙面敷设	ACC	在不能进人的吊顶内敷设
WC	暗敷在墙内	ACE	在能进人的吊顶内敷设
FC	暗敷在地面内	CE	沿顶棚面或顶板面敷设
CC	暗敷在顶板内	CLE	沿柱或跨柱敷设

3.3.4　灯具的安装方式

室内灯具根据安装方式的不同，可分为嵌入灯、吸顶灯、吊灯、壁灯、可移式灯和轨道灯等。

① 嵌入灯：嵌装在顶棚里面，只发出向下光线的一般照明灯具。在它的出光口平面装有漫射罩、棱镜罩或格栅等各种减少眩光和扩展光线的光学部件。

② 吸顶灯：装在顶棚表面、露出全部外形的一类灯具。

③ 吊灯：悬吊在室内显眼处顶棚上的一类有装饰功能的灯具。

④ 壁灯：安装在墙壁、建筑支柱和其他立面上的灯具。由于其安装高度更接近于水平视线，因此需要严格控制发光面亮度。

⑤ 可移式灯：可移动安放位置的灯具，分为落地灯和台灯两类。它们都有一个稳固的基座、一根支柱和一个灯罩。

⑥ 轨道灯：装在一根嵌有带电导线的轨道上的可移动式灯具。轨道装在顶棚或墙上，

有投射光线功能的灯具插入轨道，可根据被照物位置和照明要求移动，调节照明方向。它能产生很好的光效果，用于展览、橱窗等场所的照明。

除以上六种常用的灯具外，还有将建筑、家具与灯具组合在一起的照明设备。通过巧妙地处理，可达到只见光不见灯的效果。

常用的灯座是螺口灯座。

3.3.5　规范、标准简介

相关规范、标准如下：

① GB 50303—2015《建筑电气工程施工质量验收规范》。

② GB 50575—2010《1kV 及以下配线工程施工与验收规范》。

新标准 GB 50303—2015 按照验评分离、强化验收、完善手段、过程控制的指导原则进行修编，与 GB 50300—2013《建筑工程施工质量验收统一标准》保持一致。

3.3.6　某住宅单元管线的敷设和开关、插座、灯具的安装

某住宅单元的系统图和平面图如图 8-2 和图 8-3 所示。

1. 管线的敷设

墙内和地面采用穿线管暗敷，顶板采用扁平软管暗敷。

管线应横平竖直，导线连接牢固、包扎紧密、绝缘良好、不伤芯线，盒（箱）清洁无杂物。

导线管采用 PC 塑料管（硬质塑料管或半硬质塑料管），最好用阻燃管。敷设路线应合理、畅通、弯曲少，弯曲处应设置弯管接头。穿管导线的总数不多于 8 根，导线的总截面积（包括外护层）不超过管子截面积的 40%。

在盒（箱）处导线应有适当余量，导线在管子内无接头，不进入盒（箱）的垂直管子的上口穿线密封应处理良好。

在暗敷管线的场合，如果发生断线，就需要检测导线断点位置，图 3-11 所示为导线断点检测示意图。

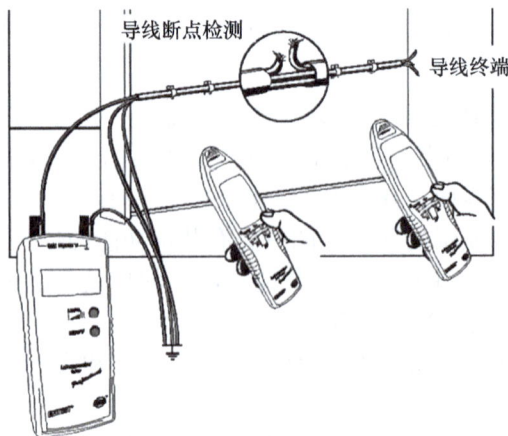

图 3-11　导线断点检测示意图

2. 开关和插座的安装

开关和插座通常采用暗装。

开关安装位置应便于操作，距离地面高度须符合施工图的要求；成排安装的开关高度应一致。同一场所开关的切断位置应一致，且操作灵活，接点接触可靠。开关边缘距门框边缘的距离应为 0.15 ～ 0.2m，开关距地面高度应为 1.3m。暗装的开关面板应紧贴墙面，四周无缝隙，安装应牢固。

3. 灯具的安装

该住宅灯具的安装方式为吸顶安装，灯具距离地面的高度不低于 2.5m，受条件限制时，可降低到 2.2m，低于此高度时须接地线。当在桌面上方或其他人不能碰到的地方时，安装高度可降低到 1.5m。

1）灯具的灯头线应留有余量且不受力，不应贴近灯具外壳；引入灯具处做适当的固定，分支和接线处应便于检查。

2）灯具位置应正确，安装应稳固、端正，有木台的安装应在木台中心；固定灯具用的螺栓或螺钉应不少于两个。

3）每个照明回路的灯不宜超过 15 个（不包括花灯回路）。

4）当灯具表面及附件等高温处靠近可燃物时，应采取隔热、散热等防火保护措施。

5）潮湿场所吸顶灯的木台应刷防腐漆。

3.3.7　技术发展：管线敷设、开关及灯座的发展

管线敷设从早期的以沿墙和顶棚明敷为主发展到目前的以墙内和顶棚内暗敷为主。对于线路比较多的房间（如办公室和机房），也常采用地板暗敷。

早期大量使用拉线开关，现在主要使用跷板开关，如 86 系列开关。触摸屏开关、智能开关也越来越多。

普通灯座以前以卡口式和螺口式为主，现在的主流式样是螺口式。

▶习　题◀

1. 什么是单联开关？
2. 什么是单控开关？
3. 试画出单控开关和双控开关的符号。
4. 管线的敷设方式有哪些？
5. 说明 BV-3×2.5PC20WC 是什么意思。
6. 灯具的安装方式有哪些？
7. 吸顶灯和嵌入灯有什么不同？

3.4　智能家居系统的安装及调试

本节学习某建筑智能家居系统的安装及调试。

总线式智能家居系统的安装

3.4.1 智能家居的种类

二十世纪七八十年代，世界上第一个智能家居系统问世，目前智能家居技术得到了飞速发展。

智能家居技术可以分为有线和无线两大类。有线网络结构主要包括总线、星形布线、电力线载波等，常用有线智能家居协议的参数见表 3-5。有线技术具有传送稳定性强、传输速度高、抗干扰性强等优点。伴随着 5G 技术和物联网技术的迅速发展，无线智能家居在功能损耗、传送间距、传输速度和抗干扰能力等方面均有了较大的提升。

表 3-5 常用有线智能家居协议的参数

协议	RS-485	IEEE 802.3（以太网）	EIB、KNX	LonWorks	X-10、PLC-BUS	CAN-BUS、C-BUS、SCS-BUS、H-BUS、A-BUS、Modbus 等	Cresnet、AXLink 等网络或链接
连接线（总线）	2 芯双绞线	8 芯双绞线	专用线缆	双绞线、同轴电缆、电力线、光纤、无线、红外等	电力线	专用线缆	专用线缆
典型传输距离	1200m	100m	1000m	2700m	200m（X-10）、2000m（PLC-BUS）	—	—
网络结构	总线	星形布线	总线、星形布线	总线、星形布线、自由拓扑等多种拓扑结构	总线、星形布线	总线	总线
通信速率 /（kbit/s）	0.3 ~ 9.6	10000 ~ 1000000	9.6	0.3 ~ 1250	0.1 ~ 0.2	9.6	9.6
网络容量	32 个 / 网段，可扩充至 255 个	网段类型决定网段容量，可无限扩充	64 个或 128 个 / 网段，可扩充至 65536 个	64 个 / 网段，32385 个 / 域，可无限扩充	256 个地址码（X-10）、64000 个（PLC-BUS）	—	—
协议规范	无	国际级 TCP/IP	国家级	国际级 LonTalk	行业级	行业级或私有协议	私有协议
典型应用	工业自动化	互联网	智能建筑	工业自动化	智能家居	各行各业	智能控制

注：EIB 为欧洲安装总线，CAN-BUS 为控制器局域网总线，TCP/IP 为传输控制协议 / 互联网协议。

3.4.2 总线式智能家居系统的构成和优势

总线式智能家居结构简单、价格相对便宜，智能照明是智能家居的一部分，下面以总线式智能照明来说明智能家居系统的构成和优点。

1. 总线式智能照明系统的构成

照明系统控制从简单的开关控制发展到智能控制，智能照明系统越来越普及。

总线式智能控制系统除了可用于对照明系统进行控制，也可用于与其他（如空调、消防、保安、智能窗等）系统进行联动。

系统所有的单元器件（除电源外）均内置微处理器和存储单元，由一对信号线（双绞线）连接成网络。每个单元均设置唯一的单元地址并用软件设定其功能，通过输出单元控制各回路负荷。输入单元通过群组地址和输出组件建立对应联系。当有输入时，输入单元将其转变为总线信号在系统总线上广播，所有的输出单元接收并作出判断，控制相应回路输出。

总线式系统通过两根总线连接成网络。总线不仅为每个组件提供直流电源，还加载了控制信号。通过系统编程使控制开关与输出回路建立逻辑对应关系，因此在设计、维护和使用时更加简单、灵活。

总线式智能照明系统由输入单元、系统单元、输出单元三部分组成，如图 3-12 所示。

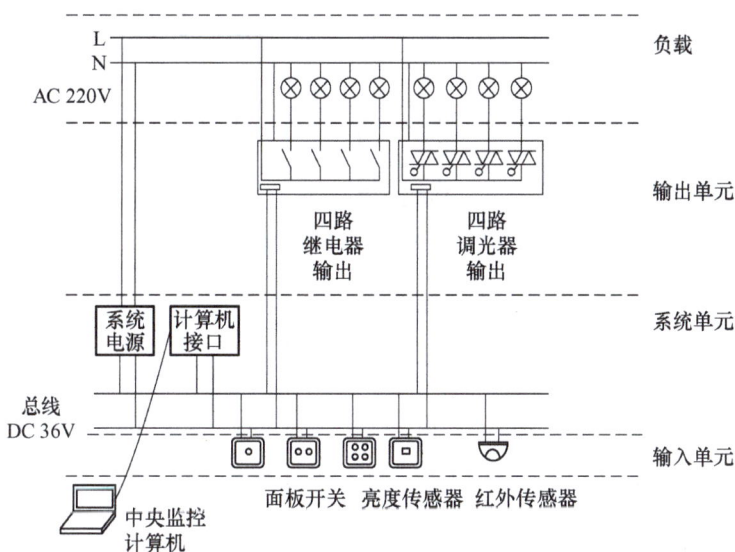

图 3-12 总线式智能照明系统的构成

2. 总线式智能照明系统的优势

随着照明系统规模的扩大，总线式智能照明系统的优点越来越明显，总线式智能照明系统与传统照明系统的对比如图 3-13 所示，图中为多个双控灯电路。总线式智能照明系统的优点如下。

1）线路简单、安装方便、易于维护，节省大截面线材消耗量，降低建筑投资成本和维修管理费用，缩短安装工期（20% 左右），提高投资回报率。

2）可实现单点、多点、区域、群组控制，场景设置，集中监控，遥控等多种照明控制任务，而且可以优化能源的利用，降低运行费用。

3）当用户需求和外界环境变化时，只需修改软件设置，而非改造线路，就可以调整照明布局和扩充功能，大幅降低了改造费用并缩短了改造周期。

4）控制回路与负荷分离，控制回路的工作电压为安全电压（DC 36V 以下），即使开关面板意外漏电，也能确保人身安全。

5）建筑物停电后，由于系统中每个输入单元和输出单元都预存系统状态和控制指令，因此当恢复供电时，系统会根据预先设定的状态重新恢复正常工作，实现无人值守，提高物业管理水平。

6）系统具有开放性，可以与其他物业管理系统（BMS）、楼宇自控系统（BA）等结合起来。

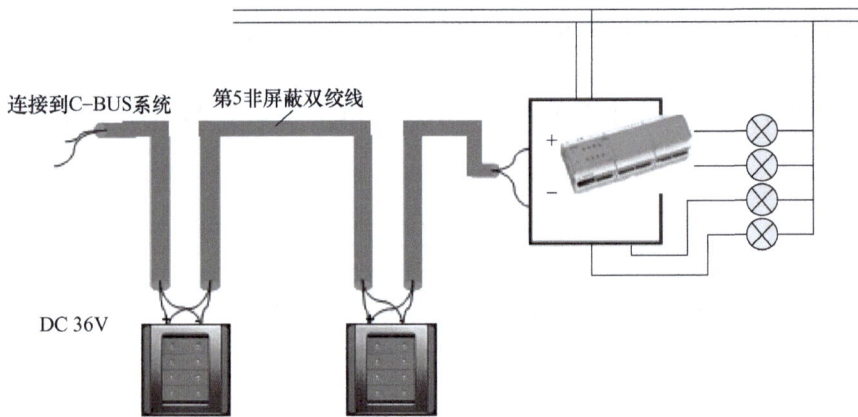

a) 总线式智能照明系统

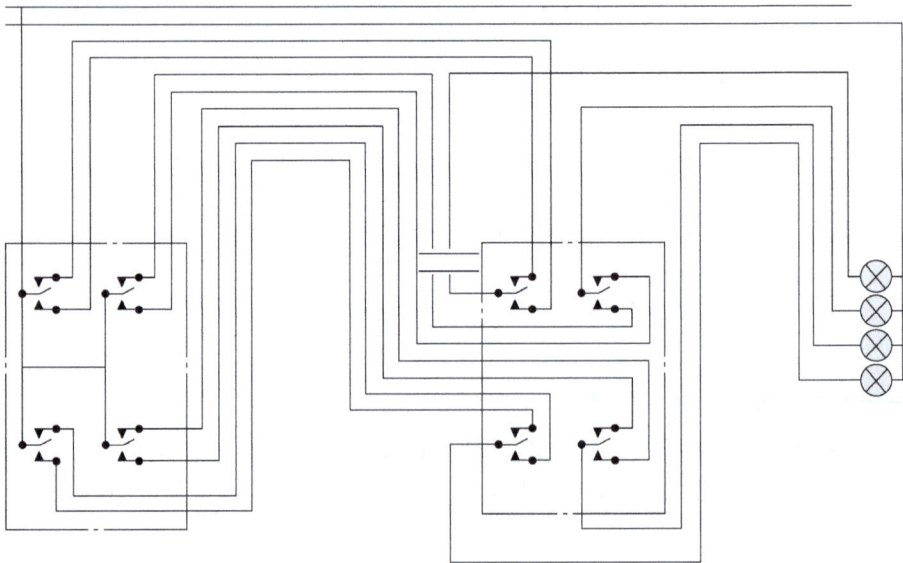

b) 传统照明系统

图 3-13　总线式智能照明系统与传统照明系统的对比

3.4.3　无线智能家居的种类

常用的无线通信协议如图 3-14 所示，常用无线通信协议的参数见表 3-6。

图 3-14　常用的无线通信协议

表 3-6　常用无线通信协议的参数

协议	RF	Bluetooth	IEEE 802.11a/b/g/n （Wifi）	IEEE 802.15.4 （ZigBee）	Z-Wave
工作频率	315MHz、433MHz 等	2.4GHz	2.4GHz	2.4GHz	908.42MHz（美国）、868.42MHz（欧洲）
调制方式	模拟→数字 GFSK	数字 GFSK、π/4-DQPSK、8DPSK	数字 DSSS、OFDM 等	数字 BPSK、QPSK	数字 FSK（BFSK、GFSK）
发射功率	5mW（7dBm）	2.5mW（4dBm）	终端 6mW（16dBm）AP（访问节点）320mW（25dBm）	1mW（0dBm）	1mW（0dBm）
传输距离	50～100m	10m	50～300m	5～100m	5～100m
网络结构	点到点	微微网和分布式网	蜂窝	动态路由自组织网	动态路由组自组织网
通信速率/（kbit/s）	1.2～19.2	1000	1000～600000	250	9.6
网络管理	取决于协议	8 个，可扩充 8+255 个	50 个，取决于 AP 性能	255 个，可扩充至 65000 个	232 个
协议规范	VESP	Bluetooth 技术联盟	IEEE 802.11	IEEE 802.15.4	Z-Wave 联盟
安全与加密	AES-128	密钥	WEP、WPA 等	循环冗余校验、加密算法	无加密

（续）

协议	RF	Bluetooth	IEEE 802.11a/b/g/n（Wifi）	IEEE 802.15.4（ZigBee）	Z-Wave
典型应用	遥控、门铃	鼠标、无线耳机、手机、计算机等消费电子产品	无线局域网	物联网、智能家居、工业控制、医疗、交通等	智能家居、消费电子产品

注：RF 为射频，Bluetooth 为蓝牙，ZigBee 为蜂舞协议，GFSK 为高斯频移键控，DQPSK 为四相相对相移键控，DPSK 为差分相移键控，DSSS 为直接序列展频，OFDM 为正交频分复用，BPSK 为双相移键控，QPSK 为四相移相键控，FSK 为频移键控，BFSK 为二进制频移键控，VESP 为嵌入式智能家居系统通信协议，AES 为高级加密标准，WEP 为有线等效保密，WPA 为 WiFi 保护访问。

3.4.4　规范、标准简介

相关规范、标准如下：

① GB 50314—2015《智能建筑设计标准》。

② GB/T 50034—2024《建筑照明设计标准》。

GB 50314—2015《智能建筑设计标准》第 5 章对住宅建筑智能化系统的配置做了一些规定：高层住宅建筑宜配置智能化信息集成（平台）系统、集成信息应用系统，高层住宅建筑应配置信息接入系统、布线系统、移动通信室内信号覆盖系统、信息网络系统等。

照明控制系统和电梯管理系统等采用分别自成体系的专业监控系统时，应通过通信接口纳入建筑设备管理系统。

对剧院等媒体建筑照明控制系统，应对公共区域的照明、室外环境照明、泛光照明、演播室、舞台、观众席、会议室照明进行控制，应具有多种场景控制方式，包括就地控制、遥控、中央管理室的集中控制，根据光线的变化、现场模式需求及客流情况的自动控制等控制方式。

3.4.5　总线式智能照明系统的安装及调试

整个施工包括器件模块检查、安装、接线及调试。

1）负荷回路表对应检查、总线检查。留意主电源线、负荷线、控制线等的不同规格性能，如电流、功率、电压、是否需要护套、阻燃及其他特殊要求。

2）总线接入模块检查，包括模块型号及其与回路灯具是否兼容等方面的检查；模块空负荷通电检查；模块空负荷预设程序运行调试。

3）灯具负荷接入模块检查。灯具负荷特性应该与控制模块相对应，如调光、非调光等特性。同一回路负荷调光情况下负载特性应一致，不同特性的灯具负荷禁止接入同一回路。灯具负荷必须检测完好后才准许接入模块，无论是继电器还是调光器，都不允许在模块上测试负载。

4）系统带负荷通电运行调试。防止过负荷，注意不应采用限制调光器回路输出水平的方法来解决过负荷问题。

5）根据控制要求设置（如场景、定时等）运行调试；对电流、电压、功率等参数进行核实。

3.4.6　技术发展：智能家居中的新技术

各种新技术正在融合进智能家居。

1）人工智能在智能家居中的应用将变得更加广泛，它不仅能识别和理解语音指令，还能通过学习和适应用户的习惯和偏好，主动为用户提供个性化的服务。

2）物联网（IoT）的发展将使智能家居系统的连接更加紧密。物联网技术使各种设备和传感器能够互相通信和交互。

3）虚拟现实（VR）和增强现实（AR）技术将进一步融入智能家居。虚拟现实技术可以为用户创造一个全新的沉浸式环境，让用户可以通过 VR 眼镜体验不同的场景，如旅游景点、艺术展览等。增强现实技术则将虚拟内容叠加到现实世界中，使用户可以与虚拟对象进行互动。

4）智能家居技术的前沿探索还包括可穿戴设备的整合。随着可穿戴设备的普及，未来的智能家居将与这些设备相互连接。

5）智能家居技术还将与可持续发展的理念相结合。未来的智能家居将更加注重能源的高效利用和环境的可持续性。

智能家居技术的发展也带来了一些挑战，隐私和数据安全就是其中之一。

◀◀ 习　题 ▶▶

1. 总线式智能家居的构成是怎样的？
2. 总线式智能家居的优点有哪些？
3. 常用无线智能家居协议有哪些？
4. 常用有线智能家居协议有哪些？

3.5　应急照明系统的运行维护

本节学习应急照明系统的运行维护。

3.5.1　应急照明的基本要求

应急照明的工作方式有如下三种。

1）常亮型：无论正常电源失电与否，均一直点亮，如某些场合下的疏散指示标志。

2）常暗型：只在消防联动或正常照明失电时自动点亮，如疏散照明。

3）持续型：可随正常照明同时开关，且当正常照明失电时仍能点亮，如备用照明。

应急照明系统的负荷等级与建筑物的消防负荷等级一致。高层建筑的消防控制室、消防水泵、消防电梯、防烟排烟设施、火灾自动报警、漏电火灾报警系统、自动灭火系统、应急照明、疏散指示标志和电动的防火门、窗、卷帘、阀门等消防用电，应按现行的国家标准 GB 50052—2009《供配电系统设计规范》的规定进行设计，一类高层建筑应按一级负荷要求供电，二类高层建筑应按二级负荷要求供电。

在照度和供电时间要求方面，备用照明照度不低于正常照明照度，疏散照明照度不低于5lx。备用照明最短持续供电时间见表3-7；疏散照明最短持续供电时间不少于30min。

表3-7　备用照明最短持续供电时间

	配电室、自备电源室、自备发电机房	≥180min
消防工作区域	消防控制室、电话总机房	≥180min
	水泵房、风机房	≥180min
避难疏散区域	避难层	≥60min

在正常电源停止供电后应急电源供电转换时间方面，备用照明不应长于5s，金融商业交易场所不应长于1.5s，疏散照明不应长于5s。

除在假日、夜间无人工作而仅由值班或警卫人员负责管理外，疏散照明平时宜处于点亮状态。

当采用蓄电池作为疏散照明的备用电源时，在非点亮状态下，不得中断蓄电池的充电电源。

3.5.2　应急照明的设置场所

（1）应设置备用照明的场所

1）配电室、自备电源室（供消防用电的蓄电池室）、自备发电机房。

2）消防控制室、消防水泵房、防烟与排烟机房、电话总机房。

3）通信机房、数据中心、控制中心、安防中心等重要的技术用房。

4）建筑高度超过100m的高层民用建筑的避难层及屋顶直升机停机坪。

（2）应设置疏散照明的场所

1）公共建筑、厂房的疏散楼梯间、防烟楼梯间前室、疏散通道、消防电梯间及前室、合用前室。

2）高层公共建筑中的观众厅、展览厅、多功能厅、餐厅、宴会厅、会议厅、候车（机）厅、营业厅、办公大厅和避难层（间）等场所。

3）建筑面积超过1500m²的展厅、营业厅及歌舞娱乐厅、放映游艺厅等场所。

4）人员密集且面积超过300m²的地下建筑。

5）高层居住建筑疏散楼梯间、长度超过20m的内走道、消防电梯间及前室、合用前室。

6）面积超过200m²的演播厅、观众厅。

7）建筑面积超过400m²的展览厅、营业厅、多功能厅、餐厅。

上述场所除应设置疏散走道照明外，还应在各安全出口处和疏散走道分别设置安全出口标志和疏散走道标志，但二类高层居住建筑的疏散楼梯间可不设置疏散指示标志。

（3）应设置保持视觉连续的灯光疏散指示标志或蓄光疏散标志的场所　下列场所应在其内疏散走道和主要疏散路线的地面上增设能保持视觉连续的灯光疏散指示标志或蓄光疏散标志。

1）总建筑面积超过 8000m² 的展览建筑。

2）总建筑面积超过 5000m² 的地上商店。

3）总建筑面积超过 500m² 的地下、半地下商店。

4）歌舞娱乐、放映游艺场所。

5）座位数超过 1500 个的电影院、剧院，座位数超过 3000 个的体育馆、会堂或礼堂。

3.5.3　应急照明的供电方式

应急照明的供电方式可分为单电源、市电双电源和市电 + 发电机供电三种，如图 3-15 所示，图中 AEL 为应急照明配电箱。

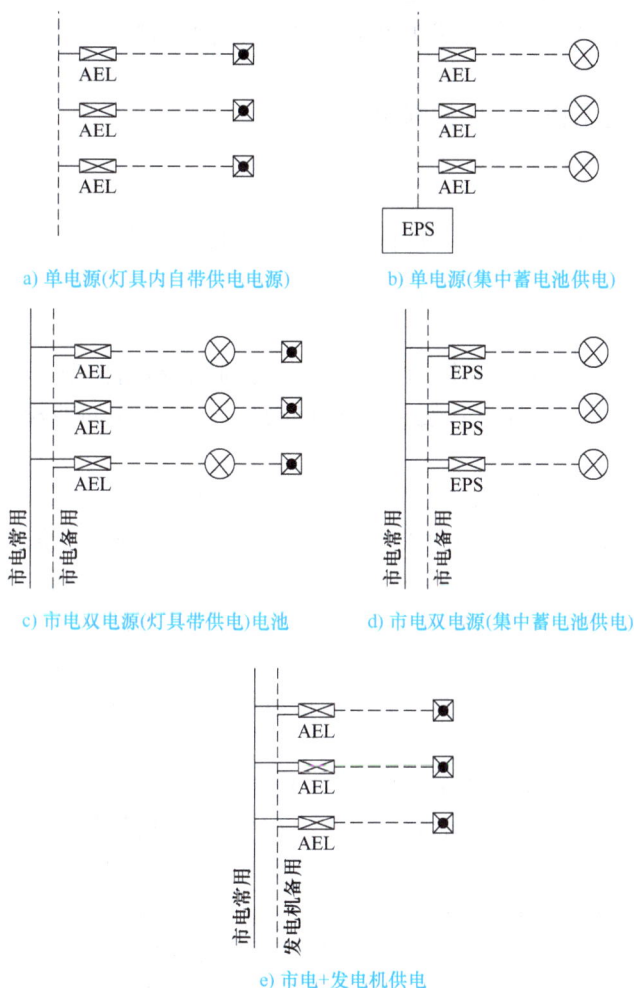

图 3-15　应急照明的供电方式

当供电方式为市电 + 发电机时，为满足切换时间要求，灯具必须带电池。

3.5.4　规范、标准简介

相关规范、标准如下：

① GB 50016—2014《建筑设计防火规范》（2018 年版）。

② GB 51309—2018《消防应急照明和疏散指示系统技术标准》。

3.5.5　某商住楼应急照明系统的运行维护

图 3-16 所示为某商住楼公共走廊应急照明部分平面图。日常管理过程中应保持系统连续正常运行，不得随意中断；定期使系统进行自放电，更换应急放电时间小于 30min（超高层小于 60min）的产品或更换其电池；系统内的产品寿命应符合国家有关标准要求，达到寿命极限的产品应及时更换；当消防应急标志灯具的表面亮度小于 15cd/m² 时，应马上进行更换。

每季度检查和试验系统的下列功能。

1）检查消防应急灯具、应急照明集中电源和应急照明控制器的指示状态。

2）检查应急工作时间。

3）检查转入应急工作状态的控制功能。

4）对电池做容量检测试验。

5）试验应急功能。

6）试验自动和手动应急功能，进行消防系统的联动试验。

3.5.6　技术发展：应急照明技术发展

集中控制类灯具有自带电源控制、子母电源控制等不同类型，主要应用于智能建筑中。集中控制类灯具具有的优点：便于管理和监督、灯具使用周期较长、应急疏散效果较好等。

标志灯多采用新型技术。关于标志灯的光源，通常采用场致发光器和 LED 光源。现在还出现了新型的场致发光器，由固体平板构成，并在外层镀上金属类薄膜，寿命较为持久，通常在 1 万 h 左右，且具有安全系数高、体积小等特点；还有由反光镜与光线控制器组合的新型应急照明灯，具有照度强、安装便捷、造价低等优点。

照明装置自动检验技术前景广阔，主要指检查应急照明的蓄电池充放电情况、灯管性能等。传统的检验方法是手动检验，这种方法不仅浪费金钱，还浪费时间。大型应急照明系统如果全采用手动检验，将耗费大量的人力和时间。而现在应用的自动检验技术，使网络系统与建筑管理系统相连，不仅可以快速检查，还可以让用户借助计算机获取检验结果。

低位应急照明技术应用越来越多，低位应急照明技术指的是在地面附近安装疏散应急照明系统。在很多重要的场所，高位应急照明系统的亮度不如低位应急照明系统的亮度。例如，一旦建筑发生火灾，烟雾往往飘到高处，人员疏散时为了避开高处的烟雾，需要低下身体匍匐前行。在这样的条件下，高位应急照明就无法发挥有效的指示作用，而低位应急照明却可以更好地为疏散人员提供正确的指示信息。此外，低位应急照明系统的优势还有维护费用低、安装成本低。在成本允许的情况下，低位应急照明与高位应急照明技术综合运用是比较理想的。

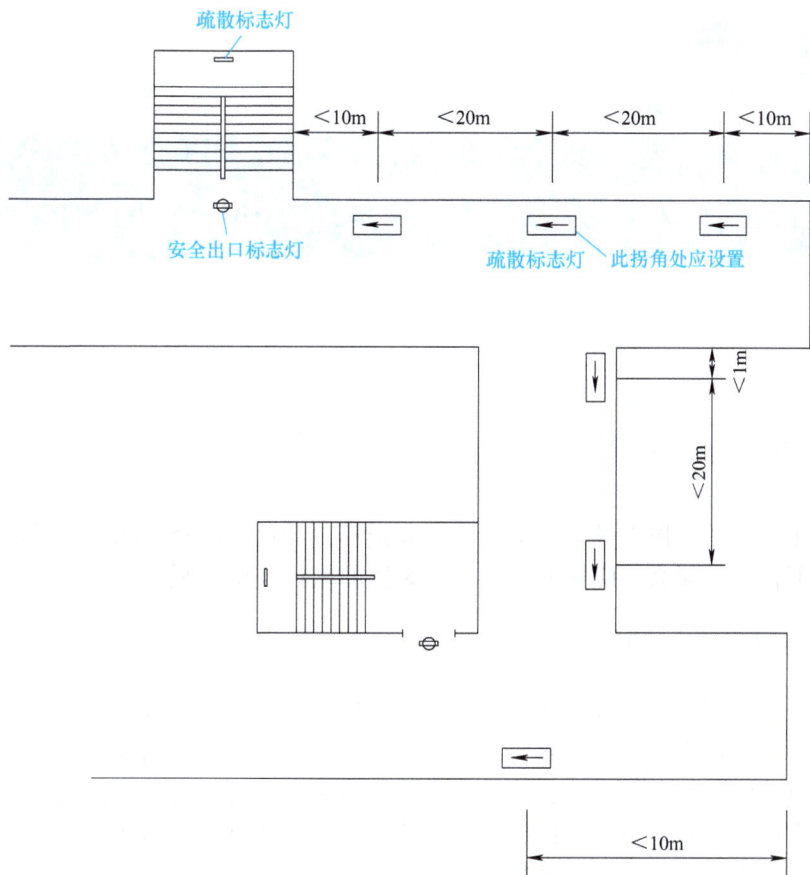

疏散标志灯

＜10m　＜20m　＜20m　＜10m

安全出口标志灯

疏散标志灯　此拐角处应设置

＜1m

＜20m

＜10m

图 3-16　某商住楼公共走廊应急照明部分平面图

习　题

1. 应急照明的工作方式有哪些？
2. 应急照明的供电方式有哪些？

第4章

配电系统的运行维护及施工

4.1 接地装置的敷设

某高层住宅的消防报警设备常常因雷电而损坏，经现场勘查、测量，发现该高层住宅的接地装置不合格。那么，应如何进行接地装置的敷设及检测呢？

4.1.1 低压配电系统的接地方式

接地就是把电气设备或线路的某一部分通过接地装置同大地进行良好的电气连接。电气设备的某一部分通常指的是外露可导电部分，例如，设备的金属外壳、金属架构等；线路的某一部分通常指电源中性点、接地线等。严格来说，接地就是直接接大地。

接地的作用主要是防止人身遭受电击，防止设备和线路遭受损坏，预防火灾和防止雷击，防止静电损害以及保障电力系统正常运行等。

1. 低压配电系统接地方式的分类

低压配电系统的接地方式可分为 TN 系统、TT 系统、IT 系统。

系统接地文字符号的意义规定如下。

1）第一个字母表示电源端与地的关系：T——电源端有一点直接接地，I——电源端所有带电部分不接地或有一点通过阻抗接地。

2）第二个字母表示电气装置的外露可导电部分与地的关系：T——电气装置的外露可导电部分直接接地，此接地点在电气上独立于电源端的接地点；N——电气装置的外露可导电部分与电源接地点有直接电气连接。

3）短横线后的字母表示中性导体与保护导体的组合情况：S——中性导体和保护导体是分开的，C——中性导体和保护导体是合一的。

2. TN 系统

TN 系统是目前低压系统中普遍采用的接地方式，TN 系统又分为 TN-S、TN-C 和 TN-C-S 三种，如图 4-1 所示。

1）TN-C 系统（三相四线制）：该系统的中性（N）线和保护（PE）线是合一的，该线又称为保护中性（PEN）线。TN-C 系统的优点是节省了一条导线，但当三相负荷不平衡或 PEN 线断开时，会使所有用电设备的金属外壳都带上危险电压。在一般情况下，如果保护装置和导线截面选择适当，TN-C 系统是能够满足要求的。

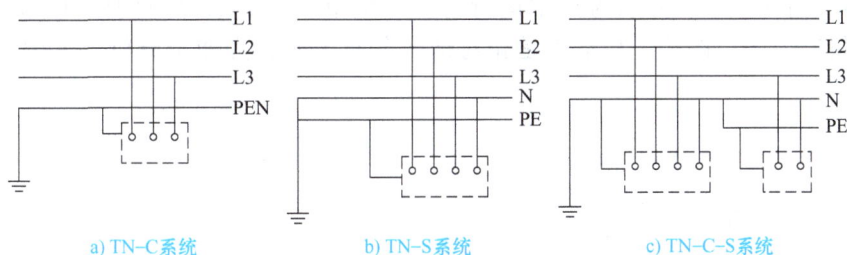

a) TN-C 系统　　　b) TN-S 系统　　　c) TN-C-S 系统

图 4-1　TN 系统

2）TN-S 系统（三相五线制）：该系统的 N 线和 PE 线是分开的。它的优点是 PE 线在正常情况下没有电流通过，因此不会对接在 PE 线上的其他设备产生电磁干扰。此外，由于 N 线与 PE 线分开，N 线断开也不会影响 PE 线的保护作用。但 TN-S 系统耗用的导电材料较多，投资较大。

3）TN-C-S 系统（三相四线与三相五线混合系统）：该系统中有一部分 N 线和 PE 线是合一的，一部分是分开的。它兼有 TN-C 系统和 TN-S 系统的特点，常用于配电系统末端环境较差或对电磁抗干扰要求较严的场所。

TT 系统和 IT 系统如图 4-2 所示。

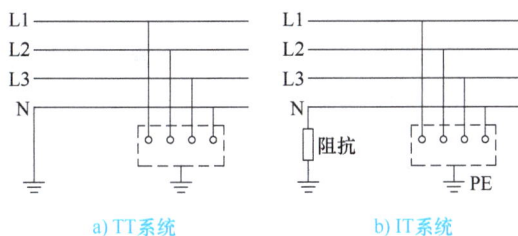

a) TT 系统　　　　　b) IT 系统

图 4-2　TT 系统和 IT 系统

4.1.2　电力系统中性点运行方式

前面讲述了低压配电系统的接地方式，接下来扩展到电力系统的中性点接地方式，也可以称为中性点运行方式。

在电力系统中，当变压器或发电机的三相绕组为星形联结时，其中性点有如下三种运行方式：第一种是中性点不接地，第二种是中性点经过阻抗（通常是消弧线圈）接地，第三种是中性点直接接地或经过低电阻接地。前两种方式的电力系统在发生单相接地故障时的接地电流较小，因此又合称为小接地电流系统；第三种方式的电力系统在发生单相接地故障时的接地电流较大，因此又称为大接地电流系统。

采用哪种中性点运行方式，主要考虑发生单相接地故障时各相电压的变化和接地电流的大小，电压的变化对人身安全、线路和设备的绝缘成本有很大影响，而接地电流过大则会产生电弧和谐振过电压。

1. 中性点不接地系统

图 4-3、图 4-4 所示分别为正常运行时、发生单相接地故障时的中性点不接地系统的电路图和矢量图。图中，C 本来是相对地的分布电容，为便于分析，采用集中电容 C 表示。

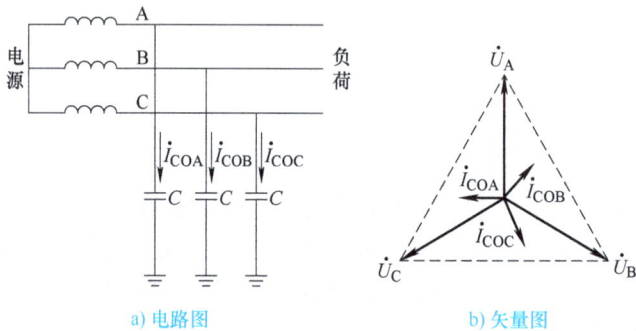

a) 电路图　　　　　　　　b) 矢量图

图 4-3　正常运行时的中性点不接地系统

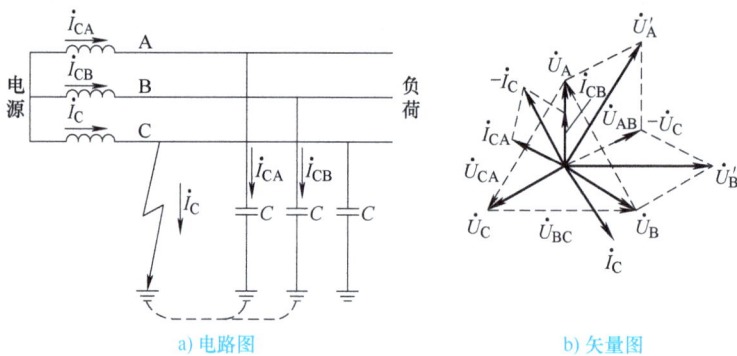

a) 电路图　　　　　　　　b) 矢量图

图 4-4　发生单相接地故障时的中性点不接地系统

1）发生单相接地故障时各相电压的变化。当发生单相接地故障（如 C 相接地）时，C 相对地电压为零，A 相对地电压 $\dot{U}'_A = \dot{U}_A + (-\dot{U}_C) = \dot{U}_{AC}$，B 相对地电压 $\dot{U}'_B = \dot{U}_B + (-\dot{U}_C) = \dot{U}_{BC}$，即接地相的相电压为零，非接地相的相电压升高为线电压，线电压维持不变。所以这种系统中设备的相绝缘不能按相电压配备，而应按线电压配备，这就增加了设备的绝缘成本。

当发生单相接地故障时，接在相电压上的电气设备供电并未遭到破坏，它们可以继续运行，但是不能长期在单相接地故障的状态下运行（运行时间不应超过 2h），以免另外一相也发生接地故障而形成两相接地短路，从而产生非常大的短路电流，损坏线路及用电设备。因此，中性点不接地系统一般都装有单相接地保护装置或绝缘监测装置，当系统发生接地故障时，装置会及时发出警报，提醒工作人员尽快排除故障；同时，在有备用线路的情况下，应把负荷尤其是重要负荷转移到备用线路上去。

2）发生单相接地故障时各相对地电容电流的变化。当 C 相接地时，A 相、B 相相电压升高为线电压，这两相对地电容电流也相应地增大 $\sqrt{3}$ 倍。

C 相接地电流为 A、B 两相对地电容电流之和，即

$$\dot{I}_\mathrm{C} = -(\dot{I}_\mathrm{CA} + \dot{I}_\mathrm{CB})$$

$$\dot{I}_\mathrm{C} = \sqrt{3}\,I_\mathrm{CA} = 3I_\mathrm{CO}$$

即接地电流等于正常运行时一相对地电容电流的 3 倍。

由于线路对地电容 C 难以确定，因此 I_CO 和 I_C 也难以准确计算，通常根据下列经验公式来计算：

$$I_\mathrm{C} = \frac{U_\mathrm{N}(l_\mathrm{oh} + 35l_\mathrm{cab})}{350} \tag{4-1}$$

式中，I_C 为系统单相接地电容电流，单位为 A；U_N 为系统额定电压，单位为 kV；l_oh 为同一电压 U_N 的具有电气联系的架空线路总长度，单位为 km；l_cab 为同一电压 U_N 的具有电气联系的电缆线路总长度，单位为 km。

从式（4-1）可以看出，同样的长度，电缆线路的单相接地电容电流是架空线路的 35 倍。

通常，线路有电阻（R）、电感（L）和对地电容（C），当中性点不接地系统发生单相接地故障时，如果接地电流比较大，就会在接地点产生间歇电弧，形成 RLC 串联谐振回路，从而导致线路上出现相对地的过电压，其数值可达相电压的 2.5～3 倍，有可能造成线路的绝缘击穿。因此，在中性点不接地系统的应用中，高压多用于单相接地电容电流较小（3～10kV 系统，<30A；20kV 及以上系统，<10A）的系统，如 10kV 架空线路，低压多用于 IT 系统。

当单相接地电容电流较大时，可采用中性点经过消弧线圈接地的系统。

2. 中性点经过消弧线圈接地的系统

中性点经过消弧线圈接地的系统如图 4-5 所示。

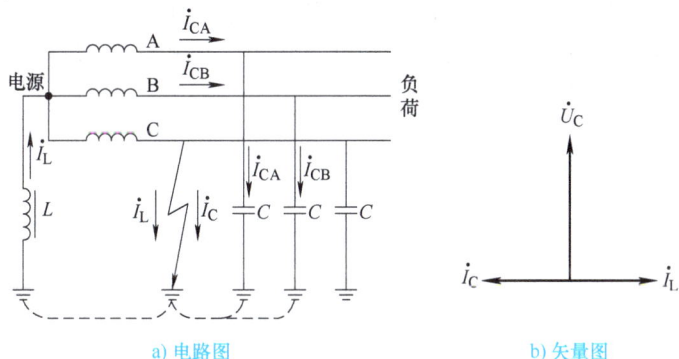

a) 电路图　　　　　　　　b) 矢量图

图 4-5　中性点经过消弧线圈接地的系统

消弧线圈是一种带有铁心的线圈，其电阻很小，电抗很大。其工作原理是：当出现单相接地故障时，消弧线圈使接地处流过一个与接地电容电流相反的感性电流，即利用 $\dot{I}_\mathrm{L}$ 补偿或中和 $\dot{I}_\mathrm{C}$，使得总的接地电流小于生弧电流，达到消除接地点电弧从而消除谐振过电压的目的。消弧线圈的匝数可以调整，以改变补偿程度。

通常要求 $I_L > I_C$，即

$$\frac{1}{\omega L} > 3\omega C \qquad\qquad (4\text{-}2)$$

中性点经过消弧线圈接地的方式主要用于 35 ～ 66kV 电力系统。

3. 中性点直接接地或经过低电阻接地的系统

中性点直接接地的系统如图 4-6 所示。

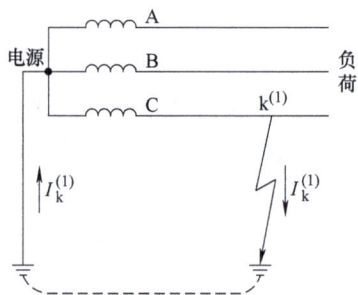

图 4-6　中性点直接接地的系统

1）发生单相接地故障时各相电压的变化。发生单相接地故障时，其他两完好相的对地电压不会升高，因此该系统中供电设备的绝缘只须按相电压考虑，而无须按线电压考虑。高压电器的绝缘问题是影响电器设计和制造的关键，电器绝缘要求的降低，直接降低了电器的造价，同时改善了电器的性能。目前我国 110kV 以上电力网均采用中性点直接接地方式。380/220V 低压配电系统也采用中性点直接接地方式。

对于目前城乡广泛应用的 10kV 电缆线路，也适于采用这种中性点直接接地或经过低电阻（一般为 10 ～ 20Ω）接地的系统。这是由于电缆单相接地电容电流较大，会在接地点产生间歇电弧，而且往往采用消弧线圈也不能灭弧。

2）发生单相接地故障时各相对地电容电流的变化。在这种系统中，当发生单相接地故障时，这一相直接经过接地点和接地的中性点短路，单相接地短路电流非常大，因而立即使短路保护动作，将故障部分切除。

4.1.3　接地的种类及作用

接地的种类有系统接地、保护接零、保护接地、重复接地及防雷接地等，如图 4-7 所示。

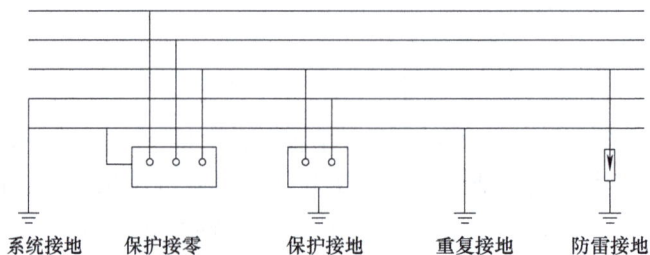

系统接地	保护接零	保护接地	重复接地	防雷接地

图 4-7　接地的种类

1. 系统接地

为保证电力线路或设备在正常或故障情况下正常运行而在系统某一点进行接地，称为系统接地。例如，在 380/220V 低压电路中，把配电变压器二次侧的中性点直接接地，就属于系统接地。

系统接地的作用：可获得三相电压，也可以得到单相电压；降低人体的接触电压；降低电气设备和线路的绝缘设计及制造成本；有利于快速切断故障电路。

2. 保护接地

保护接地是把正常情况下不带电、故障情况下可能带电的电气设备外壳、构架、支架通过接地体和大地连接起来。

保护接地的作用是将电气设备不带电的金属部分与接地体之间做良好的金属连接，降低故障情况下金属部分的对地电压，避免人体触电危险。

保护接地用于中性点不接地的系统中。

3. 保护接零

保护接零是为了达到保护接地要求而将电气设备外露可导电部分等接 PEN 线或 PE 线。

中性点接地的供电系统中不宜采用保护接地，而应采用保护接零。

另外，保护接零的 PEN 线上不得装设熔断器和开关；由同一台变压器或同一段母线供电的线路，不得一部分设备采用保护接零，另一部分设备采用保护接地。因为当采用保护接地的设备绝缘损坏碰壳，而故障电流又不足以把熔体熔断时，会使 PEN 线上出现对地电压，使所有保护接零的设备上都带有危险电压。

4. 重复接地

在 TN 系统中，为确保 PEN 线或 PE 线安全可靠，除在系统中性点进行工作接地外，还必须在 PEN 线或 PE 线的某些点再次接地，称为重复接地。例如，在架空线的干线和分支线终端以及沿线每隔 1km 处再次接地。

5. 防雷接地

为了防止雷电过电压对人身和设备的安全产生危害而进行的一种接地，称为防雷接地，如避雷针、避雷器等的接地。

4.1.4　接地系统的构成及要求

接地系统是接地体、接地干线和接地支线的总称，如图 4-8 所示。

1. 接地体

接地体又称为接地母线。

（1）自然接地体的利用　应充分利用自然接地体，以节省钢材和施工费用。可以作为自然接地体的物件有：埋设在地下的金属管道，但不包括可燃和有爆炸物质的管道；金属井管；与大地有可靠连

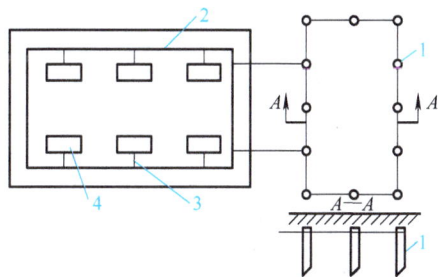

图 4-8　接地系统

1—接地体　2—接地干线　3—接地支线
4—电气设备

接的金属构筑物,如钢筋混凝土基础。

(2)人工接地体的敷设 当自然接地体的接地电阻不符合要求时,应敷设人工接地体。人工接地体可采用钢管、角钢、圆钢、扁钢或废钢铁等材料制成。垂直接地体可以并排布置,也可以作环形布置。水平接地体多呈放射状布置,也可成排布置或环形布置。为了保证足够的机械强度,并考虑到防腐蚀的要求,钢接地体的最小尺寸见表4-1。

表 4-1 钢接地体的最小尺寸

材料种类		地上		地下	
		室内	室外	交流回路	直流回路
圆钢直径 /mm		6	8	10	12
扁钢	截面积 /mm²	60	100	100	100
	厚度 /mm	3	4	4	6
角钢厚度 /mm		2	2.5	4	6
钢管管壁厚度 /mm		2.5	2.5	3.5	4.5

电力线路杆塔接地体引出线应镀锌,截面积不得小于 50mm^2。

2. 接地干线

电气设备应优先利用自然导体作接地干线。在非爆炸危险等特殊环境下,如果自然接地干线有足够的截面积,可不再另外敷设人工接地干线。接地干线经两条连接线或连接点与接地体连接。

埋入土壤内接地干线的最小截面要求见表4-2。

表 4-2 埋入土壤内接地干线的最小截面要求

有无防腐蚀保护	有防机械损伤保护	无防机械损伤保护
有防腐蚀保护	按热稳定条件确定	铜为 16mm^2,铁为 25mm^2
无防腐蚀保护	铜为 25mm^2	铁为 50mm^2

3. 接地支线

接地支线用于电气设备外壳与接地干线的连接。低压电气设备地面上外露接地支线的最小截面要求见表4-3。

表 4-3 低压电气设备地面上外露接地支线的最小截面要求

材料种类	铜 /mm²	铝 /mm²
明敷裸导线	4	6
绝缘导线	1.5	2.5
电缆接地芯或与相线包在同一保护套内的多芯导线的接地芯	1	1.5

未经允许,接地支线不得作为其他电气回路使用。不得用蛇皮管、管道保温层的金属外皮或金属网及电缆的金属护层作为接地线。

4.1.5　规范、标准简介

相关规范、标准如下：

① GB/T 50065—2011《交流电气装置的接地设计规范》。

② GB 50303—2015《建筑电气工程施工质量验收规范》。

③ GB 50169—2016《电气装置安装工程　接地装置施工及验收规范》。

④ 14D504《接地装置安装》图集。

在 GB/T 50065—2011《交流电气装置的接地设计规范》中，规定了低压系统接地的型式，分为 TN、TT、IT 等三种，并且对每种型式的接地进行了详细的图解。关于接地电阻，该标准也分类做了详细的要求。例如，配电变压器设置在建筑物外，其低压采用 TN 系统时，低压线路在引入建筑物处，PE 线或 PEN 线应重复接地，接地电阻不宜超过 10Ω。

GB 50169—2016《电气装置安装工程　接地装置施工及验收规范》制定了各种电气装置接地施工和验收的规范，包括电力电缆、配电电气装置和建筑物电气装置等。

关于用户 10kV 变电所内有低压电源端的系统接地，根据 GB 51348—2019《民用建筑电气设计标准（共二册）》和 GB 50303—2015《建筑电气工程施工质量验收规范》，每台变压器星形联结组别的中性点应就地直接接地，但 IEC 标准的规定并非如此。IEC 标准只允许在低压配电盘内做单点接地。中性线上的多点接地将使部分中性线电流经大地分流返回变压器而成为杂散电流（Stray Current）。杂散电流既可能因通道的不通畅而引发电气火灾，又可能腐蚀建筑物的地下金属部分。最麻烦的是，杂散电流产生的杂散磁场在电子信息系统内感应出异常电压，严重干扰电子信息系统的正常工作。

4.1.6　某高层住宅接地装置的敷设和检测

1. 接地装置的敷设

沿四幢大楼北面，用 40×4 扁钢敷设接地母线（接地体），每幢楼不少于两个连接点（跨接点）。副楼柱筋与新设扁钢进行连接，每幢副楼不少于两个连接点。扁钢与柱筋用电焊连接，柱筋相当于接地干线。

扁钢采用电焊搭接，搭接长度不得少于扁钢宽度的 2 倍，扁钢表面刷红丹漆和沥青漆各一道。

接地装置的敷设如图 4-9 所示。

在副楼消防报警设备下端，用铜排 TMY40×4 作为等电位联结排，铜排与新设扁钢接地母线进行等电位联结，两者用 BV50 铜线压接端子进行连接。电源接地线、报警设备箱壳等设备外壳用 BV4 铜线与铜排进行连接。铜排与绝缘导线相当于接地支线。

2. 接地电阻的检测

接地装置是否牢靠，可以用接地电阻测试仪进行测试。早期用的接线端子接地电阻测试仪在测试中需要断开要测的接地线，目前多采用钳形接地电阻测试仪。通常可按小于 4Ω 的限值来判断。图 4-10 所示为一种接地电阻在线监测仪。

北

并联接地线扁钢40×4

26   37   26   37   26   37   26

① 节点

A1幢   A2幢   ② 节点   A3幢   A4幢

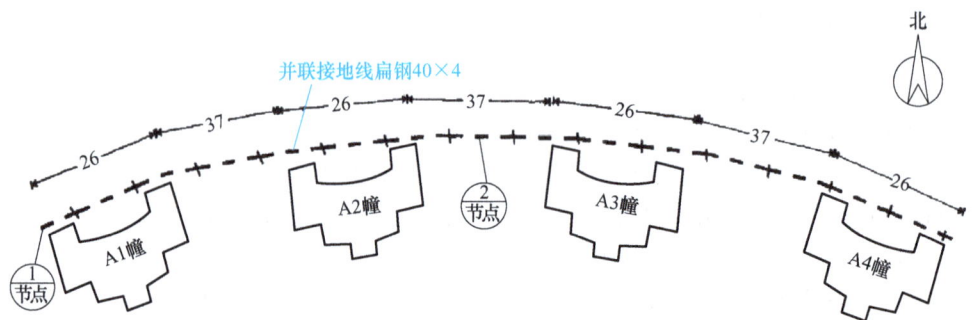

a) 接地母线的敷设

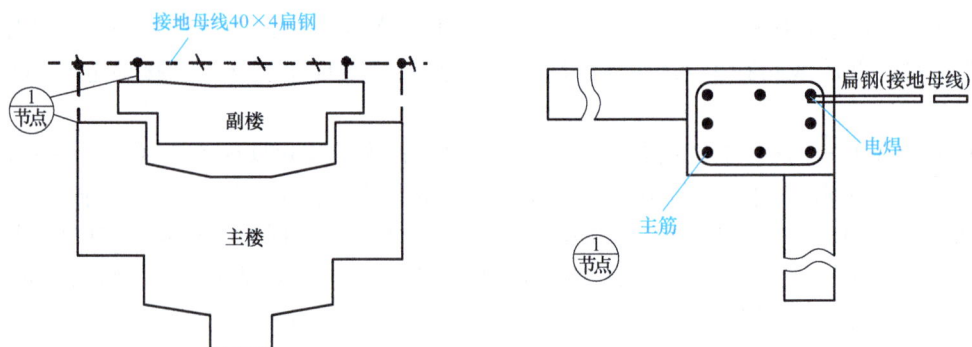

接地母线40×4扁钢

① 节点

副楼

主楼

扁钢(接地母线)

电焊

主筋

① 节点

b) 接地干线与接地母线的连接

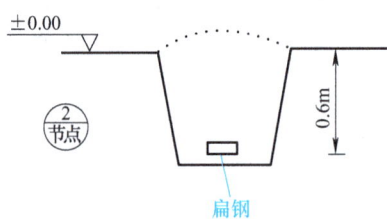

±0.00

0.6m

② 节点

扁钢

c) 接地母线的埋地

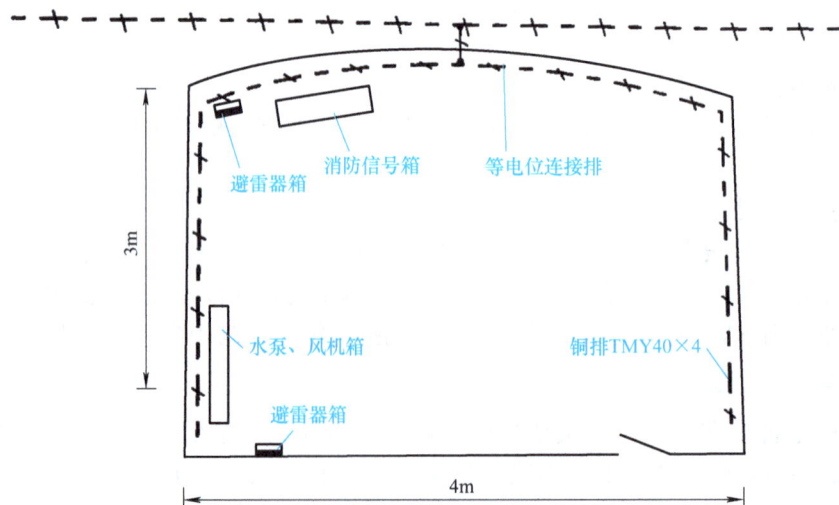

避雷器箱   消防信号箱   等电位连接排

3m

水泵、风机箱   铜排TMY40×4

避雷器箱

4m

d) 接地支线的敷设

图4-9 接地装置的敷设

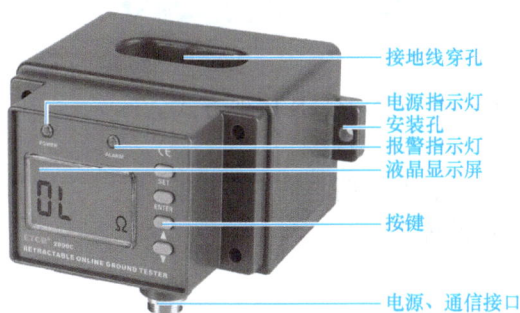

图 4-10　一种接地电阻在线监测仪

该仪器可进行回路接地电阻在线监测、金属回路联结电阻的在线监测和接地状况监测等，通过 RS-485 总线进行通信。

3. 降低接地电阻的措施

降低接地电阻的措施有：更换土壤，采用电阻率较低的土壤替换原有电阻率较高的土壤；人工处理土壤，即对土壤进行化学处理；深埋接地体或伸长水平接地体；增加接地体的数量。

4.1.7　技术发展：变压器中性点接地方式的发展

电力系统中性点接地方式的发展主要是技术问题，但也是经济问题。它与系统的供电可靠性、人身安全、设备安全、绝缘水平、过电压保护、继电保护、电磁干扰及接地装置等有密切的关系。

在发展初期，电力系统的容量较小，当时人们认为工频电压升高是绝缘故障的主要原因，即使相电压短时间升高至 $\sqrt{3}$ 倍，也会威胁安全运行。由于对过电流的一系列危害估计不足，同时对电力设备耐受频繁过电流冲击的能力估计过高，电力设备的中性点最初都采用直接接地方式运行。

随着电力系统的扩大，单相接地故障增多，线路断路器经常跳闸，造成频繁的停电事故，于是便将上述的直接接地方式改为不接地方式运行。

工业的快速发展，使电力传输容量不断增大，距离不断延长，电压等级逐渐升高，电力系统的延伸范围不断扩大。在这种情况下，发生单相接地故障时，接地电容电流在故障点形成的电弧不能自行熄火，同时，间歇电弧产生的过电压往往又使事故扩大，显著地降低了电力系统的运行可靠性。

为了解决系统中出现的这些问题，世界上两个工业比较发达的国家分别采取了不同的解决途径：德国为了避免对通信线路的干扰和保障铁路信号的正确动作，采用了中性点经过消弧线圈接地的方式，自动消除瞬间的单相接地故障；美国采用了中性点直接接地和经过低电阻、低电抗等接地的方式，并配合快速继电保护和开关装置瞬间跳开故障线路。这两种具有代表性的解决办法，对世界上许多国家的电力系统中性点接地方式的发展产生了很大的影响。

▷ 习 题 ◁

1. 什么是接地？
2. 画图说明 TN-S、TN-C、TN-C-S 接地方式。
3. 接地的种类有哪些？
4. 画图说明各种接地种类，并说明它们的作用。
5. 查询接地电阻测试仪的种类。

4.2 短路和短路电流

之前学习过短路的原因及危害，这里接着学习短路的形式、物理过程，短路电流的成分、参数及效应，以进一步理解短路，也为后边掌握短路电流的计算打下基础。

4.2.1 短路的形式

在三相系统中，有下列几种短路形式。

（1）三相短路　如图 4-11a 所示，三相短路用 $k^{(3)}$ 表示，三相短路电流写作 $i_k^{(3)}$。

（2）两相短路　如图 4-11b 所示，两相短路用 $k^{(2)}$ 表示，两相短路电流写作 $i_k^{(2)}$。

（3）单相短路　如图 4-11c、d 所示，单相短路用 $k^{(1)}$ 表示，单相短路电流写作 $i_k^{(1)}$。

两相短路中还有两种特殊形式，即两相接地短路和两相短路接地，如图 4-11e、f 所示，为中性点不接地系统中两个不同相的单相接地所形成的两相短路和两相短路又接地的情况。两相接地短路用 $k^{(1,1)}$ 表示，其短路电流写作 $i_k^{(1,1)}$。两相接地短路实质上与两相短路相同。

上述短路形式中，三相短路属于对称性短路，其他形式的短路均属于非对称性短路。

电力系统中发生单相短路的可能性最大，发生三相短路的可能性最小。但三相短路的电流最大，造成的危害也最严重。为了使电力系统中的电气设备在最严重的短路状态下也能可靠地工作，在选择校验电气设备用的短路计算中以三相短路计算为主。实际上，非对称性短路可按对称分量法分解为对称的正序、负序和零序分量来研究，所以对称性三相短路分析是分析非对称性短路的基础。

4.2.2 短路的物理过程

这里只介绍无限大容量电力系统发生三相短路的物理过程。

所谓无限大容量电力系统，就是其容量相对于用户内部供配电系统容量大得多的电力系统，以致用户的负荷无论如何变动甚至发生短路时，电力系统变电所馈电母线的电压也能基本维持不变。在实际的用户供电设计中，当电力系统总阻抗不超过短路回路总阻抗的 5% ~ 10%，或电力系统容量超过用户供配电系统容量的 50 倍时，可将电力系统视为无限大容量电力系统。凡不满足上述条件的电力系统，则称为有限容量电力系统。

对一般用户（含工矿企业）供配电系统来说，由于其容量远比电力系统的总容量小，而其阻抗又远比电力系统大，因此，当用户供配电系统内发生短路时，电力系统变电所馈电母线上的电压几乎维持不变, 也就是说, 可将电力系统看作无限大容量的电源。

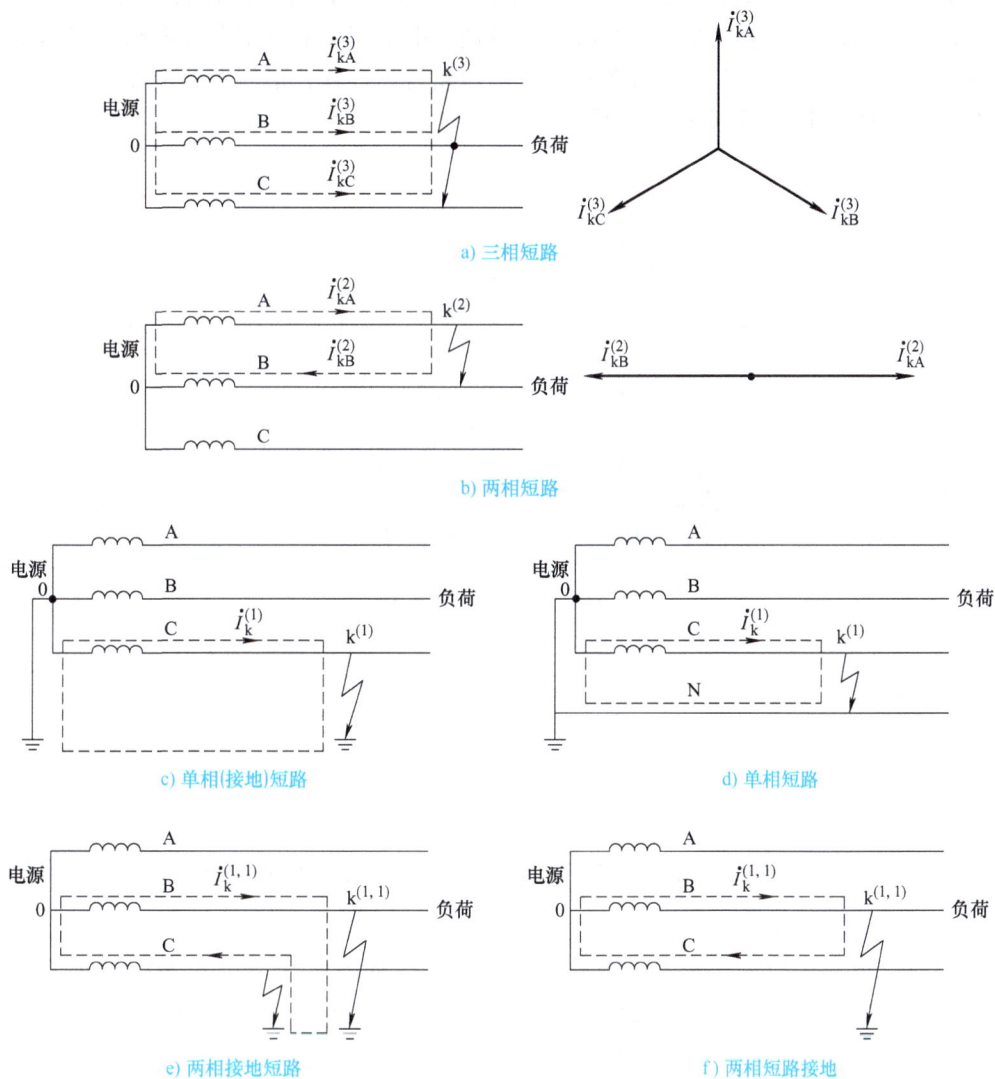

a) 三相短路

b) 两相短路

c) 单相(接地)短路

d) 单相短路

e) 两相接地短路

f) 两相短路接地

图 4-11 短路的形式

图 4-12a 所示为电源为无限大容量的供电系统中发生三相短路的电路图。由于三相对称, 因此这个三相电路图可用图 4-12b 所示的等效单相电路图来研究。

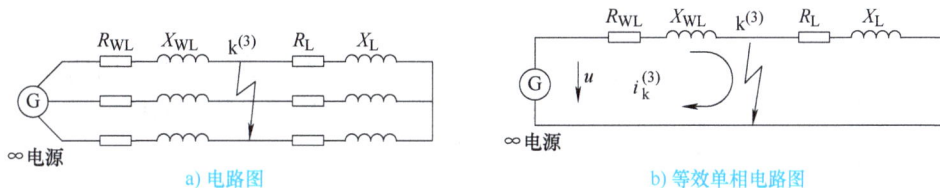

a) 电路图

b) 等效单相电路图

图 4-12 无限大容量系统中发生三相短路

R_{WL}、X_{WL}—线路阻抗 R_L、X_L—负荷阻抗

正常运行时，电路中的电流取决于电源电压和电路中所有元件（包括用电设备在内）的总阻抗。当发生三相短路时，由于负荷阻抗和部分线路阻抗被短路，因此根据欧姆定律，电路中的电流（短路电流）突然增大。但是，由于短路电路中存在电感，根据楞次定律，电流不能突变，因此有一个过渡过程，即短路暂态过程，最后短路电流达到一个新的稳定状态，如图 4-13 中电流曲线 i_k 所示。

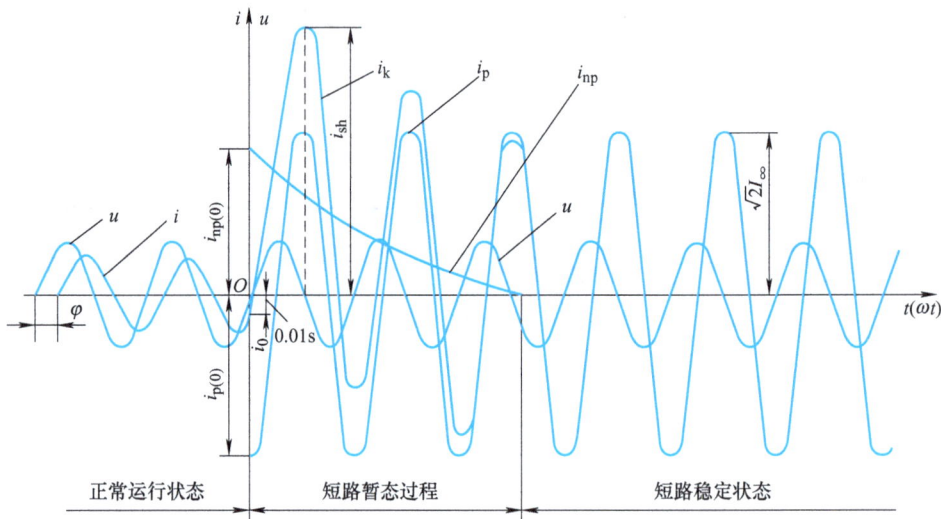

图 4-13　电压和电流曲线

4.2.3　短路电流的成分和参数

短路全电流（Short-circuit Whole-current）由周期分量与非周期分量两部分组成。

1. 短路电流周期分量

短路时，电路阻抗减小很多，电路中将出现一个如图 4-13 所示的有效值远大于短路前电流的短路电流周期分量（Periodic Component of Short-circuit Current）i_p。由于短路电路的电抗一般远大于电阻，所以周期分量 i_p 差不多滞后电压 u 90°。因此，在 $u=0$ 时，短路的瞬间（$t=0$ 时），i_p 突然增大到幅值，即

$$i_{p(0)} = \sqrt{2}I''　　　　　　　　　　(4-3)$$

式中，I'' 为短路次暂态电流（Short-circuit Subtransient Current）有效值，它是短路后第一个周期的短路电流周期分量的有效值。只有电压瞬时值过零的那一相才有最大短路电流产生。

在无限大容量系统中，由于系统母线电压维持不变，所以其短路电流周期分量有效值在短路的全过程中也维持不变，也称为短路稳态电流，即短路电流非周期分量衰减完毕以后的短路全电流有效值，用 I_∞ 表示，有 $I_\infty = I''$。

2. 短路电流非周期分量

短路电流非周期分量（Non-Periodic Component of Short-Circuit Current）i_{np} 是由于

短路电路存在电感，用以维持短路初瞬间（$t=0$ 时）电流不致突变而由电感所感应的自感电动势产生的一个反向电流。

短路电流非周期分量按指数函数衰减，其表达式为

$$i_{np} = i_{np(0)}e^{-\frac{t}{\tau}} = (\sqrt{2}I'' - i_0)e^{-\frac{t}{\tau}} \approx \sqrt{2}I''e^{-\frac{t}{\tau}} \tag{4-4}$$

式中，τ 为短路电路的时间常数，$\tau = L_\Sigma / R_\Sigma = X_\Sigma /(314R_\Sigma)$（$X_\Sigma = 2\pi f L_\Sigma$，$f$=50Hz），这里的 R_Σ、L_Σ 和 X_Σ 分别为短路电路的总电阻、总电感和总电抗。

3. 短路全电流

任一瞬间的短路全电流 i_k 为其周期分量 i_p 与非周期分量 i_{np} 之和，即

$$i_k = i_p + i_{np} \tag{4-5}$$

某一瞬间 t 的短路全电流有效值 $I_{k(t)}$ 是以 t 为中点的一个周期内的周期分量有效值 $I_{p(t)}$ 与 t 瞬间非周期分量值 $i_{np(t)}$ 的方均根值，即

$$I_{k(t)} = \sqrt{I_{p(t)}^2 + i_{np(t)}^2} \tag{4-6}$$

如前所述，在无限大容量系统中，短路电流周期分量的有效值和幅值在短路全过程中是恒定不变的。

由短路全电流曲线可以看出，短路后经过半个周期（t=0.01s），短路电流瞬时值达到最大值。短路过程中的这一最大短路电流瞬时值，称为短路冲击电流（Short-circuit Shock Current），用 i_{sh} 表示。

短路冲击电流的计算式为

$$i_{sh} = i_{p(0.01)} + i_{np(0.01)} \approx \sqrt{2}I''\left(1 + e^{-\frac{0.01}{\tau}}\right) = K_{sh}\sqrt{2}I''$$

式中，K_{sh} 为短路电流冲击系数，当 $R_\Sigma \to 0$ 时，$K_{sh} \to 2$；当 $L_\Sigma \to 0$ 时，$K_{sh} \to 1$，因此 $1 < K_{sh} < 2$。

短路全电流的最大有效值又称为短路冲击电流有效值，是短路后第一个周期的短路全电流有效值，用 I_{sh} 表示，有

$$I_{sh} = \sqrt{I_{p(0.01)}^2 + i_{np(0.01)}^2} \approx \sqrt{I''^2 + \left(\sqrt{2}I''e^{-\frac{0.01}{\tau}}\right)^2}$$

或

$$I_{sh} \approx \sqrt{1 + 2(K_{sh} - 1)^2}\,I'' \tag{4-7}$$

当高压电路发生三相短路时，一般取 $K_{sh} = 1.8$，因此有

$$i_{sh} = 2.55I'' \tag{4-8}$$

$$I_{sh} = 1.51I'' \tag{4-9}$$

当低压电路和 1000kV·A 及以下变压器二次侧发生三相短路时，一般取 $K_{sh} = 1.3$，因此有

$$i_{sh} = 1.84I'' \tag{4-10}$$

$$I_{\mathrm{sh}} = 1.09 I''$$ （4-11）

4. 短路点附近交流电动机反馈冲击电流的影响

当短路点附近所接交流电动机的额定电流之和超过供配电系统短路电流的 1%，或短路点附近所接交流电动机的总容量超过 100kW 时，应计入电动机反馈冲击电流的影响。由于短路时电动机端电压骤降，致使电动机因定子电动势反高于外施电压而向短路点反馈电流，从而使短路计算点的短路冲击电流增大。

当交流电动机进线端发生三相短路时，它反馈的最大短路电流瞬时值（即电动机反馈冲击电流）为

$$i_{\mathrm{sh.M}} = \sqrt{2}\,\frac{E_{\mathrm{M}}^{''*}}{X_{\mathrm{M}}^{''*}} K_{\mathrm{sh.M}} I_{\mathrm{N.M}} = C K_{\mathrm{sh.M}} I_{\mathrm{N.M}}$$ （4-12）

式中，$E_{\mathrm{M}}^{''*}$ 为电动机次暂态电动势标幺值，$X_{\mathrm{M}}^{''*}$ 为电动机次暂态电抗标幺值，C 为电动机反馈冲击倍数，以上参数均可见表 4-4；$K_{\mathrm{sh.M}}$ 为电动机短路电流冲击系数，对 3 ～ 10kV 电动机可取 1.4 ～ 1.7，对 380V 电动机可取 1；$I_{\mathrm{N.M}}$ 为电动机额定电流。

表 4-4　电动机的 $E_{\mathrm{M}}^{''*}$、$X_{\mathrm{M}}^{''*}$ 和 C 值

电动机类型	$E_{\mathrm{M}}^{''*}$	$X_{\mathrm{M}}^{''*}$	C	电动机类型	$E_{\mathrm{M}}^{''*}$	$X_{\mathrm{M}}^{''*}$	C
异步电动机	0.9	0.2	6.5	同步调相机	1.2	0.16	10.6
同步电动机	1.1	0.2	7.8	综合性负荷	0.8	0.35	3.2

由于交流电动机在外电路短路后很快受到制动，所以它产生的反馈电流衰减很快，因此，只在考虑短路冲击电流的影响时才需计入电动机的反馈电流。

4.2.4　短路电流的效应

短路电流会产生电动效应和热效应，即在电气设备和导体上产生很大的电动力和热量，所以需要校验电气设备和导体承受短路电流电动力和热量的能力，又称为电气设备和导体的短路动稳定度和热稳定度。通常对高压电气设备和导体须进行短路动稳定度和热稳定度校验。

这里只对短路电流电动效应和热效应进行分析，而电气设备和导体的短路动稳定度和热稳定度校验则在对应的电气设备和导体选用章节学习。

1. 短路电流的电动效应

根据电工基础相关知识，对空气中的两平行直导体分别通以电流 i_1、i_2（单位为 A），假定导体轴线间距离为 a，导体的两支持点距离（档距）为 l，则导体间所产生的电磁作用力（电动力）F（单位为 N）为

$$F = \mu_0 i_1 i_2 \frac{l}{2\pi a}$$ （4-13）

式中，μ_0 为真空磁导率，$\mu_0 = 4\pi \times 10^{-7} \mathrm{N/A^2}$（$1\mathrm{N/A^2} = 1\mathrm{H/m}$）。

若三相电路中发生两相短路，则两相短路冲击电流通过两相导线产生的电动力最

大，有

$$F^{(2)} = \mu_0 i_{\text{sh}}^{(2)2} \frac{l}{2\pi a} \tag{4-14}$$

若三相电路中发生三相短路，则三相短路冲击电流 $i_{\text{sh}}^{(3)}$ 在中间相所产生的电动力最大，有

$$F^{(3)} = \frac{\sqrt{3}}{2} \mu_0 i_{\text{sh}}^{(3)2} \frac{l}{2\pi a} \tag{4-15}$$

将 $\mu_0 = 4\pi \times 10^{-7} \text{N/A}^2$ 代入式（4-15），得

$$F^{(3)} = \sqrt{3} i_{\text{sh}}^{(3)2} \frac{l}{a} \times 10^{-7} \tag{4-16}$$

由于 $i_{\text{sh}}^{(2)} = \frac{\sqrt{3}}{2} i_{\text{sh}}^{(3)}$，代入式（4-14），得

$$F^{(2)} = \frac{3}{4} \mu_0 i_{\text{sh}}^{(3)2} \frac{l}{2\pi a} \tag{4-17}$$

对比 $F^{(2)}$ 与 $F^{(3)}$，即可看出两者的关系：

$$\frac{F^{(2)}}{F^{(3)}} = \frac{\sqrt{3}}{2} \tag{4-18}$$

由式（4-18）可知，当三相线路发生三相短路时，中间相导体所受的电动力比两相短路时导体所受的电动力大。因此，校验电气设备和导体的短路动稳定度时，一般应采用三相短路冲击电流 $i_{\text{sh}}^{(3)}$ 或 $I_{\text{sh}}^{(3)}$。

2. 短路电流的热效应

当导体通过正常负荷电流时，由于导体具有电阻，就会产生电能损耗，转换为热能，一方面使导体温度升高，另一方面向周围介质散热。大概经过 30min，当导体内产生的热量与导体向周围介质散发的热量相等时，导体就维持在一定的温度值。

当线路发生短路时，短路电流将使导体温度迅速升高，短路后，线路的保护装置会很快动作，切除短路故障，因此，短路电流通过导体的时间很短，通常不会超过 2 ~ 3s。所以在短路过程中可以不考虑导体向周围介质的散热，可近似地认为在短路时间内导体与周围介质是绝热的，短路电流在导体内产生的热量全部用来使导体温度升高。

图 4-14 所示为短路前后导体的温度变化曲线。导体在短路前正常负荷时的温度为 θ_{L}。假设在 t_1 时发生短路，导体温度按指数函数规律迅速升高；而到 t_2 时，线路保护装置动作，切除短路故障，这时，导体温度已升至最高温度 θ_{k}。短路故障切除后，导体不再产生热量，只向周围介质按指数函数规律散热，直至导体温度衰减到等于周围介质温度 θ_0 为止。

导体短路时的最高发热温度 θ_{k} 不得超过所规定的允许值。

由于短路电流是一个变动的电流，而且含有非周期分量，因此要计算短路期间在导体内产生的热量 Q_{k} 及导体达到的最高温度 θ_{k} 是相当困难的。为此引出短路发热假想时间 t_{ima}，假设在此时间内以恒定的短路稳态电流 I_∞ 通过导体产生的热量，恰好与实际短路

电流 i_k 或 $I_{k(t)}$ 在实际短路时间 t_k 内通过导体所产生的热量相等。t_{ima} 又称为短路热效时间。短路产生的热量与短路发热假想时间如图 4-15 所示。

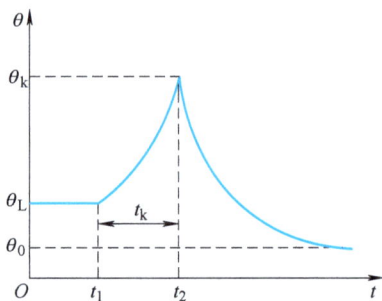

图 4-14 短路前后导体的温度变化曲线

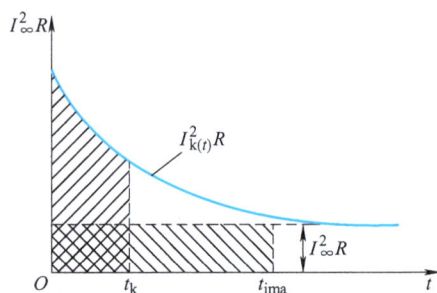

图 4-15 短路产生的热量与短路发热假想时间

短路发热假想时间可用下式近似计算：

$$t_{ima} = t_k + 0.05\left(\frac{I''}{I_\infty}\right)^2 \tag{4-19}$$

当无限大容量系统中发生短路时，由于 $I''=I_\infty$，因此有

$$t_{ima} = t_k + 0.05 \tag{4-20}$$

式（4-19）和式（4-20）中的时间单位均为 s。

当 $t_k>1s$ 时，可认为有

$$t_{ima} = t_k \tag{4-21}$$

短路时间 t_k 为短路保护装置最长的动作时间 t_{op} 与断路器的断路时间 t_{oc} 之和，即

$$t_k = t_{op} + t_{oc} \tag{4-22}$$

断路器的断路时间 t_{oc} 包括断路器的固有分闸时间和灭弧时间两部分。对于一般高压断路器（如油断路器），可取 $t_{oc}=0.2s$；对于高速断路器（如真空断路器），可取 $t_{oc}=0.1 \sim 0.15s$。因此，实际短路电流 $I_{k(t)}$ 通过导体在短路时间 t_k 内产生的热量为

$$Q_k = \int_0^{t_k} I_{k(t)}^2 R \mathrm{d}t = I_\infty^2 R t_{ima} \tag{4-23}$$

4.2.5 规范、标准简介

相关规范、标准如下：

① GB/T 35698.1—2017《短路电流效应计算 第 1 部分：定义和计算方法》。

② GB/T 35698.2—2019《短路电流效应计算 第 2 部分：算例》。

GB/T 35698.1—2017 和 GB/T 35698.2—2019《短路电流效应计算 第 1 部分：定义和计算方法》仅适用于交流系统短路电流的机械效应和热效应计算，包含作用于硬导体、软导线的电磁效应和作用于裸导体的热效应。

电缆及绝缘导体的计算可参见 IEC 60949 和 IEC 60986。作用于电厂和变电站的直流辅助设备的电磁效应和热效应计算可参见 IEC 61660-2。

4.2.6 某海上天然气平台空压机配电柜三相短路故障及短路电流分析

在该海上平台的施工调试过程中，中控室操作站收到空压机 A 的异常停机信号，同时火灾报警系统发出了应急开关间烟感探头报警信号。相关人员赶到应急配电间，发现内部有大量浓烟，于是立即对应急 LE400V 母排切断电源并进行隔离、灭火。待房间内部通风正常后，检查事故现场。空压机 A 配电柜发生三相电源短路，出现严重受损现象；配电柜内部靠近铜排的金属封板遭受短路电流烧熔变形；配电柜抽屉插头在短路电流冲击下受损；铜排在短路强电流作用下放电，出现严重烧毁现象。由于灭火及时，配电柜内部馈出线电缆受损不严重，可进行修复。

在现场检查并测量数据后，对这次空压机配电柜三相短路故障进行分析。该海上平台正处于陆地建造后海上安装调试初期，现场作业用风设备较多，用气量较大，风罐压力的波动信号反馈到空压机电动机的控制回路，导致空压机频繁起停。空压机主电动机在起动过程会产生很大的电流冲击。空压机主电动机是低电压大电流设备，采用插拔式配电柜，插头依靠弹簧夹紧母排，配电柜的插头与母排接触不够稳定，并且电动机频繁起停在接触面上产生很大的电流，引起接触面发热量增大，因此多次插拔后，弹簧弹力减弱，插头松脱，使接触面接触不稳定，产生电弧，发热量继续增大。在配电柜内测量发现金属封板与铜排空间距离太近，电气间隙不足 3cm（最小空间距离至少应为 8cm），并且金属封板与铜排之间未安装绝缘板。综合各方分析，主要是设计不合理，导致金属封板对应急铜排放电，造成配电间出线口发生三相短路。

下面从三相短路电流周期分量有效值、冲击电流、最大有效值电流计算、分析此次故障。

由计算结果可知，造成这次短路故障的三相短路电流非常大，短路电流周期分量有效值为 1.92kA，最大有效值电流为 2.09kA。金属封板与铜排电气间隙距离远小于 8cm，两者之间也未安装绝缘板，导致配电柜内部金属封板放电发热，引起封板烧熔。冲击电流在短路点达到了 3.53kA，强大的冲击力超出配电柜插头的动稳定性范围，导致弹簧失效、插头受损。强短路电流对插头与铜排接触面的影响，造成铜排损坏严重。

4.2.7 技术发展：电力系统故障录波器的发展

电力系统故障录波器是研究现代电网的基础，也是评价继电保护动作行为与分析设备故障性质和原因的重要依据，已成为电力系统记录动态过程必不可少的精密设备。其主要任务是记录系统大扰动，如短路故障、系统振荡、频率崩溃、电压崩溃等发生后引起的系统电压、电流及其导出量，如系统有功功率、无功功率及系统频率等。电力系统故障录波器的发展经历了如下四个阶段。

1）第一阶段为专用集中型故障录波器。在变电站和发电厂内采用集中式的故障录波器，由专门的录波装置采集重要的电流、电压信号和继电保护、安全自动装置的动作触头、断路器辅助触头及通信通道信号等的波形，然后进行故障判断和简单的故障分析，并将故障记录数据和初步分析结果送到远方录波主站进行进一步处理。

2）第二阶段为微机继电保护装置兼有录波功能。微机继电保护装置将保护动作前后一段时间内的相关电参数波形保存下来，传给当地录波主站。这种方法实际是介于故障录波和事故追忆之间的一种功能，虽然许多厂家称之为故障录波，但它不能满足国家标准要求，不能同步记录故障线路和设备以外的其他线路和设备的电参数波形，所以不能用于输电网和发电机的故障录波。

3）第三阶段为分布式故障录波器。分布式故障录波器是指其录波采集单元分布于各个电气间隔或各个变电站，它们和录波分析单元通过通信网络连接成一个整体，共同完成电力系统或其中一部分的故障录波和分析功能。

4）第四阶段为数字化分布式故障录波器。为适应计算机技术和网络通信技术的迅猛发展，数字化变电站已成为变电站自动化技术的发展方向。传统的电力系统故障录波器对模拟量和开关量的采集需要通过硬电缆接入装置，当系统需要扩容或需要改变采集的对象时往往很不灵活，而数字化变电站中一次设备常规的强电模拟信号测量电缆和控制电缆被数字光纤所取代，即模拟量和开关量已经网络化；过程层的合并单元，间隔层的二次保护、测量、控制单元以及站控层的后台软件已日益开发完善，实现过程层设备数字化、间隔层设备网络化。

▶ 习　题 ◀

1. 短路的形式有哪些？
2. 短路电流的成分有哪些？
3. 什么是短路电流的电动效应？
4. 什么是短路电流的热效应？

4.3　低压断路器的选用

在低压供配电及照明系统中，使用最广泛的电气设备就是各种各样的低压断路器。

4.3.1　电气设备的分类

供配电系统中承担生产、输送、变换和分配电力这一主要任务的电路，称为一次回路，又称为主电路；用来控制、指示、监测和保护主电路及其设备运行的电路称为二次回路。相应地，一次回路中所有的设备称为一次设备，二次回路中所有的设备称为二次设备。

供配电系统的主要电气设备通常指一次设备。

1. 一次设备的分类

一次设备按功能可以分为如下六类。

（1）生产和转换电能的设备　包括将机械能转换成电能的发电机、变换电压的变压器、将电能转换成机械能的电动机等。

（2）接通和断开电路的开关设备和控制设备　包括高低压断路器、负荷开关、隔离开关及接触器等。

（3）保护设备　包括限制短路电流的电抗器、防御过电压的避雷器及短路保护用的熔断器等。由于断路器具有过电流、短路保护等功能，所以也属于保护设备。

（4）载流导体及接地装置　包括传输电能的软、硬导体和电缆、导线、接地体等。

（5）其他设备　包括无功补偿设备等。

（6）成套配电装置　成套配电装置是由制造厂成套供应、运抵现场后组装而成的供配电装置。它将电气主电路分成若干个单元，每个单元为一条回路，每个单元的断路器、隔离开关、电流互感器、电压互感器和保护、控制、测量等设备集中装配在一个整体柜内。

2. 二次设备的分类

二次回路或二次系统包括控制（操纵）系统、信号系统、监测系统、继电保护和自动装置等。

二次回路按电源性质分，有直流回路和交流回路。交流回路又分为交流电流回路和交流电压回路。交流电流回路由电流互感器供电，交流电压回路由电压互感器供电。二次回路按用途分，有断路器控制（操纵）回路、信号回路、测量和监视回路、继电保护回路和自动装置回路等。

二次回路的操作电源是供给高压断路器分合闸回路和继电保护装置、信号回路、监测系统及其他二次设备的电源。二次回路的操作电源分为直流和交流两大类。直流操作电源分为由蓄电池组供电的电源和由整流装置供电的电源两种。

4.3.2　低压断路器的种类和原理

1. 低压断路器的种类

断路器属于控制和保护设备，是一种能够接通、承载和分断正常电路条件下的电流，也能在规定的非正常电路条件（如过负荷、短路）下接通、承载一定时间和分断电流的开关电器。

低压断路器根据保护对象可以分为配电保护型、电动机保护型和家用及类似家用保护型三类，这三类断路器的保护性质和保护特性是不同的。

低压断路器根据结构可以分为万能式断路器和塑料外壳式断路器两类。万能式断路器又称为框架式断路器，是以具有绝缘衬垫的框架结构底座将所有构件组成一个整体并具有多种结构变化方式和用途的断路器。塑料外壳式断路器是具有一个用模压绝缘材料制成的外壳作为断路器整体部件的断路器。

万能式断路器主要用在进线柜作为主保护开关。其主要特点是极限分断能力强，整定电流可在较大范围内调整，延时特性可调，可以使用电动、弹簧合闸，具有多个辅助、联动触头，实行远程控制、信号指示等。特别是极限分断能力可达上百千安，这是作为主断路器的必需条件，一般的断路器（如塑料外壳式断路器）达不到这些要求。万能式断路器通常具有过负荷长延时、短路短延时和短路瞬时三段保护特性。

低压断路器根据灭弧方式可以分为空气断路器和真空断路器两类。真空断路器因其灭弧介质和灭弧后触头间隙的绝缘介质都是高真空而得名，具有体积小、重量轻、适用于频繁操作、灭弧不用检修的优点。真空断路器通常可分为多个电压等级，高低压配电室中的 10kV 联络柜常用 10kV 等级真空断路器，低压型真空断路器一般用于防爆场合（如煤矿等）。

2. 低压断路器的原理

这里简单介绍塑料外壳式低压断路器的原理，如图 4-16 所示。

低压断路器主要由触头系统、灭弧装置、保护装置和传动机构等组成。

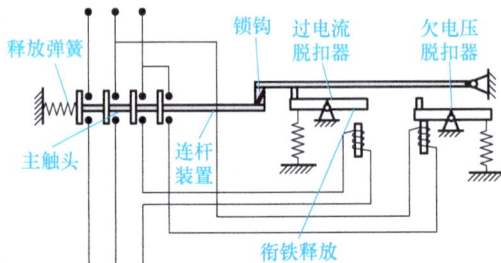

图 4-16　塑料外壳式低压断路器的原理图

为了满足过电流保护要求，低压断路器需带有电流感测元件和脱扣执行元件，即过电流脱扣器。过电流脱扣器是低压断路器的核心部件之一，关系到保护性能的准确性与可靠性。根据产品壳架电流大小、保护精度等要求，目前常用的过电流脱扣器有热磁式、电子式、液压 – 电磁式三种。

热磁式脱扣器串联在主电路中，主要由热脱扣系统和电磁脱扣系统组成。利用电流产生的热效应加热双金属片，双金属片的曲率会随着温度变化而发生改变。当线路电流增大时，双金属片受热弯曲到一定程度，推动牵引杆使机构脱扣，断路器断开，从而起到过负荷保护功能；当电流达到电磁机构动作阈值时，吸动衔铁推动牵引杆使机构脱扣，断路器断开，从而起到短路保护功能。

电子式脱扣器采用集成电路或专用集成块和微处理器，以主电路电流源供电，由电流互感器、控制板、执行机构等组成。线路电流在电流互感器二次侧感应出的信号经微处理器处理，若电流达到预定的脱扣阈值，则输出脱扣信号给执行机构，使断路器断开。

4.3.3　高低压电器的选择与校验项目

高低压电器的选择必须满足其在一次回路正常条件下和短路故障条件下工作的要求。

高低压电器按正常条件下的工作要求进行选择，就是要考虑电器的环境条件和电气要求。环境条件是指电器的使用场所（户内或户外）、环境温度、海拔以及有无防尘、防腐、防火、防爆等要求。电气要求是指电器在电压、电流、频率等方面的要求；对于一些开关和保护电器，如熔断器、断路器等，还有断流能力的要求。

高低压电器按短路故障条件下的工作要求进行选择，就是要校验其短路时能否满足动稳定度和热稳定度的要求。高低压电器的选择、校验项目和条件见表 4-5。

表 4-5　高低压电器的选择、校验项目和条件

电器名称和条件	电压	电流	断流能力	短路电流校验	
				动稳定度	热稳定度
熔断器	√	√	√	—	—
高压隔离开关	√	√	—	√	√

（续）

电器名称和条件	电压	电流	断流能力	短路电流校验	
				动稳定度	热稳定度
高压负荷开关	√	√	√	√	√
高压断路器	√	√	√	√	√
低压隔离开关	√	√	—	√	√
低压负荷开关	√	√	√	—	—
低压断路器	√	√	√	⩝	⩝
电流互感器	√	√	—	√	√
电压互感器	√	—	—	—	—
并联电容器	√	—	—	—	—
电缆、绝缘导线	√	√	—	—	—
母线	√	√	—	√	√
支柱绝缘子	√	—	—	√	—
套管绝缘子	√	√	—	√	√
应满足的条件	电器的额定电压应不低于所在电路的额定电压或最高电压（当电器额定电压按最高工作电压表示时）	电器的额定电流应不小于所在电路的计算电流	电器的最大分断电流应不小于它可能分断的最大电流	按 $i_{sh}^{(3)}$ 或 $I_{sh}^{(3)}$ 校验，需计入 $i_{sh.M}$	按 $I_{\infty}^{(3)}$ 和 t_{ima} 校验

注：1. "√" 表示必须校验；"—" 表示不必校验；"⩝" 表示一般可不校验。
　　2. 对于并联电容器，还须按容量（单位为 var 或 μF）选择；对于电流互感器和电压互感器，还须校验其准确度。
　　3. 表中未列"频率"项目，电器的额定频率应与其所在电路的频率一致。

4.3.4　低压断路器的参数

　　这里以塑料外壳式低压断路器为例进行说明，附录 D 是某个型号塑料外壳式断路器的参数表。断路器的技术参数包括分断能力、控制电路、辅助触头、保护特性等参数，保护特性又分为短路保护整定值和反时限断开动作参数等。这里重点说明断路器的几个电流参数，即断路器的壳架电流、额定电流和脱扣器动作电流。

　　断路器不可能每种电流规格设计一种外壳和接线端子。不同额定电流（但相近）的断路器会使用同样的外壳甚至同样的触头和接线端子，这种外壳尺寸的断路器可通过的最大额定电流就是壳架电流。因此，同一壳架电流的断路器的额定电流可能不同，但其安装尺寸相同。

　　断路器的壳架电流是指基本尺寸相同的框架和塑料外壳中能装的脱扣器的最大额定电流。断路器的额定电流是指断路器中的脱扣器能长期通过的电流，又称为断路器脱扣器额定电流。脱扣器动作电流指过电流脱扣器和热脱扣器发生脱扣致使断路器跳闸的电流值。相应地，脱扣器整定是指整定脱扣器动作电流值和动作时间。

　　同一系列中有多种壳架电流，同一壳架电流中又有多种额定电流。例如，DZ20 系列中有 100A、225A、400A、630A、800A、1250A 等壳架电流，而 100A 壳架电流中有

16A、20A、25A、32A、40A、50A、63A、80A、100A 额定电流；225A 壳架电流中有 100A、125A、160A、180A、200A、225A 额定电流。DZ20-100 和 DZ20-225 两种壳架中都有 100A 额定电流，但断路器体积外形和分断能力不相同，因此，在选用时，要把型号填写完整，即写明具体的壳架电流内的断路器额定电流。

断路器各种电流参数的关系如下：

$$I_e < I_1 < I_2 < I_3 < I_{cw} < I_{cs} < I_{cu} < I_{cm} \tag{4-24}$$

式中，I_e 是断路器额定工作电流，用于承载正常的运行电流。断路器的众多电流参数可以分为两类，一类用于自身保护，另一类用于线路保护。用于自身保护的电流参数包括额定短时耐受电流 I_{cw}、额定运行短路分断能力 I_{cs}、额定极限短路分断能力 I_{cu}、额定短路接通能力 I_{cm}。用于线路保护的电流参数包括过负荷长延时反时限 L 保护参数 I_1、短路短延时 S 保护参数 I_2、短路瞬时 I 保护参数 I_3 等。

额定短时耐受电流 I_{cw} 用于表述断路器承载短路电流热冲击的能力，是一个区域时间参量，是断路器或开关的热稳定性电流参数。

额定短路接通能力 I_{cm} 用于表述断路器承载短路电流电动力冲击的能力，是一个瞬时量，是断路器或开关的动稳定性电流参数。

动稳定性与热稳定性之比是峰值系数 n，也是短路冲击电流有效值 I_{sh} 与稳态短路电流 I_∞ 之比。

4.3.5　低压断路器的选择与校验

1. 低压断路器的选择

低压断路器的额定电压 $U_{N.QF}$ 应不低于所在线路的额定电压 U_N，即

$$U_{N.QF} \geq U_N \tag{4-25}$$

低压断路器的额定电流 $I_{N.QF}$ 应不小于它所安装的脱扣器的额定电流 $I_{N.R}$，即

$$I_{N.QF} \geq I_{N.R} \tag{4-26}$$

式中，$I_{N.R}$ 为 $I_{N.OR}$ 或 $I_{N.HR}$，$I_{N.OR}$ 为过电流脱扣器的额定电流，$I_{N.HR}$ 为热脱扣器的额定电流。

2. 低压断路器断流能力的校验

1）对于动作时间在 0.02s 以上的万能式断路器，其极限分断电流 I_{oc} 应不小于通过它的最大三相短路电流周期分量的有效值 $I_k^{(3)}$，即

$$I_{oc} \geq I_k^{(3)} \tag{4-27}$$

2）对于动作时间在 0.02s 及以下的塑料外壳式断路器，其极限分断电流 I_{oc} 或 i_{oc} 应不小于通过它的最大三相短路冲击电流 $I_{sh}^{(3)}$ 或 $i_{sh}^{(3)}$，即

$$I_{oc} \geq I_{sh}^{(3)} \tag{4-28}$$

或

$$i_{oc} \geq i_{sh}^{(3)} \tag{4-29}$$

附录 D 中的额定极限短路分断能力 I_{cu} 就是此处的极限分断电流,除了极限短路分断能力,还有一个额定运行短路分断能力 I_{cs}。两者的区别是:当断路器保护的线路中出现超过额定运行短路分断能力的短路电流(如表中 100A 壳架电流断路器的 5kA)时,该断路器应当能够分断线路,并且断路器不会失去分断能力;当线路中出现超过额定极限短路分断能力的短路电流(如表中 100A 壳架电流断路器的 10kA)时,该断路器也应当能够分断线路,但是断路器可能失去分断能力。

3. 低压断路器过电流保护灵敏度的检验

为了保证低压断路器的瞬时或短延时过电流脱扣器在系统最小运行方式下在其保护区内发生最轻微的短路故障时能可靠地动作,低压断路器保护灵敏度必须满足如下条件:

$$S_p = \frac{I_{k.min}}{I_{op}} \geq K \qquad (4\text{-}30)$$

式中,I_{op} 为低压断路器瞬时或短延时过电流脱扣器的动作电流;$I_{k.min}$ 为低压断路器保护的线路末端在系统最小运行方式下的单相短路电流(对于 TN 系统和 TT 系统)或两相短路电流(对 IT 系统);K 为最小比值,可取 1.3。

4. 上下级低压断路器之间的选择性配合

这里只作简介,具体的配合方法在下一节中学习。

一般来说,要保证上下两级低压断路器之间在动作时间和动作值上能选择性动作,即下一级先动作。上一级低压断路器宜采用带短延时的过电流脱扣器,下一级低压断路器宜采用瞬时脱扣器。动作电流也是上一级大于下一级,上一级的动作电流应不小于下一级动作电流的 1.2 倍。

4.3.6　低压断路器过电流脱扣器的选择和整定

1. 低压断路器过电流脱扣器的选择

过电流脱扣器的额定电流 $I_{N.OR}$ 应不小于线路的计算电流 I_{30},即

$$I_{N.OR} \geq I_{30} \qquad (4\text{-}31)$$

2. 低压断路器过电流脱扣器的整定

(1)瞬时过电流脱扣器动作电流的整定　瞬时过电流脱扣器的动作电流 $I_{op(o)}$ 应躲过线路的尖峰电流 I_{pk},即

$$I_{op(o)} \geq K_{rel} I_{pk} \qquad (4\text{-}32)$$

式中,K_{rel} 为可靠系数。对于动作时间在 0.02s 以上的万能式断路器,可取 1.35;对于动作时间在 0.02s 及以下的塑料外壳式断路器,可取 2 ~ 2.5。

(2)短延时过电流脱扣器动作电流和动作时间的整定　短延时过电流脱扣器的动作电流 $I_{op(s)}$ 应躲过线路的尖峰电流 I_{pk},即

$$I_{op(s)} \geq K_{rel} I_{pk} \qquad (4\text{-}33)$$

式中，K_{rel}一般取1.2。

短延时过电流脱扣器的动作时间有0.2s、0.4s和0.6s等，应按上下级保护装置保护选择性要求确定。上一级保护的动作时间应比下一级保护的动作时间长一个时间级差，即0.2s。

（3）长延时过电流脱扣器动作电流和动作时间的整定　长延时过电流脱扣器主要用于过负荷保护，因此其动作电流$I_{op(l)}$应按躲过线路的最大负荷电流即计算电流I_{30}来整定，即

$$I_{op(l)} \geqslant K_{rel} I_{30} \tag{4-34}$$

式中，K_{rel}为可靠系数，一般取1.1。

长延时过电流脱扣器的动作时间应躲过允许过负荷持续时间。其动作特性通常为反时限，即过负荷越大，动作时间越短，一般动作时间可达1～2h。

（4）过电流脱扣器与被保护线路的配合要求　为了不致发生因过负荷或短路已引起线缆过热起燃而断路器的过电流脱扣器不动作的事故，低压断路器过电流脱扣器的动作电流I_{op}还必须满足下列条件：

$$I_{op} \leqslant K_{ol} I_{al} \tag{4-35}$$

式中，I_{al}为绝缘导线和电缆的允许载流量；K_{ol}为绝缘导线和电缆的允许短时过负荷系数，对瞬时和短延时过电流脱扣器，可取$K_{ol}=4.5$，对长延时过电流脱扣器，可取$K_{ol}=1$，对保护有爆炸气体区域内线路的过电流脱扣器，应取$K_{ol}=0.8$。

如果不满足以上配合要求，则应减小脱扣器的动作电流，或适当加大绝缘导线和电缆的芯线截面积。

4.3.7　规范、标准简介

相关规范、标准如下：

① GB 50054—2011《低压配电设计规范》。

② GB/T 14048.2—2020《低压开关设备和控制设备　第2部分：断路器》。

GB 50054—2011《低压配电设计规范》第3.1.1条要求："电器的额定电流不应小于所在回路的计算电流，电器应满足短路条件下的动稳定与热稳定的要求，用于断开短路电流的电器应该满足短路条件下的接通能力和分断能力"。第6.2.1条要求："配电线路的短路保护电器，应在短路电流对导体和联结处产生的热作用和机械作用造成危害之前切断电源"。第6.2.4条要求："当短路保护电器为断路器时，被保护线路末端的短路电流不应小于断路器瞬时或短延时过电流脱扣器整定电流的1.3倍"。

4.3.8　某低压断路器的选用

有一条380V的动力线路，I_{30}=120A，I_{pk}=400A。此线路首端的$I_k^{(3)}$=5kA，末端的$I_k^{(1)}$=1.2kA。当地环境温度为30℃。该线路拟采用BV-1000-3×70导线穿硬塑管敷设。试选择此线路上装设的低压断路器及其过电流脱扣器。

解:(1)选择低压断路器及其过电流脱扣器　低压断路器的额定电压 $U_{N.QF}$ 应不低于所在线路的额定电压 U_N 即

$$U_{N.QF} \geq U_N = 380V$$

由附录 D 可知,CDM10 系列塑料外壳式断路器为三相断路器,工作电压为 400V 及以下,满足要求。

低压断路器的额定电流 $I_{N.QF}$ 应不小于它所安装的脱扣器的额定电流 $I_{N.R}$,即

$$I_{N.QF} \geq I_{N.R}$$

取过电流脱扣器的额定电流为约定脱扣电流,即 $I_{N.OR} = 1.3 I_{30} = 156A$,因此选 CDM10-250 塑料外壳式断路器,额定电流 $I_{N.QF}$ 为 170A。

瞬时脱扣电流整定通常为 $5 \sim 12 I_{N.QF}$,先取 5,即 $I_{op.OR} = 5 I_{N.QF} = 5 \times 170A = 850A$。而 $K_{rel} I_{pk} = 2 \times 400A = 800A$,满足 $I_{op.OR} \geq K_{rel} I_{pk}$ 的要求,即能够躲过线路尖峰电流。

(2)校验低压断路器的断流能力　断路器极限分断电流 I_{oc} 或 i_{oc} 应不小于通过它的最大三相短路冲击电流 $I_{sh}^{(3)}$ 或 $i_{sh}^{(3)}$,这里按有效值来验证,即

$$I_{oc} \geq I_{sh}^{(3)} = 1.09 I_k^{(3)} = 1.09 \times 5kA = 5.45kA$$

所选 CDM10-250 塑料外壳式断路器,其额定极限分断电流为 20kA,额定运行分断电流为 10kA,均满足分断要求。

(3)检验低压断路器保护灵敏度　保护灵敏度为

$$S_p = \frac{I_{k.min}}{I_{op.OR}} = \frac{1200A}{850A} \approx 1.41 > K = 1.3$$

满足保护灵敏度的要求。

(4)校验低压断路器与导线的配合　由附录 E 可知,BLV-1000-3×70 导线的 $I_{al} = 171A$(3 根穿硬塑管),不满足 $I_{op.OR} \leq 4.5 I_{al} = 4.5 \times 171A = 796.5A$ 的配合要求,因此所用导线应增大截面积,改用 BLV-1000-3×95,其 $I_{al} = 207A$,满足低压断路器与导线配合的要求。

4.3.9　技术发展:脱扣器的发展趋势

1. 热磁式脱扣器的发展趋势

为了提高对被保护配电线缆及负荷的保护精度,中、高端塑料外壳式断路器的热磁式脱扣器的发展趋势如下。

1)根据产品体积,做成长延时保护与短路瞬动保护的整定电流双可调形式,长延时保护整定电流为(0.7 ~ 1.0)I_n,瞬动保护整定电流为(5 ~ 10)I_n;或者做成长延时保护整定电流可调,短路瞬动保护整定电流固定不可调(壳架电流 125A 及以下)的形式。

2)保护特性除了原有的配电保护与电动机保护外,还增加了发电机保护和长线缆保护。长延时保护整定电流为(0.7 ~ 1.0)I_n,瞬动保护整定电流为(3 ~ 5)I_n。

3）三极或四极脱扣器做成独立的模块，可以先独立调试过电流保护特性，然后与断路器本体组装成完整产品，便于规模化生产。也便于与独立模块的电子式脱扣器互换和减少备品库存。

4）现代智能电网不断向更高可靠性、分布式保护全覆盖、更快处理、更易维护以及高可靠、实时、冗余通信系统的方向发展，促进了断路器智能控制器技术的不断发展与完善。

2. 电子式脱扣器的发展趋势

除了基本的过电流保护功能外，在有限空间内增加电流、电压、频率、功率、电量、谐波等电路参数的测量与分析，实现电能质量监控与电量管理；通过自诊断功能实现设备运行与维护管理；通过控制器软件与通信协议、网关实现可靠、实时、冗余、广域通信和监控；通过设备本机液晶显示、柜门显示、PC（个人计算机）人机界面互动访问等多种方式显示与访问所有信息等新功能、新技术，实现了电子控制器的智能化。随着风力发电系统的数字化、集中化、远程化发展，风力发电系统中使用的低压电器产品对具备寿命预判和故障预警功能的需求强烈。除了过电流保护不允许用辅助电源外，其他功能可以有辅助电源。电子式脱扣器有基本功能型、多功能型、全功能型等多种形式以方便用户选配。

习　题

1. 断路器的图形符号、文字符号各是什么？
2. 简要说明断路器的分类。
3. 什么是一次设备和二次设备？
4. 一次设备按功能可分哪几种？
5. 什么是断路器的额定极限短路分断能力和额定运行短路分断能力？
6. 低压断路器根据保护对象可以分为哪三类？

4.4　供配电系统三级断路器的配合设置

某住宅单元内由于插座进水，导致该住宅单元所在的整层楼停电。请分析原因并进行改进。

以配电干线系统为主介绍三级供配电

4.4.1　低压配电系统的接线方式

低压配电系统的接线方式可分为放射式、树干式和链式，如图 4-17 所示。

低压配电系统一般采用放射式与树干式相结合的方式，对于单台容量较大的负荷或重要负荷（如水泵房、消防中心等设备），采用放射式供电；对于一般负荷，采用放射式与树干式相结合的供电方式。

4.4.2　低压供配电系统的三级断路器设置

通常，低压供配电系统设置三级断路器，示意图如图 4-18 所示。

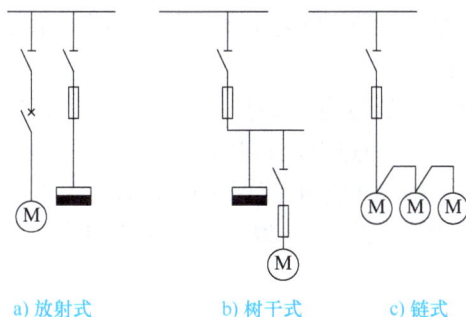

a) 放射式　　　b) 树干式　　　c) 链式

图 4-17　低压配电系统的接线方式

第一级是低压开关柜中某个馈电抽屉内的断路器，第二级是配电线路保护用断路器（如楼层插接式开关箱里的断路器），第三级是末端线路保护用断路器（如住房用户配电箱里的断路器）。

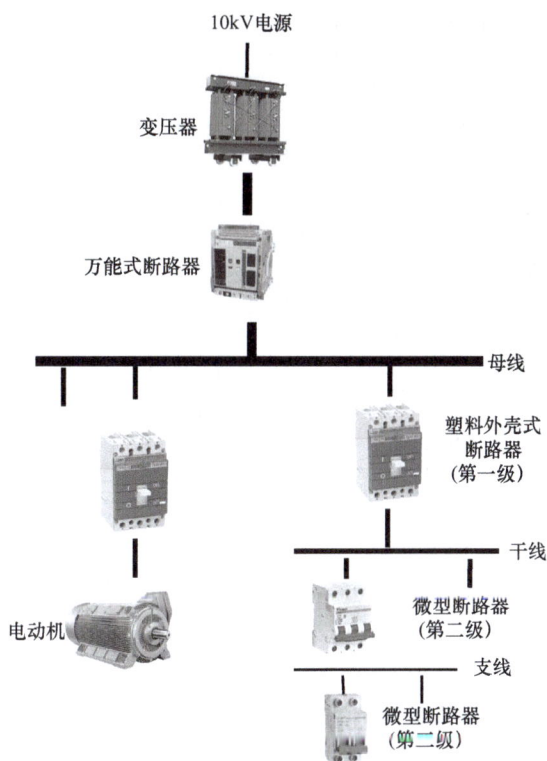

图 4-18　低压供配电系统三级断路器示意图

4.4.3　断路器的保护选择性

1. 保护选择性

在电路中串联的两个或多个断路器动作特性的配合，应使在给定的范围内出现过电流时，指定在这个范围动作的断路器动作，而其他断路器不动作，这就是保护选择性。

按照 GB/T 14048.2—2020《低压开关设备和控制设备 第 2 部分：断路器》标准的规定，选择性可以分成下述两种。

1）全选择性：在两台串联的过电流保护电器的情况下，负载侧的保护电器实行保护时而不导致另一台保护电器动作的过电流选择性保护。

2）局部选择性：在两台串联的过电流保护电器的情况下，负载侧的保护电器在一个给定的过电流值及以下实行保护时而不导致另一台保护电器动作的过电流选择性保护。

2. 过电流保护选择性

上下两级低压断路器之间是否符合选择性配合，宜按其保护特性曲线（见图 4-19）进行检验，并按产品样本给出的保护特性曲线考虑，其偏差范围可为 ±（20% ～ 30%）。若当下一级断路器出口发生三相短路时，在上一级断路器的保护动作时间计入负偏差（即提前动作）而下一级断路器的保护动作时间计入正偏差（即延后动作）的情况下，上一级断路器的动作时间仍大于下一级断路器的动作时间，则说明能实现选择性配合的要求。

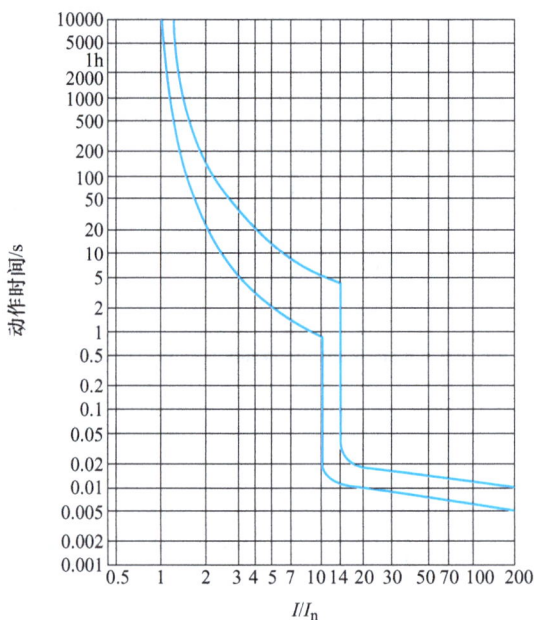

图 4-19　保护特性曲线

断路器按其保护性能可分为选择性断路器和非选择性断路器。只有瞬时动作和过负荷长延时保护的断路器是非选择性断路器，还带有短延时保护的断路器是选择性断路器。选择性断路器的瞬时特性和短延时特性适用于短路保护，长延时特性适用于过电流保护。

断路器按其分断时间长短可分为限流断路器和非限流断路器。限流断路器是指分断时间短到足以使短路电流达到其预期峰值前分断的一种断路器，其原理是当短路故障发生时，触头迅速打开，产生电弧，相当于在线路中串入一个迅速增长的电弧电压，从而限制了故障电流。

断路器的过电流或短路保护选择性与断路器是否为选择性断路器、是否为限流断路器等都有关系。选择性配合通常采用以下两种方法。

（1）电流选择性配合　如图 4-20 所示，如果下一级断路器 DD 选用限流断路器，上一级断路器 UD 选用非限流断路器，则可以实现全选择性保护配合。因为当 F 点发生短路故障时，过电流未达到峰值前，断路器 DD 的触头就已经断开而产生电弧电压降，使短路故障电流比预期小得多，断路器 UD 不脱扣。

如果上、下级断路器都采用非限流断路器，那么，在配电系统设计时，作为总开关的断路器 UD 的额定电流需要比作为分支线路开关的断路器 DD 的额定电流大很多，使得过电流或短路电流在某个值以下，上、下级断路器的过电流保护特性曲线不重叠，从而实现保护选择性，即 DD 断开、UD 不断开。若过电流或短路电流大于某个值时，上、下级断路器的过电流保护特性曲线重叠，则不能实现保护选择性，即 DD 断开、UD 也断开。这种情况下可以利用时间选择性配合。

（2）时间选择性配合　要保证上、下两级断路器之间实现选择性保护，通常上一级断路器采用选择性断路器，下一级断路器采用非选择性断路器或选择性断路器，利用短延时脱扣器的延时动作或延时动作时间的不同来获得选择性。如果下一级断路器也是选择性断路器，那么，为保证选择性，上一级断路器的短延时动作时间至少要比下一级断路器的短延时动作时间长 0.1s。

3. 剩余电流保护选择性

剩余电流保护选择性配合示意图如图 4-21 所示。

（1）剩余电流选择性配合　上一级断路器动作值大于下一级断路器动作值，剩余电流动作值通常为 30mA、100mA、300mA、1000mA、3A 等。

（2）时间选择性配合　三级断路器的剩余电流动作时间分别为瞬时、延时 0.35s 和延时 0.5s。

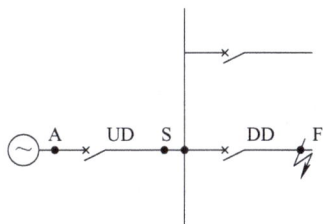

图 4-20　电流选择性配合

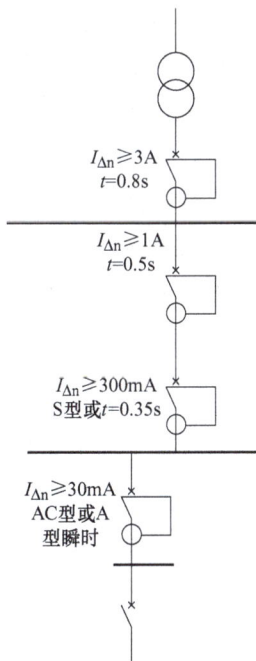

图 4-21　剩余电流保护选择性配合示意图

4.4.4　规范、标准简介

相关规范、标准如下：

① GB 50054—2011《低压配电设计规范》。

② GB 50052—2009《供配电系统设计规范》。

③ GB/T 24350—2009《家用及类似场所用带选择性的过电流保护断路器》。

④ GB/T 14048.2—2020《低压开关设备和控制设备　第 2 部分：断路器》。

GB 50052—2009《供配电系统设计规范》规定：供配电系统应简单可靠，同一电压等级的配电级数高压不宜多于两级、低压不宜多于三级。

GB 50054—2011《低压配电设计规范》规定："配电线路装设的上下级保护电器，其动作特性应具有选择性，且各级之间应能协调配合。非重要负荷的保护电器，可采用部分选择性或无选择性切断"。

根据 GB/T 14048.2—2020 标准中附录 A《断路器与串联在同一电路中的另一台短路保护装置在短路条件下的配合》规定，验证选择性通常用理论计算方法来考虑，即比较断路器与串联在同一电路中的另一台具有人为延时的断路器的动作特性（即过电流保护特征）。因此，目前用户均要求企业提供足够准确的断路器过电流保护特性。这些特性参数均应通过多次试验、测量获得，以确保断路器可靠、有效。

4.4.5　某商住楼供配电系统断路器的配合设置

前面所说的故障就是断路器越级跳闸，即本来该住户内发生短路，该住户配电箱里的断路器跳闸即可，可是由于此住宅楼的楼层插接式配电箱里的断路器与住户末端断路器配合不当，导致事故范围扩大。进行断路器选择性配置，可以避免这个故障。图 4-22 所示为"用电思源"图，是某住宅单元照明用电的溯源图，从楼层配电箱和用户配电箱系统图开始，到竖向配电干线系统图，再到低压配电系统图，一直逆溯到变压器低压侧，连接经过的主要配电箱和断路器形成的图，从中可以看出断路器的选择性配合。

1. 断路器的过电流或短路选择性配合

三级断路器具有良好的保护选择性配合。

首先，在断路器动作时间选择性方面，在每个住户内的断路器选用瞬时脱扣的断路器，楼层的插接式配电箱里选用短延时脱扣器，而低压开关柜馈电柜里选用长延时脱扣器。

位于第二级供电的插接式配电箱中安装的断路器有 0.3s 的脱扣延时，而终端配电箱中的 S250S 断路器则是瞬时脱扣型，这样可保证当某一住户内发生过电流或短路故障时，该住户的断路器跳闸，把事故限定在小范围内。

2. 断路器的漏电保护选择性配合

上面所述的断路器级间配合是指过电流或短路保护的级间配合，而漏电保护同样需要级间配合。

为了保证选择性，上一级断路器的 RCD 整定值应大于下一级 RCD 整定值的 2 倍，工程上取 3 倍；同时上下级 RCD 的动作时限应有 100ms 的级差。

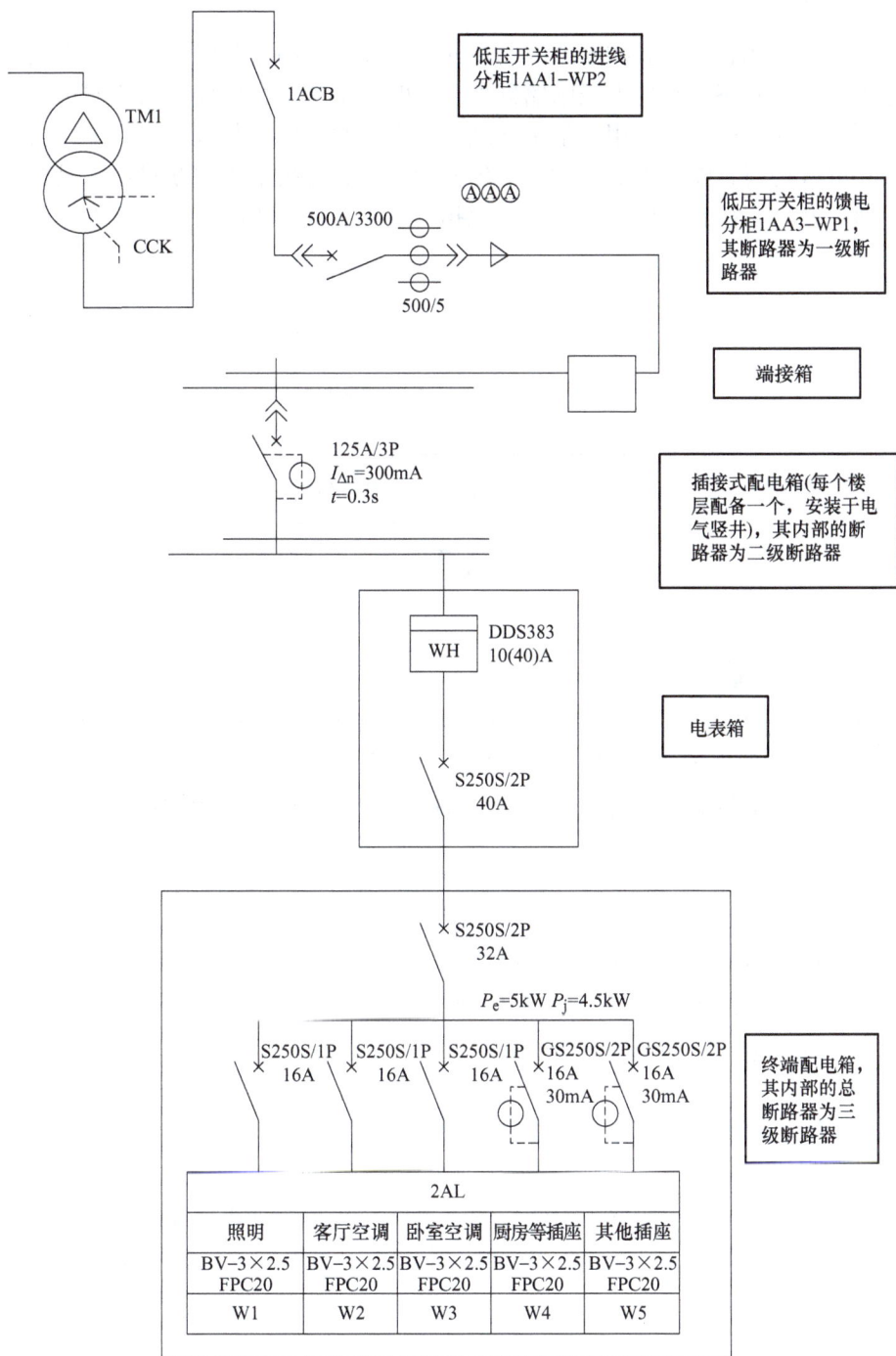

图 4-22 "用电思源" 图

4.4.6 技术发展：保护选择性配合的新方法

1. 逻辑选择（区域连锁）

如果断路器采用智能化脱扣器或控制单元，当发生短路故障时，只有紧靠故障点的断路器处于瞬时保护状态，其他上级断路器处于定时保护状态，可保证断路器选择性动作。

一般采用智能化脱扣器，用一根引导线把所有串联的保护装置连接起来。当检测到故障时，此引导线把每台断路器的定时指令传输给处于其直接上级的断路器，只有处于故障处直接上级的断路器接收不到定时指令才脱扣，逻辑选择（区域联锁）如图 4-23 所示。

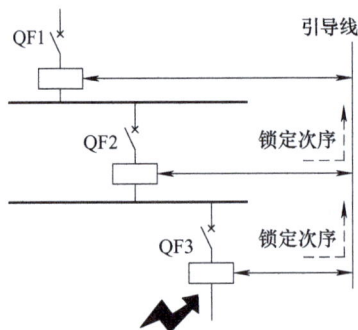

图 4-23 逻辑选择（区域联锁）

2. 能量（动态）选择

能量选择是利用上下级保护电器的 I^2t 特性实现保护选择性配合。当断路器 QF1 和 QF2 检测到大的短路电流时，同时打开触头，限制电流，使短路电流比预期小很多，在 QF2 处相对较大的电弧能量使 QF2 脱扣，在 QF1 处相对较小的电弧能量不足以使其脱扣，从而实现了选择性配合。

◁▷ 习　题 ◁▷

1. 低压配电系统的接线方式有哪些？
2. 怎样保证过电流时断路器的选择性跳闸？
3. 怎样保证漏电时断路器的选择性跳闸？

4.5 供配电线路的结构、敷设及连接

供配电线路可分为架空线路、电缆线路、绝缘导线和铜排铝排线路等。绝缘导线通常用在室内单相供电线路中，已在 3.3 节学习，本节学习另外三种供配电线路。

4.5.1 架空线路

1. 架空线路的结构和敷设

图 4-24 所示为架空线路的结构和敷设方式。

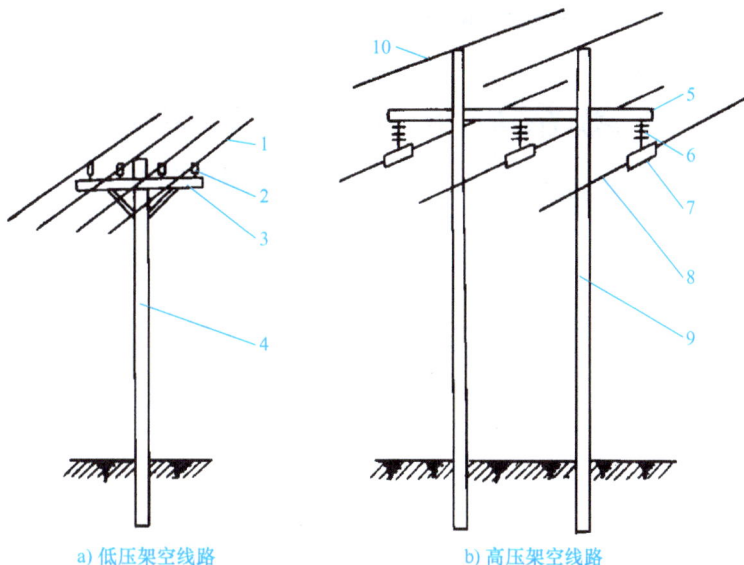

a) 低压架空线路　　　　b) 高压架空线路

图 4-24　架空线路的结构和敷设方式

1—低压导线　2—针式绝缘子　3、5—横担　4—低压电杆
6—高压悬式绝缘子串　7—线夹　8—高压导线　9—高压电杆　10—避雷线

GB 50061—2010《66kV 及以下架空电力线路设计规范》中对导线、地线、绝缘子和金具等做了规定。例如，架空电力线路的导线可采用钢芯铝绞线或铝绞线，地线可采用镀锌钢绞线。在沿海和其他对导线腐蚀比较严重的地区，可使用耐腐蚀、增容导线。有条件的地区可采用节能金具。市区 10kV 及以下架空电力线路遇下列情况可采用绝缘铝导线。

1）线路走廊狭窄，与建筑物之间的距离不能满足安全要求的地段。

2）高层建筑邻近地段。

3）繁华街道或人口密集地区。

4）游览区和绿化区。

5）空气严重污秽地段。

6）建筑施工现场。

关于杆塔型式，架空电力线路不同电压等级线路共架的多回路杆塔，应采用高压在上、低压在下的布置型式。山区架空电力线路应采用全方位高低腿的杆塔。

35～66kV 架空电力线路单回路杆塔的导线可采用三角排列或水平排列，多回路杆塔可采用鼓形、伞形或双三角形排列；3～10kV 单回路杆塔的导线可采用三角排列或水平排列，多回路杆塔的导线可采用三角和水平混合排列或垂直排列；3kV 以下杆塔的导线可采用水平排列或垂直排列。

在 110～750kV 架空输电线路中，交流 110～550kV 使用单回、同塔双回及同塔多回输电线路设计，交流 750kV 使用单回输电线路设计。

2. 架空线路导线的连接方法

架空线路导线的连接方法通常有绑接法、叉接法和压接法三种，如图 4-25 所示。

1）绑接法：通常用于铝绞线、铜绞线的连接，较大截面积的导线使用线夹连接。

a) 绑接法

b) 叉接法

c) 压接法

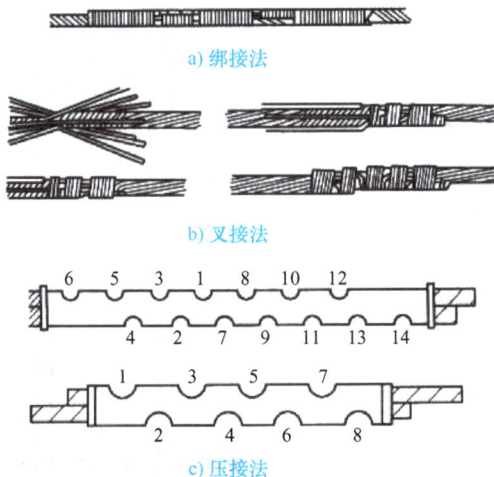

图 4-25　架空线路导线的连接方法

2）叉接法：铜绞线和导线截面积在 35mm² 及以下的铝绞线多采用叉接法连接，这种接法的导线连接长度一般为 200 ～ 300mm。

3）压接法：由于铝极易氧化，且氧化膜的电阻很高，因此铝导线一般应采用压接法。

4.5.2　电缆线路

1. 电缆的结构

电缆的结构如图 4-26 所示。

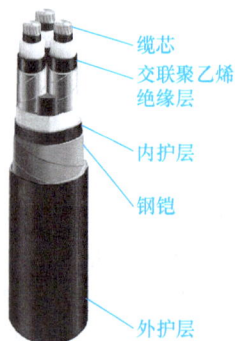

缆芯
交联聚乙烯绝缘层
内护层
钢铠
外护层

图 4-26　电缆的结构

2. 电缆的敷设方式

电缆的敷设方式可分为直接埋地敷设、电缆沟内敷设、电缆桥架敷设三种，如图 4-27 所示。

直埋电缆必须采用铠装电缆，埋深不小于 0.7m，沟深不小于 0.8m，电缆的上下各有 10cm 厚的沙子（或过筛土），上面还要盖砖或混凝土盖板。直埋电缆一般限于 6 根以内。

地面上在电缆拐弯处或进建筑物处要埋设方向桩，以备日后施工时参考。

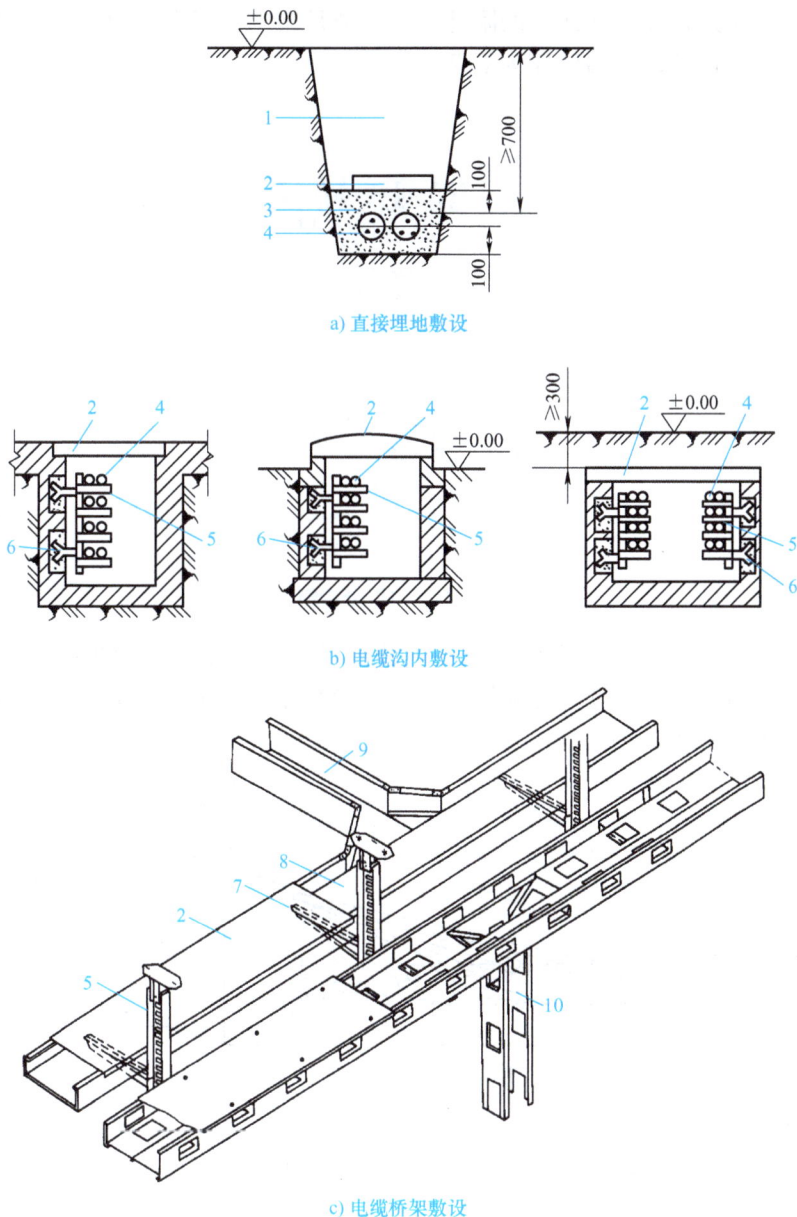

a) 直接埋地敷设

b) 电缆沟内敷设

c) 电缆桥架敷设

图 4-27　电缆的敷设方式

1—填土　2—盖板　3—砂　4—电缆　5—电缆支架　6—预埋件
7—支臂　8—线槽　9—水平分支线槽　10—垂直分支线槽

电缆敷设有一系列要求：电缆与其他管道之间的最小距离、电缆支架间固定点的最大距离、电缆在隧道或电缆沟内敷设时的净距最小值、电缆预留长度等。

3. 电缆的连接方式

电缆的连接方式主要有如下三种。

（1）电缆分接箱　电缆分接箱（见图 4-28）是一种用来对电缆线路实施分接、分支、接续和转换电路的设备。电缆分接箱按其电气构成分为两大类：一类不含开关设备，箱体内仅有对电缆端头进行处理和连接的附件;另一类是箱内不但有普通分接箱的附件,还含有一个或多个开关设备,其结构较为复杂。

图 4-28　电缆分接箱

(2)预分支电缆　预分支电缆就是在电缆要求的部位设置电缆 T 接头。预分支电缆由电缆本体(干线和分支线)、绝缘分支接头、绝缘吊头(末端装置)和安装附件组成。预分支电缆接头如图 4-29 所示。

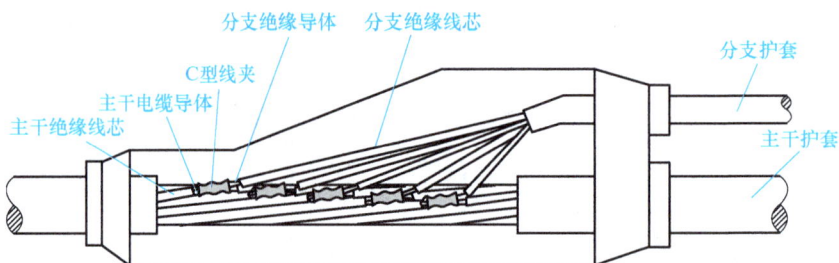

图 4-29　预分支电缆接头

预分支电缆主干电缆导体无接头,连续性好,减少了故障点。分支接头由工厂制作,大大降低了人为因素造成质量不良的可能性,分支接头接触电阻极小,不受热胀冷缩影响。

预分支电缆的优点:安装环境要求低,施工方便快捷,占用建筑面积较小,使用环境和安装精度要求较低;具备优良的抗振性、气密性、防水性和耐火性,在通过建筑物沉降缝时不需要采取任何措施;分支接头采用特殊配方的聚氯乙烯与电缆护套紧密黏接,保证了接头良好的气密性和防火性,使电缆能在潮湿的环境中正常供电。NH 型预分支电缆在燃烧情况下可保持 90min 正常供电时间。

预分支电缆的局限性:主干电缆允许长度有限,限制了使用范围;干线容量有限,通常预分支电缆的最大允许电流远小于母线槽的最大允许电流;预分支电缆只适用于各分支电气负荷比较稳定的场所,一旦施工完毕,各分支的容量都将无法增加。图 4-30 所示为预分支电缆的安装。

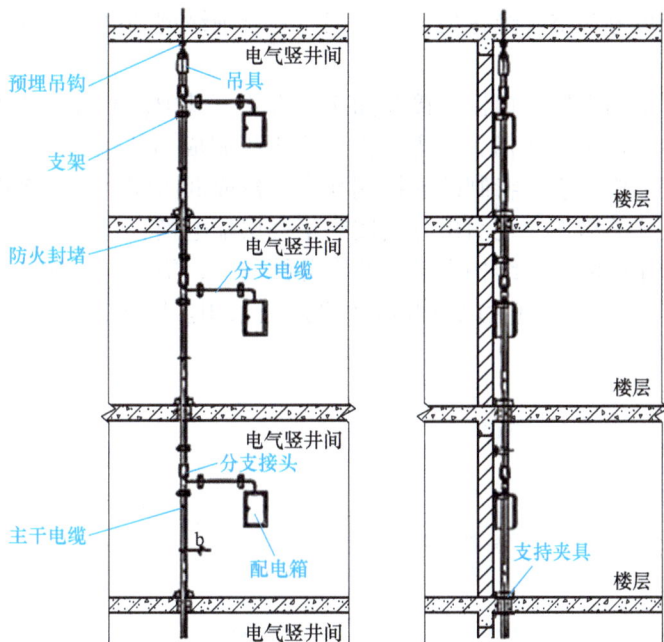

图 4-30　预分支电缆的安装

（3）绝缘穿刺线夹技术　绝缘穿刺线夹（见图 4-31）有以下优点：不需要截断主电缆，不需要割开电缆内外的护套层和绝缘层，不破坏电缆的机械性能和电气性能便可在电缆的任意位置做分支，还可拆卸；绝缘穿刺线夹与主干、分支电缆的电气接触电阻小，可耐受较大的电流冲击，接头发热较少；线夹壳体绝缘强度高，并可防水、防腐蚀、抗机械拉力、耐扭曲，其抗拉强度接近电缆；由于绝缘穿刺线夹采用镀锌铜合金制造，接头处无电化腐蚀，适用于铜铝电缆过渡；由于主干、分支电缆均采用传统电缆，仅分支处采用绝缘穿刺线夹技术，因此性价比高。

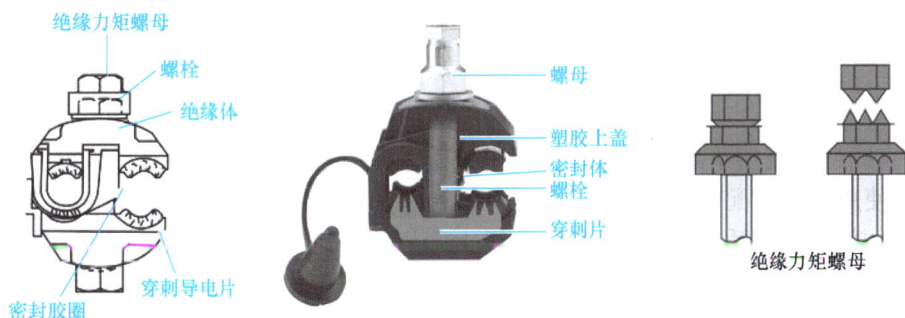

图 4-31　绝缘穿刺线夹

4.5.3　铜排铝排线路及母线槽

铜排铝排线路广泛应用于变压器低压母线、低压开关柜母线、配电干线和接地排等。母线通常封闭安装在母线槽中。母线槽的种类有三相三线制、三相四线制、三相五线制等；按绝缘方式分可分为空气绝缘型、密集型、复合绝缘型和高强型等，额定工作电流为250～5000A 不等。

母线的连接可采用焊接、螺栓连接和插接等方式。其中，插接式使用越来越多，采用插接式的母线槽称为插接母线槽，其主要由优质钢板制成的外壳、导电铜（铝）排、绝缘材料及有关附件等组成。它用特制的插接端与变压器或低压配电柜直接插接，母线槽可以通过插接头或插接开关箱方便地引出分支回路至楼层配电箱。封闭母线与传统的电缆配电方式相比，具有传输电流大、结构紧凑、便于分接配电、绝缘强度和动稳定性能较高、使用寿命长等优点，在高层建筑大电流配电中已广泛采用。图 4-32 所示为封闭式母线槽系统的构成单元。

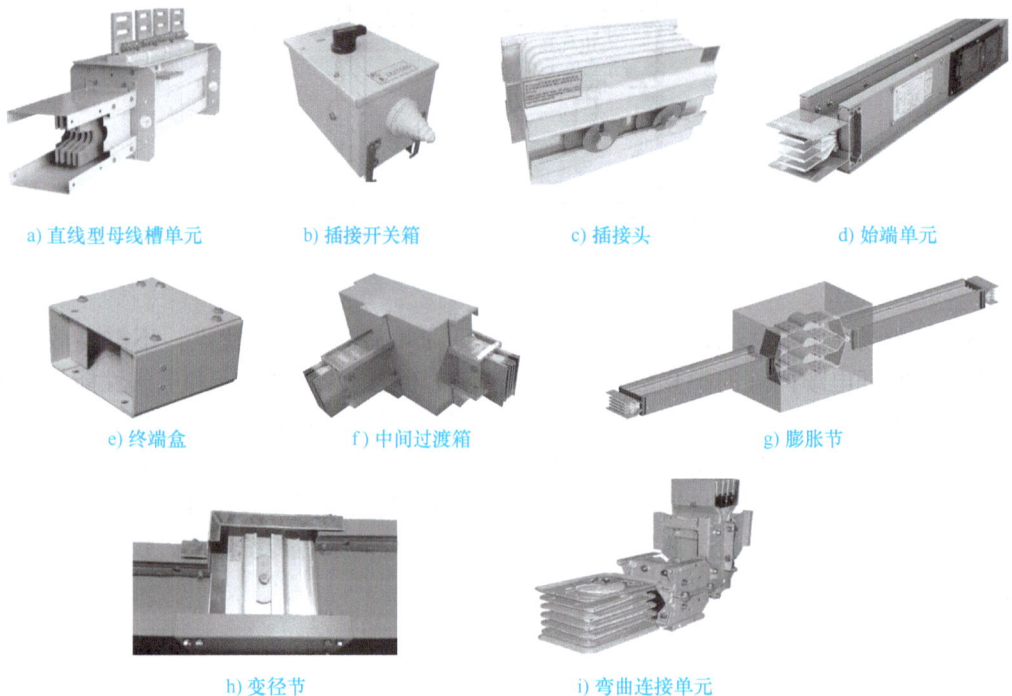

a) 直线型母线槽单元　　b) 插接开关箱　　c) 插接头　　d) 始端单元

e) 终端盒　　f) 中间过渡箱　　g) 膨胀节

h) 变径节　　i) 弯曲连接单元

图 4-32　封闭式母线槽系统的构成单元

1）直线型母线槽单元用于延长供配电线路，带分接装置的封闭式母线槽可与插接开关箱配套使用，以分配电力负荷。

2）插接开关箱插接在封闭式母线槽上，以引出电源馈线，插接开关箱内装有断路器。

3）始端单元与始端进线箱配套组成母线槽与电缆的连接部件，始端母线槽单元也可与变压器或配电柜连接。

4）终端盒用于封闭式母线槽的终止端。

5）膨胀节是一种连接母线槽的管道设备，可以解决由于温度变化和系统安装误差等因素引起的母线槽伸缩问题。

6）变径节用于同一系统中不同额定电流单元的连接，以使整个母线槽系统供电更加经济合理。

7）弯曲连接单元有 L 形、T 形、Z 形、十字形等，用于水平、垂直供配电的连接和改变走向，可灵活地将母线槽系统连接起来。

4.5.4　规范、标准简介

相关规范、标准如下：

① GB/T 7251.6—2015《低压成套开关设备和控制设备 第 6 部分：母线干线系统（母线槽）》。

② GB/T 1179—2017《圆线同心绞架空导线》。

③ GB 51302—2018《架空绝缘配电线路设计标准》。

④ GB 50061—2010《66kV 及以下架空电力线路设计规范》。

⑤ GB 50545—2010《110kV ～ 750kV 架空输电线路设计规范》。

⑥ GB 50665—2011《1000kV 架空输电线路设计规范》。

⑦ GB 50790—2013《±800kV 直流架空输电线路设计规范》（2019 年版）。

⑧ GB 50233—2014《110kV ～ 750kV 架空输电线路施工及验收规范》。

⑨ GB 50173—2014《电气装置安装工程 66kV 及以下架空电力线路施工及验收规范》。

⑩ DL/T 741—2019《架空输电线路运行规程》。

⑪ GB/T 12706.1—2020《额定电压 1kV（Um=1.2kV）到 35kV（Um=40.5kV）挤包绝缘电力电缆及附件 第 1 部分：额定电压 1kV（Um=1.2kV）和 3 kV（Um=3.6kV）电缆》。

⑫ GB/T 12706.2—2020《额定电压 1kV（Um=1.2kV）到 35 kV（Um=40.5kV）挤包绝缘电力电缆及附件 第 2 部分：额定电压 6kV（Um=7.2kV）到 30kV（Um=36kV）电缆》。

⑬ GB/T 12706.3—2020《额定电压 1kV（Um=1.2kV）到 35kV（Um=40.5kV）挤包绝缘电力电缆及附件 第 3 部分：额定电压 35kV（Um=40.5kV）电缆》。

⑭ GB/T 12706.4—2020《额定电压 1kV（Um=1.2kV）到 35kV（Um=40.5kV）挤包绝缘电力电缆及附件 第 4 部分：额定电压 6kV（Um=7.2kV）到 35kV（Um=40.5kV）电力电缆附件试验要求》。

DL/T 741—2019《架空输电线路运行规程》规定了架空输电线路运行工作的基本要求和运行标准，对输电线路巡视、检测、维修、技术资料管理等提出了具体要求，并对输电线路特殊区段、保护区的维护和线路的环境保护提出了明确规定。本标准适用于交流110（66）kV 及以上、直流 ±400kV 及以上架空输电线路（含接地极线路）。35kV 架空线路及其他架空输电线路可参照采用。随着直升机巡视、无人机巡视输电线路的推广应用，增加了智能巡检的相关内容。

4.5.5　某商住楼供配电线路的敷设和连接

本小节从 10kV 电源开始说明某商住楼供配电线路的敷设和连接。

该商住楼 10kV 电源来自临近的配电室环网柜，10kV 电缆经电缆沟敷设进入该商住楼高低压配电室的环网柜进线分柜，然后从该环网柜的两个出线柜分别供电给两台变压器，其间地面上的电缆穿钢管敷设。

两台变压器的低压母线采用架空的空气绝缘型铜排母线，柴油发电机组的供电也采用架空的空气绝缘型铜排母线，均为三相四线制。这三根母线分别称为正常母线Ⅰ段、正常母线Ⅱ段和应急母线段。三段母线分别经过各自的主开关进入低压开关柜进线柜，水平布置在低压开关柜内的上部，形成三段水平母线。然后各个出线分柜通过垂直母线取得电力，垂直母线和水平母线采用螺栓连接。

该低压开关柜为抽出式，出线分柜中的各个抽屉用插接的方式连接垂直母线，供应电力给抽屉中的断路器，断路器的进线采用铜排，出线也用铜排，不过在抽屉后端通过电缆头转换成电缆，然后经过电缆桥架进入电气竖井。

电气竖井中的配电干线为铜排，采用沿墙敷设干线槽的方式。干线槽沿电气竖井向上，首先到达端接箱，这里一个端接箱给 8 个楼层配电箱供电。端接箱的出线也采用铜排，当铜排向上到达某个楼层时，利用插接的方式给各个楼层供电。以楼层供电来说，一个楼层设置一个插接箱，每个楼层的插接箱采用电缆给每层的 12 户住宅电表箱供电。插接箱的安装如图 4-33 所示。

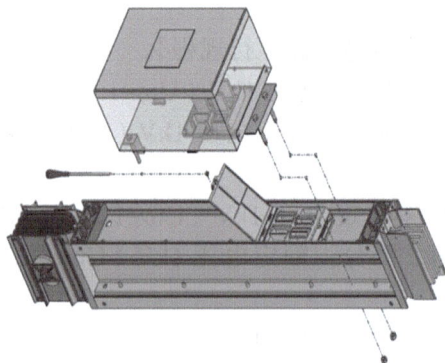

图 4-33　插接箱的安装

4.5.6　技术发展：电力电缆技术的发展

电力电缆广泛应用于城市电网中，经历了从充油电缆（OF 电缆）、钢管电缆到交联聚乙烯电缆（XLPE 电缆）的发展过程。XLPE 电缆与其他电缆相比，有不需要供油和供气设备、防火性能好、安装维护简单等优良性能，应用越来越广泛。

发展电力电缆新技术，提高城市电网的可靠性和安全性，降低运行成本，是今后的发展趋势。

1）XLPE 电缆与充油电缆相比，有很多优点，如开发和敷设电压等级高、运行更可靠。使更新换代的充油电缆 XLPE 电缆化已成定局。研究特高压电缆及附件、特高压直流 XLPE 电缆关键技术是今后的发展趋势。

2）电缆接头和终端附件会逐渐朝着小型化、安全环保化、安装简单化方向发展。另外，对于不能马上进行全线更换的充油电缆，开发可行的充油电缆和 XLPE 电缆的异种接头是有效的更新换代方法。

3）高温超导电缆可降低线路损耗，提高电流密度，有重要的研究价值。提高超导体临界温度是研究的关键。

4）电缆检测技术不断更新，其中，损耗电流法、残留电荷法、振荡波局放测试系统等逐渐得到认可。此外，氧化特征法、取样法等与电缆老化相关的基础研究也有了进一步研究的价值。

5）电缆状态监测技术主要以监测局部放电、接地电流及分布式光纤测温为主，以井盖、有害气体、水位等监测为辅，另外配合超声、红外热成像技术检测电缆终端。今后还需充分利用现代化通信和计算机技术开发更先进的状态监测系统。

◀▶ 习　题 ◀▶

1. 供配电线路有哪些种类？
2. 简述架空线路的主要构成。
3. 电缆的结构包括哪些部分？
4. 电缆的敷设方式有哪些？
5. 什么是预分支电缆方式？
6. 什么是绝缘穿刺线夹方式？
7. 母线槽的种类有哪些？

4.6　线缆的选择计算

本节学习导线和电缆的选择和计算。

4.6.1　导线和电缆截面积的选择和校验原则

导线和电缆截面积的选择方法有三种，分别为按发热条件选择、按允许电压损耗选择、按经济电流密度选择，分别适用于不同的场合。

1）按发热条件选择：一般 10kV 以下高压线路和低压动力线路，先按发热条件选择导线和电缆截面积，再校验电压损耗和机械强度。

2）按允许电压损耗选择：首先，按照允许电压损耗选择，再校验电压损耗条件和机械强度。早期低压照明线路多用此法，对视觉要求较高的照明线路，允许电压损耗为 2% ～ 3%。

3）按经济电流密度选择：对于 35kV 以上的高压线路和 35kV 以下的长距离、大电流线路，先按经济电流密度选择，再校验其他。

1. 按发热条件选择导线或电缆截面积

（1）相线截面积的选择　首先，按发热条件选择，使流过导线的计算电流小于或等于所选导线允许的载流量，即

$$I_a \geqslant I_j \tag{4-36}$$

式中，I_a 为导线允许载流量，单位为 A；I_j 为计算电流，单位为 A。导线允许载流量 I_a 可以从附录 E 中查到。

其次，校验电压损耗。关于线路的电压损耗允许值，高压配电线路的电压损耗通常不超过线路额定电压的 5%，变压器低压侧母线到用电设备低压配电线路的电压损耗通常不超过用电设备额定电压的 5%；

工程上，为计算方便，一般使用有功功率和无功功率计算电压损耗，其计算公式为

$$\Delta U(\%) = \frac{PR+QX}{U_N^2} \times 100\% \tag{4-37}$$

$$R = r_0 l, \quad X = x_0 l$$

式中，r_0 为导线的单位长度电阻，单位为 Ω/km；x_0 为导线的单位长度电抗，单位为 Ω/km。

室内明敷及穿钢管的铝、铜芯绝缘导线的电阻和电抗见表 4-6。

表 4-6　室内明敷及穿钢管的铝、铜芯绝缘导线的电阻和电抗

导线截面积 /mm²	铝芯绝缘导线			铜芯绝缘导线		
	电阻 r_0 /（Ω/km）（65℃）	电抗 x_0/（Ω/km）		电阻 r_0 /（Ω/km）（65℃）	电抗 x_0/（Ω/km）	
		明敷间距 100mm	穿钢管		明敷间距 100mm	穿钢管
1.5	24.39	0.342	0.14	14.48	0.342	0.14
2.5	14.63	0.327	0.13	8.69	0.327	0.13
4	9.15	0.312	0.12	5.34	0.312	0.12
6	6.10	0.300	0.11	3.62	0.300	0.11
10	3.66	0.280	0.11	2.19	0.280	0.11
16	2.29	0.265	0.10	1.37	0.265	0.10
25	1.48	0.251	0.10	0.88	0.251	0.10
35	1.06	0.241	0.10	0.63	0.241	0.10
50	0.75	0.229	0.09	0.44	0.229	0.09
70	0.53	0.219	0.09	0.32	0.219	0.09
95	0.39	0.206	0.09	0.23	0.206	0.09
120	0.31	0.199	0.08	0.19	0.199	0.08
150	0.25	0.191	0.08	0.15	0.191	0.08
185	0.20	0.184	0.07	0.13	0.184	0.07

最后，校验机械强度。所选导线截面积大于标准规范中规定的最小允许截面积，即可认为满足机械强度的要求。

（2）中性（N）线截面积的选择　一般情况下，中性线截面积应不小于相线截面积的一半。

变压器低压侧配出线路、照明配电干线的中性线截面积应等于相线截面积。

采用晶闸管调光的三相四线或两相三线配电线路，其中性线的截面积不应小于相线截面积的 2 倍。

（3）保护（PE）线、保护中性（PEN）线截面积的选择　保护线的截面积不应小于

相线截面积的一半。考虑到短路热稳定的要求，当相线截面积小于 $16mm^2$ 时，保护线应与相线同截面积。保护中性线截面积取保护线和中性线要求的最大值。

2. 按允许电压损耗选择导线和电缆截面积

允许电压损耗的计算公式为

$$\Delta U\% = \frac{\Sigma PL}{CA} = \frac{\Sigma M}{CA} \tag{4-38}$$

由此可推出

$$A = \frac{PL}{C\Delta U\%} = \frac{M}{C\Delta U\%} \tag{4-39}$$

式中，A 为导线或电缆的截面积，单位为 mm^2；P 为负荷的功率（单相或三相），单位为 kW；L 为线路的长度（单程距离），单位为 m；$\Delta U\%$ 为允许电压损耗；M 为负荷矩，单位为 kWm；C 为电压损耗计算系数，查表 4-7 可得。

表 4-7　线电压损耗计算系数 C 值

线路额定电压 /V	线路系统	C 值							
		35/50		30/50		25/50		20/50	
		铜	铝	铜	铝	铜	铝	铜	铝
380/220	三相四线	70.1	41.59	72	44.5	77	46.2	83	50
380/220	两相三线	30.14	18.48	32	19.8	34	20.5	37	22
220	单相及直流	11.74	6.97	12.1	7.45	12.8	7.75	14	8.3

3. 按经济电流密度选择导线和电缆截面积

从全面的经济效益考虑，既使线路的年运行费用接近最低，又适当考虑节约有色金属的导线截面积，称为经济截面积。年费用与导线截面积的关系如图 4-34 所示。

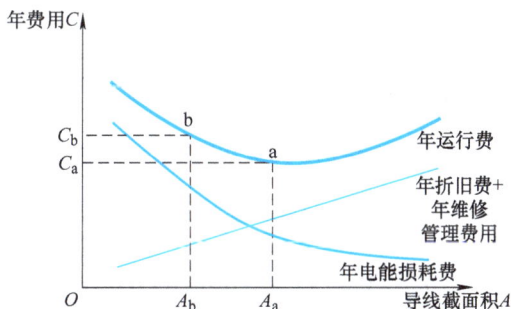

图 4-34　年费用与导线截面积的关系

计算经济截面积 A_{ec} 的公式为

$$A_{ec} = \frac{I_{30}}{j_{ec}} \tag{4-40}$$

式中，I_{30} 为计算电流，j_{ec} 为经济电流密度。然后根据计算值 A_{ec} 可选取最接近的标准截面积（可取比计算值小的）。

4.6.2　规范、标准简介

相关规范、标准如下：

① GB 50217—2018《电力工程电缆设计标准》。

② JB/T 10181.31—2014《电缆载流量计算 第31部分：运行条件相关 基准运行条件和电缆选型》。

③ DL/T 1721—2017《电力电缆线路沿线土壤热阻系数测量方法》。

上海电缆研究所等单位起草的 JB/T 10181.31—2014《电缆载流量计算 第31部分：运行条件相关 基准运行条件和电缆选型》是国内计算导线电缆载流量的基础标准，广泛应用于电缆设计、敷设和安装部门，等同采用 IEC 60287-3-1 标准，该标准也是基于热路模型的电缆稳态载流量计算方法。中国电力科学研究院有限公司等单位起草的 DL/T 1721—2017《电力电缆线路沿线土壤热阻系数测量方法》，规定了采用热线法现场测量直埋电缆线路周围土壤热阻系数的方法，适用于各种埋地敷设电缆线路，包括直埋、穿管及电缆沟回填等敷设方式下的电缆线路周围均匀回填材料的热阻系数测量。

4.6.3　不同场合导线和电缆的选择计算

例 4-1　某住宅楼车库送排风电源配电箱距变电室 50m，计算负荷为 21kW，电压为 380V，功率因数 $\cos\varphi$=0.85，环境温度为 35℃，试选择导线。

解： 1）按发热条件选择。

由

$$I_{\mathrm{j}} = \frac{P_{\mathrm{j}}}{\sqrt{3}U_{\mathrm{N}}\cos\varphi} = \frac{21000}{\sqrt{3}\times380\times0.85}\mathrm{A} = 37.5\mathrm{A}$$

查附录 E，按每管 4 线，可选择 10mm² 的铜芯绝缘线，其载流量为

$$I_{\mathrm{a}} = 42\mathrm{A} > I_{\mathrm{N}} = 37.5\mathrm{A}$$

即选择相线截面积为 10mm² 的 BV 型导线。

2）校验电压损耗。

由 P_{N}=21000W、$\cos\varphi$=0.85 得

$$Q_{\mathrm{N}} = P_{\mathrm{N}}\tan\varphi = 21000\times0.62\mathrm{var} = 13020\mathrm{var}$$

查表 4-6 得 16mm² 铜线的 r_0=1.37Ω/km，x_0=0.1Ω/km，由 $\Delta U\% = \dfrac{PR+QX}{U_{\mathrm{N}}^2}\times100\%$

得

$$\Delta U\% = \frac{21000\times0.05\times1.37 + 13020\times0.05\times0.1}{380^2}\times100\%$$
$$= 1.04\% < 5\%$$

满足电压损耗条件。

3）根据 N 线和 PE 线的选择原则，选 N 线和 PE 线的截面积大于相线截面积的一半，即 10mm²。由此确定导线为 BV-(3×16+2×10)-SC50。

例 4-2　某 220/380V 线路，线路全长 75m，采用 BLX-500-(3×25+1×16) 橡皮绝缘导线明敷，在距线路首端 50m 处接有 7kW 的电阻性负荷，在末端接有 28kW 的电阻性负

荷，试计算全线路的电压损耗百分值。

解：查表 4-7 可知 C=46.2，而 ΣM = 7kW×50m+28kW×75m=2450kWm，因此

$$\Delta U\% = \frac{\Sigma M}{CA}\% = \frac{2450}{(46.2\times25)}\% = 2.12\%$$

例 4-3 有一条用 LGJ 型钢芯铝绞线架设的 5km 长的 35kV 架空线路，计算负荷为 2500kW，$\cos\varphi$=0.7，$T_{\max}$=4800h。参照表 4-8～表 4-10，选择其经济截面积，并校验其发热条件（环境温度为 40℃）和机械强度。

表 4-8 导线和电缆的经济电流密度 j_{ec} （单位为 A/mm²）

线路类型	导线材质	年最大有功负荷利用小时		
		3000h 以下	3000～5000h	5000h 以上
架空线路	铜	3.00	2.25	1.75
	铝	1.65	1.15	0.90
电缆线路	铜	2.50	2.25	2.00
	铝	1.92	1.73	1.54

表 4-9 架空裸导线的最小允许截面积

线路类别		最小允许截面积 /mm²		
		铝及铝合金线	钢芯铝绞线	铜绞线
35kV 及以上		35	35	35
3～10kV 线路	居民区	65	25	25
	非居民区	25	16	16
低压线路	一般	16	16	16
	与铁路交叉跨越	35	16	16

表 4-10 LJ 型铝绞线和 LGJ 型钢芯铝绞线的允许载流量 （单位为 A）

导线截面 /mm²	LJ 型铝绞线				LGJ 型钢芯铝绞线			
	环境温度				环境温度			
	25℃	30℃	35℃	40℃	25℃	30℃	35℃	40℃
10	75	70	66	61	—	—	—	—
16	105	99	92	85	105	98	92	85
25	135	127	119	109	165	127	119	109
35	170	160	150	138	170	159	149	137
50	215	202	189	174	220	207	193	178

（续）

导线截面 /mm²	LJ 型铝绞线				LGJ 型钢芯铝绞线			
	环境温度				环境温度			
	25℃	30℃	35℃	40℃	25℃	30℃	35℃	40℃
70	265	249	233	215	275	259	228	222
95	325	305	286	247	335	315	295	272
120	375	352	330	304	380	357	335	307
150	440	414	387	356	445	418	391	360
185	500	470	440	405	515	484	453	416
240	610	574	536	494	610	574	536	494
300	680	640	597	550	700	658	615	566

解：1）选择经济截面积。

计算电流　　　　$I_{30}=\dfrac{P_{30}}{\sqrt{3}U_{N}\cos\varphi}=\dfrac{2500}{\sqrt{3}\times35\times0.7}\text{A}=58.9\text{A}$

由表 4-8 查得 j_{ec}=1.15A/mm²，得

$$A_{ec}=\frac{I_{30}}{j_{ec}}=\frac{58.9}{1.15}\text{mm}^{2}=51.2\text{mm}^{2}$$

选择标准截面积 50mm²，即选择 LGJ-50 型钢芯铝绞线。

2）校验发热条件。查表 4-10 得 LGJ-50 的允许载流量 I_{al}=178A>I_{30}=58.9A，满足发热条件。

3）校验机械强度。查表 4-9 得 35kV 架空钢芯铝绞线的最小截面积 A_{min}=35mm²，因为 50mm²>35mm²，所以满足机械强度要求。

4.6.4　技术发展：电力电缆载流量和温升的计算方法

电缆载流量计算就是在给定导体温度下求解允许运行的负载电流，反之，即在给定电流负载条件下求解导体温度，确保电缆在实际运行中的最高工作温度不超过绝缘材料的长期耐受温度上限。

应用于电力电缆载流量和温升计算的方法包括基于热路模型的解析法（热路法）、数值分析法、试验法和在线监测法等。典型的数值分析法包括有限元分析（Finite Element Analysis，FEA）、有限差分法（Finite Difference Method，FDM）、有限体积法（Finite Volume Method，FVM）、无网格迦辽金法（Element-Free Galerkin Method，EFGM）等，其中有限元分析凭以其节点划分不受局限、可求解复杂边界与结构、能够分析非线性问题等优势在数值计算领域占据了主导地位。试验法主要用于对解析法或数值分析法构建的载流量和温度场模型的正确性及相关热阻参数进行验证。

◀ 习　题 ▶

1. 导线截面积的选择方法有哪三种？

2. 导线截面积的三种选择方法分别用于什么线缆？

3. 什么是按照经济电流选择导线？

4. 某住宅楼汽车库送排风电源配电箱距离变电室 100m，计算负荷为 21kW，电压为 380V，功率因数 $\cos\varphi=0.85$，环境温度为 35℃，试选择导线。

5. 某 220/380V 线路全长 75m，采用 BLX-500-(3×25+1×16) 橡皮绝缘导线明敷，在距线路首端 50m 处接有 7kW 的电阻性负荷，在末端接有 28kW 的电阻性负荷，试计算 50m 处线路的电压损耗百分值。

6. 某照明线路在距离线路首端 50m 处接有 8kW 的照明负荷，在线路末端（全长 75m）接有 15kW 的照明负荷，负荷功率因数接近 1。要求线路电压损耗小于 5%，采用 TN-S 线路明敷，试选择导线。

7. 某楼宇 380V 线路上有 10 台电动机，共 80kW，2 台电阻炉，各 5kW，其计算电流为 $I_{30}=36A$，采用 BV 线穿钢管敷设，采用 TN-S 制，环境温度为 40℃。试选择相线、N 线、PE 线及穿钢管直径。

8. 有一条用 LGJ 型钢芯铝绞线架设的 5km 长的 35kV 架空线路，计算负荷为 2500kW，$\cos\varphi=0.7$，$T_{max}=2800h$。试选择其经济截面积，并校验其发热条件（环境温度为 40℃）和机械强度。

4.7　配电箱和配电柜的安装

某办公室需要安装动力配电箱，为办公室内两台大功率空调供电。下面学习安装施工方法。

4.7.1　配电箱（柜）的种类和型号

配电箱（柜）是连接电源与用电设备的中间装置，除了可分配电能外，还具有对用电设备进行控制、测量、指示和保护等功能。

配电箱（柜）是将测量仪器和控制、保护、信号等器件按一定规律安装在专业的箱或柜内，便于检测和使用。

配电箱通常是一个小型的电源分配箱，结构比较简单，多用于终端电源分配。配电柜体积较大，配电容量较大，一般用作配电箱的上一级配电设备。

1. 配电箱（柜）的种类

配电箱（柜）的分类方法较多，按照电压的高低可分为高压开关柜、低压开关柜，低压开关柜由进线柜、出线柜、计量柜、电容补偿柜等功能分柜构成；按照用途分为动力配电箱（柜）和照明配电箱（柜）；按照接线方式可分为端接箱（柜）、插接箱（柜）等。

2. 动力配电箱（柜）的型号

这里以 XL 型动力配电柜为例进行介绍。XL 型动力配电柜又称为箱力（XL）系列动力配电柜，是出现较早、应用广泛的动力配电柜，其型号如图 4-35 所示。

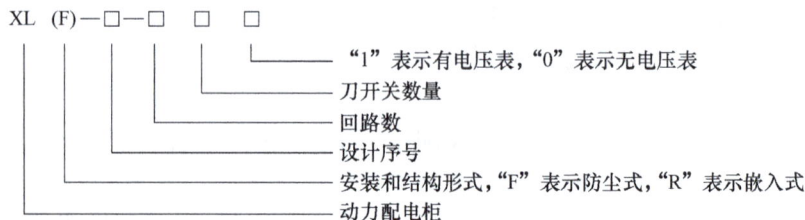

图 4-35　XL 型动力配电柜的型号

在平面图、系统图中，动力配电箱（柜）的文字符号常用 AP 表示，照明配电箱（柜）的文字符号常用 AL 表示。

4.7.2　规范、标准简介

相关规范、标准如下：

① GB 50171—2012《电气装置安装工程　盘、柜及二次回路接线施工及验收规范》。

② GB/T 7251.1—2023《低压成套开关设备和控制设备　第 1 部分：总则》。

GB 50171—2012《电气装置安装工程　盘、柜及二次回路接线施工及验收规范》对柜体的安装尺寸偏差有要求，对电气回路的电气间隙和爬电距离有要求。

4.7.3　配电箱的安装、接线及测试

1. 暗装（嵌入式）

在 240mm 厚的墙上安装配电箱时，配电箱嵌入墙内不得小于 200mm，在主体工程完成后，配电箱箱体后壁需用 10mm 厚的石棉板或钢丝直径为 2mm、孔洞为 10mm×10mm 的钢丝网钉牢，再用 1：2 水泥砂浆抹好，以防墙面开裂，如图 4-36a 所示。

2. 挂壁明装

根据进出电缆导线的方向及桥架的规格，在配电箱的顶部或底部开孔。配电箱的所有开孔处须用橡胶皮保护孔的边缘，以防止损坏导线电缆。配电箱采用膨胀螺栓固定在剪力墙上，也可用预埋在墙体中的燕尾螺栓固定。例如，挂壁明装的配电箱需要加对拉螺杆固定，如图 4-36b 所示。

3. 落地明装

出线回路多的配电箱重量较大，为了保证配电箱安装牢固，须制作成落地安装的配电箱。落地配电箱采用槽钢做支架进行固定，如图 4-37 所示。

4. 箱内接线

有上进上出、上进下出、下进下出、下进上出的电缆进出线形式，操作和维护均在前面进行。

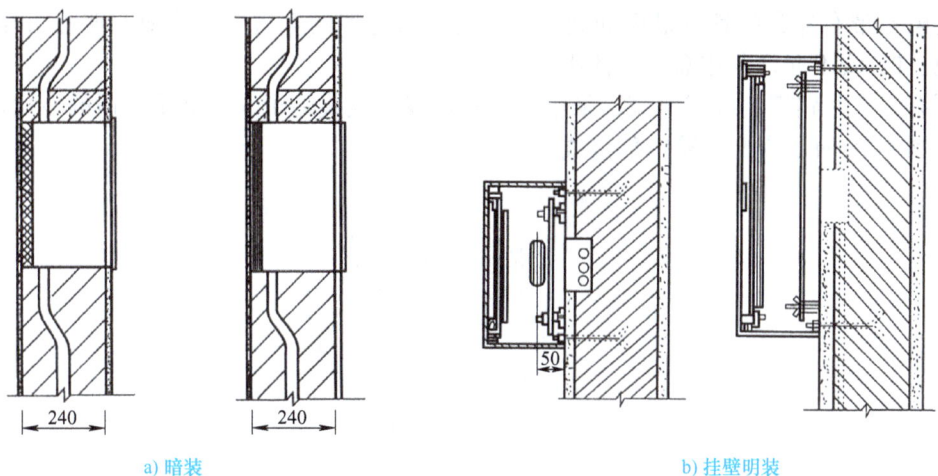

a) 暗装　　　　　　　　　　　b) 挂壁明装

图 4-36　配电箱的暗装、挂壁明装

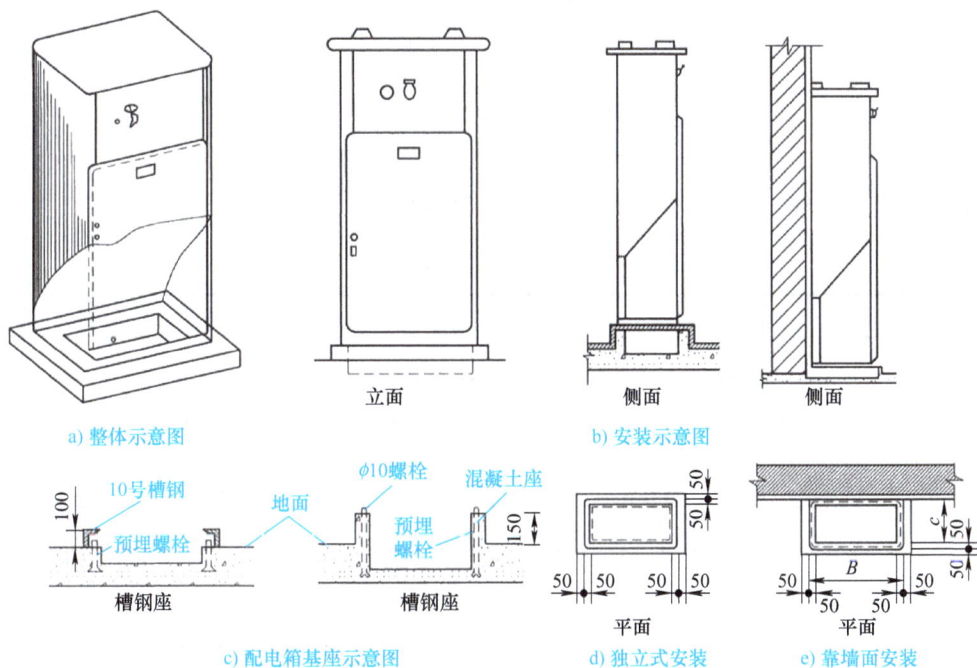

a) 整体示意图　　　　　　　　　　b) 安装示意图

c) 配电箱基座示意图　　　d) 独立式安装　　　e) 幕墙面安装

图 4-37　配电箱的落地明装

　　箱内接线总体要求为接线正确、配线美观、导线分布协调。同一接线端子最多允许压接两根导线。在活动部位应该两端固定。盘面引出和引进的导线应留有适当余量，以便于检修。

　　导线与配电箱元器件的连接，应根据导线的功能、线径及连接器件的种类采用不同的连接方式，分为与母排连接、与断路器出线孔连接两种情况。

　　与母排连接的导线通过接线端子连接。与断路器连接的导线插入断路器的出线孔后，通过压紧螺钉固定，多股线搪锡后才能连接。

　　配电箱带有器具的铁制盘面和装有器具的门及电器的金属外壳均应有明显可靠的 PE 线接地。PE 线不允许利用盒、箱体串接。

　　所有二次回路控制线或电缆均采用多股软铜线，接线端子采用规格合适的专用压接钳压接。图 4-38 所示为配电箱内部接线。

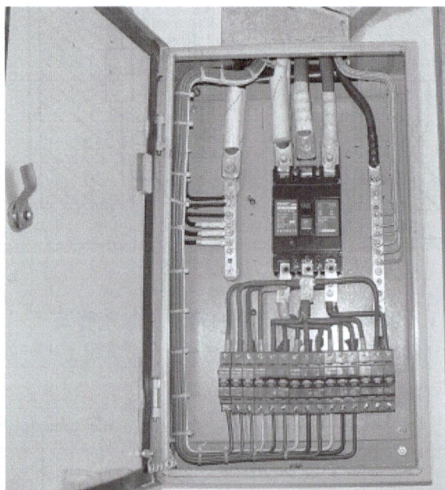

图 4-38　配电箱内部接线

配电箱内部接线、汇流排均按相序分色，颜色标志见表 4-11。

表 4-11　配电箱内部接线、汇流排颜色标志

相序	颜色
L1	黄
L2	绿
L3	红
N	淡蓝
PE	绿 - 黄双色

5. 线路绝缘测试

　　箱内接线完成后，对配电箱内线路使用 500V 绝缘电阻表进行检测，各条支路的绝缘电阻不应小于 0.5MΩ，主要包括进线电缆的绝缘测试、分配线路的绝缘测试、二次回路线路的绝缘测试。测试时，做好记录。进行线路绝缘测试前，要断开电缆两端的断路器、照明开关、设备连接点等，以保证绝缘测试结果准确无误。

　　满足通电条件后，将配电箱卡片框内的卡片按图样填写好部位、编号。

4.7.4　技术发展：特别的配电箱

　　有些场所对配电的可靠性要求特别高，例如，通信基站要求配置的配电箱有附加功能，如图 4-39 所示。

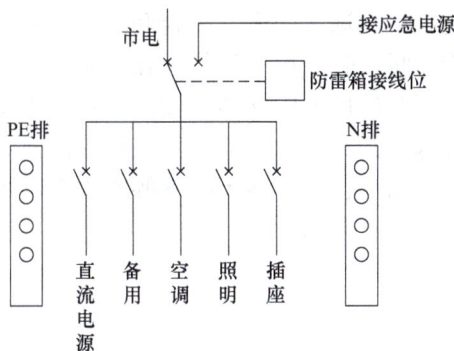

图 4-39　某通信基站电力配电箱系统示意

与普通配电箱不同的是，该配电箱设置了市电故障情况下的应急电源接入口，还有防雷箱接线位。

习　题

1. 配电箱有哪些安装方法？
2. 配电箱内部接线图（见图 4-38）里各个部分分别是什么？
3. 配电箱内部接线、汇流排颜色相序应怎么区分？

4.8　供配电系统的防雷施工

本节主要学习依据某建筑的三级供配电系统制定防雷措施、进行避雷器的选用及安装。

4.8.1　雷电的危害、成因及日常避雷措施

1. 雷电的危害

雷电会造成人员伤亡、火灾、设备损坏、电力系统停电等诸多危害。雷电灾害是联合国国际减灾委员会公布的最严重的十种自然火害之一。

2. 雷电的成因

雷电是由带电荷的雷云放电产生的，雷云的电荷不断积累，达到能使附近空气绝缘被破坏的程度，从而产生雷云放电。

当空中的雷云靠近大地时，雷云与大地之间形成一个很大的雷电场。由于静电感应作用，地面出现与雷云电荷极性相反的电荷。当两者在某一方位的电场强度达到 25 ~ 30kV/cm 时，雷云就会开始向这一方位放电，形成一个导电的空气通道，称为雷电先导。先导通道中的正、负电荷强烈吸引中和，从而产生强大的雷电流，并伴有强烈的雷鸣电闪。

3. 日常避雷措施

雷电对人的危害包括直接雷击、接触雷击物、旁侧闪击和跨步电压等方式。雷雨天

气时，人在室内须关好门窗，尽量远离门窗、阳台和外墙壁；在室内不要靠近、更不要触摸任何金属管线，包括水管、暖气管、煤气管等；在无防雷设施的房间里不要使用家用电器，并拔掉所有电源插头；不要使用太阳能热水器洗澡；发生雷击火灾时，要赶快切断电源，并迅速报警。人在室外遇雷雨天气时，应尽快躲进室内或汽车内；不要停留在高楼平台上；不要进入孤立的棚屋、岗亭；不要在大树下躲避雷雨；不宜在水面和水边停留，不宜在雨中狂奔；不宜用金属伞等较长物体。

4.8.2 过电压的种类

过电压是指在电气线路或电气设备上出现的超过正常工作要求的电压。

过电压按产生的来源可以分为内部过电压和外部过电压。外部过电压又称为雷电过电压或大气过电压。雷电又可分为直击雷、感应雷等。

内部过电压是由于电力系统内开关操作、发生故障或其他原因使系统的工作状态突然改变，从而在系统内部出现电磁振荡而引起的过电压。

雷电过电压是由于电力系统内的设备或建筑物遭受来自大气中的雷击或雷电感应而引起的过电压。

GB/T 18481—2001《电能质量 暂时过电压和瞬态过电压》中，按照作用过电压的幅值、波形及持续时间，可分为暂时过电压（包括工频过电压、谐振过电压）和瞬态过电压（包括操作过电压、雷电过电压）。工频过电压、谐振过电压和操作过电压属于内部过电压。

暂时过电压是指在给定安装点上持续时间较长的不衰减和弱衰减的（以工频或其一定的倍数、分数）振荡的过电压。所谓暂时，是相对于正常电压来说的。

瞬态过电压是指持续时间数毫秒或更短，通常带有强阻尼的振荡或非振荡的一种过电压，它可以叠加于暂时过电压上。

内部过电压一般不会超过系统正常运行时电压的 3 ~ 4 倍，虽然其延续时间比较长，例如，工频过电压可达几个小时，谐振过电压数分钟，操作过电压以毫秒计，但对电力线路和电气设备绝缘的威胁不是很大。雷电过电压产生的雷电冲击波延续时间很短，以微秒计，但其电压幅值可高达 1 亿伏，其电流幅值可高达几十万安，所以对人员、设备和供配电系统等的危害极大。

1. 内部过电压

内部过电压包括工频过电压、谐振过电压和操作过电压等。

（1）工频过电压　工频过电压指系统中由不对称接地故障、线路空负荷和甩负荷引起的频率等于工频（50Hz）或接近工频的高于系统最高工作电压的过电压。工频过电压可细分为如下三种。

1) 中性点非有效接地系统发生单相接地故障时，另外两相对地电压升高 1.732 倍。这种过电压发生在中性点不接地系统和中性点经过消弧线圈接地系统中。

2) 长线路空负荷运行时末端电压升高。长线路空负荷运行时，线路中流过的是对地电容和线间电容电流。电容电流流经长线路的导线电抗（感抗），引起末端电压升高，即所谓电容电流效应。

3）甩负荷过电压是输电线路因发生故障而被迫突然甩掉负荷时，由于电源电动势尚未及时自动调节而引起的过电压。

（2）谐振过电压 谐振过电压是由于系统中的电路参数（R、L、C）在不利组合时发生谐振而引起的过电压，可细分为线性谐振过电压、铁磁谐振过电压和参数谐振过电压。

1）线性谐振过电压的谐振回路由不带铁心的电感元件（如线路的电感、变压器的漏感）或励磁特性接近线性的带铁心电感元件（如消弧线圈）和系统中的电容元件组成。

2）铁磁谐振过电压的谐振回路由带铁心的电感元件（如空负荷变压器、电压互感器）和系统的电容元件组成。因铁心电感元件的饱和现象，使回路的电感参数为非线性，这种含有非线性电感元件的回路在满足一定的谐振条件时会产生铁磁谐振。

3）参数谐振过电压的谐振回路由电感参数作周期性变化的电感元件（如凸极发电机的同步电抗在 $X_d \sim X_q$ 间周期变化）和系统电容元件（如空负荷线路）组成。当参数配合时，通过电感的周期性变化不断向谐振系统输送能量，造成参数谐振过电压。

（3）操作过电压 操作过电压是由于电力系统的开关操作、负荷骤变或由于故障而出现间歇性电弧而引起的过电压。间歇性电弧接地过电压是小电流接地故障的危害之一。

电力系统发生操作过电压的原因很多，一般有如下三种情况。

1）切断电感性负荷而引起的操作过电压。例如，切断空负荷变压器、消弧线圈、电抗器和电动机等引起的过电压。

2）切断电容性负荷而引起的操作过电压。例如，切断空负荷长线路、电缆线路或电容器组等引起的过电压。

3）合上空负荷线路（包括重合闸）而引起的操作过电压。例如，具有残余电压的系统在重合闸过程中，由于再次充电而引起的重合闸操作过电压。

2. 雷电过电压（外部过电压）

（1）直击雷 雷电直接击中电气设备或线路，其过电压引起强大的雷电流通过这些物体放电入地，产生破坏性极大的热效应和机械效应，还有电磁脉冲和闪络放电。直击雷又称为直接雷击。

（2）感应雷 感应雷是由雷电对设备、线路或其他物体产生静电感应或电磁感应而引起的过电压。感应雷又称为间接雷击。

雷电过电压的上述两种形式还常常表现为一种称为雷电波侵入的形式，即由于架空线路或金属管道遭受直接或间接雷击而引起的过电压波，沿线路或管道侵入变配电所或其他建筑物。据统计，电力系统中雷电波侵入占整个雷害事故的比例可达 70%，因此，对雷电波侵入的防护应予以足够的重视。

4.8.3 建筑物的防雷分类和防雷措施

1. 建筑物的防雷分类

建筑物应根据其重要性、使用性质、发生雷电事故的可能性和后果，按防雷要求分为三类。

2. 建筑物的防雷措施

建筑物防雷保护系统如图 4-40 所示。

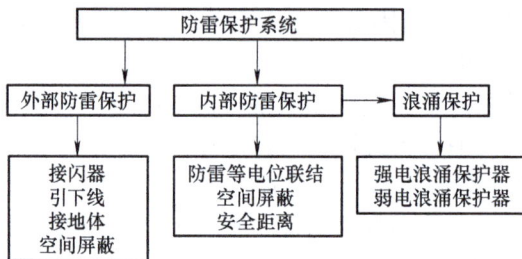

图 4-40　建筑物防雷保护系统

各类防雷建筑物接闪器、引下线间距和接地装置（冲击接地电阻 R_{sh}）的具体要求见表 4-12～表 4-14。

表 4-12　各类防雷建筑物接闪器的具体要求

建筑物防雷类别	避雷针滚球半径 /m	避雷网网格尺寸 /m×m
第一类防雷建筑物	30	≤5×5 或 6×4
第二类防雷建筑物	45	≤10×10 或 12×8
第三类防雷建筑物	60	≤20×20 或 24×16

表 4-13　各类防雷建筑物引下线间距的具体要求

建筑物防雷类别	引下线间距 /m
第一类防雷建筑物	12
第二类防雷建筑物	18
第三类防雷建筑物	25

表 4-14　各类防雷建筑物接地装置（冲击接地电阻 R_{sh}）的具体要求

建筑物防雷类别	防直击雷的 R_{sh}/Ω	防感应雷的 R_{sh}/Ω	防雷电波侵入的 R_{sh}/Ω
第一类防雷建筑物	10	10	10
第二类防雷建筑物	10	10	10
第三类防雷建筑物	30	—	30

4.8.4　避雷器的选用

根据保护原理的不同，避雷器可分为火花隙、压敏电阻、放电管等类型。

根据保护线路的不同，避雷器可分为电源避雷器和弱电避雷器等。弱电避雷器包括信号防雷器、天馈防雷器等，信号防雷器又细分为网络防雷器、视频防雷器、控制防雷器等。下面重点讲述电源避雷器的分类和参数。

电源避雷器根据安装位置的不同，可分为电源第一级避雷器、电源第二级避雷器和电源第三级避雷器，也可称为 B 类、C 类和 D 类，分别安装在供配电系统的第一级、第二级和第三级。图 4-41 所示为电源避雷器的过电压保护值。

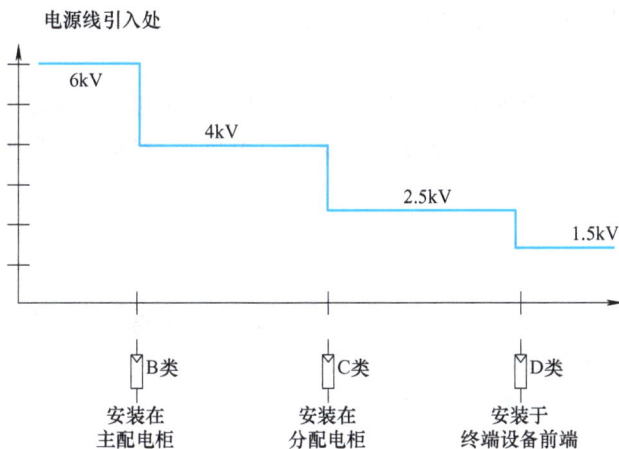

图 4-41　电源避雷器的过电压保护值

避雷器的参数如下。

1）U_n：标称电压，即避雷器可承受的浪涌电压。

2）U_p：过电压保护值，即经过该避雷器保护后的过电压值。

3）U_c：最大持续工作电压，又称为额定电压，即允许持久地施加在避雷器上的最大交流电压有效值或直流电压。对于单相电路，其常见值为 275V；对于三相线路，其常见值为 385V。

如电源第一级避雷器的 U_n 为 6kV，U_p 为 4kV，U_c 为 385V 或 275V。

4）I_n：额定放电电流，即在此放电电流值下避雷器可多次工作。

5）I_{max}：最大放电电流，即避雷器不发生实质性破坏，每线或单模块对地通过规定次数、规定波形的最大限度电流峰值。

6）U_{res}：残压，即雷电流通过避雷器时在避雷器两端出现的电压峰值。这个电压会加在负荷设备上，残压越低，对被保护设备的保护性能越强。

7）反应时间：通常小于 25ns。

4.8.5　规范、标准简介

相关规范、标准如下：

① GB 50057—2010《建筑物防雷设计规范》。

② GB/T 18802.11—2020《低压电涌保护器（SPD）　第 1 部分：低压电源系统的电涌保护器　性能要求和试验方法》。

③ GB/T 18481—2001《电能质量　暂时过电压和瞬态过电压》。

④ GB/T 21431—2023《建筑物雷电防护装置检测技术规范》。

GB 50057—2010《建筑物防雷设计规范》对建筑物的防雷分类、防雷措施、防雷装置和防雷击电磁脉冲等都做了规定。

GB/T 21431—2023《建筑物雷电防护装置检测技术规范》规定了建筑物防雷电防护装置的检测分类及项目、检测要求和方法、定期检测周期、检测流程、检测记录、结论判定及报告等。该规范对雷电防护装置的检测提出了完整的检测项目和方法，例如，检查低压配电线路是否全线埋地或敷设在架空金属线槽内引入、对电涌保护器的性能检测和安装位置要求。

GB/T 18481—2001《电能质量 暂时过电压和瞬态过电压》规定了交流电力系统中作用于电气设备的暂时过电压和瞬态过电压要求、电气设备的绝缘水平，以及过电压保护方法。

4.8.6　某商住楼供配电系统的三级防雷改造

该商住楼的高压配电系统已经按规定安装了高压避雷器，高压配电系统图如图 1-8 所示。低压供配电系统没有采取防雷措施，需要进行改造。

1. 低压供配电三级避雷器的选用及安装

低压供配电系统三级避雷器的安装如图 4-42 所示。

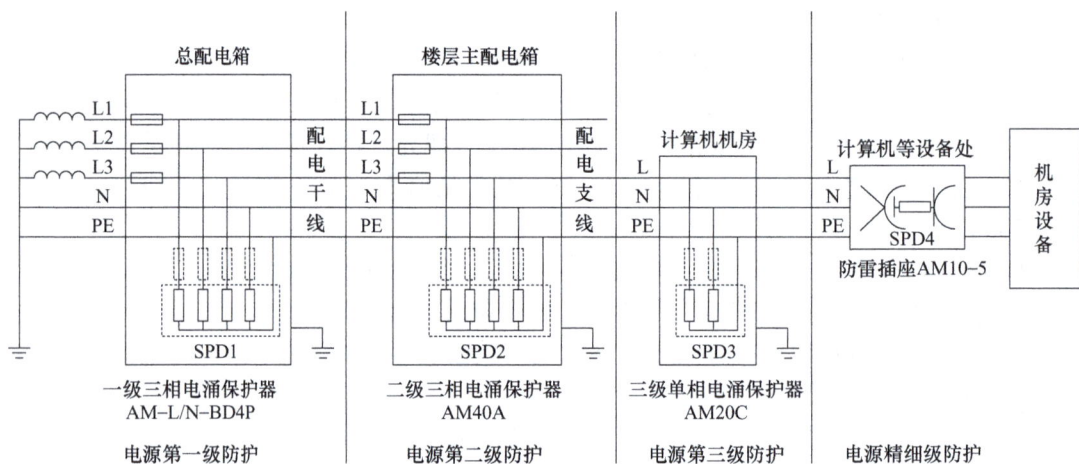

图 4-42　低压供配电系统三级避雷器的安装

总配电箱采用第一级防雷，选用 T1 试验一级三相电涌保护器；分配电箱选用 T2 试验通流容量为 40kA 的二级三相电涌保护器，末级单相配电箱选用通流量为 10 ～ 20kA 的单相电涌保护器。

（1）电源第一级避雷器　根据 GB 50057—2010《建筑物防雷设计规范》要求，在电源引入的总配电箱处应装设一级试验的电涌保护器；电涌保护器的电压保护水平值应小于或等于 2.5kV；当无法确定时，每一保护模式的冲击电流 I_{imp} 应取等于或大于 12.5kA，所以第一级电涌保护器须选用 T1 试验（10/350μs 测试波形）参数的产品，冲击电流 $I_{imp} \geqslant 12.5kA$ 即可。

（2）电源第二级避雷器　第二级选用 T2 试验（8/20μs 测试波形）参数的产品，最大通流容量 I_{max} 为 40 ～ 100kA，标称通流容量 I_n 为 20 ～ 50kA 均可。

（3）电源第三级避雷器　第三级选用 T2 试验（8/20μs 测试波形）参数的产品，最大通流容量 I_{max} 为 20kA，标称通流容量 I_n 为 10kA，最大持续工作电压为 AC 275V，保护水平 U_p 为 1.2kV。第三级一般为单相电涌保护器。

2. 避雷器防雷效果及维护

雷电压逐级减小值难以测量，对防雷效果的检测主要有如下项目：检查并记录各级电涌保护器的安装位置、数量、型号、主要性能参数和安装工艺（安装工艺包括连接导体的材质和导线截面、连接导线的色标及连接牢固程度等）。电涌保护器在运行期间会因长时间工作或因处在恶劣环境中发生老化，也可能因受雷击电涌而引起性能下降、失效等故障，因此，须定期进行检查并及时更换。防雷施工是一个综合工程，对供配电系统防雷来说，还应注意良好接地及等电位联结等事项。

4.8.7　技术发展：新型接闪器

随着防雷技术的发展，一种新型接闪器出现了。这种接闪器称为提前放电接闪器，它克服了传统接闪器被动接闪、二次雷击效应的严重缺陷。

提前放电接闪器主要由激发器从自然界的电场中吸收并贮存能量，接闪器针尖与大地有良好的电气连接，处于等电位状态。每当雷闪发生前，电场强度会迅速增大，激发器与针尖之间的电位差大致相当于雷云与大地之间的电压，它们之间的电压降迅速增加会造成尖端打火，并使尖端周围的空气离子化，形成尖端放电现象，从而产生一个早期的上升先导去引导，改变雷云的向下先导的走向，将落雷点精确地引到自身上并迅速、安全地将雷电泄放到大地，避免了传统接闪器的绕击和侧击现象。

▶◀　习　　题　▶◀

1. 雷电的危害是什么？
2. 建筑物防雷分为几类？
3. SPD 代表什么？
4. 雷电分为哪几种？
5. 画图说明建筑物防雷的基本方法。
6. 简要说明供配电系统三级防雷中避雷器的安装位置。
7. 为什么供配电系统要实行三级防雷？
8. 试在供配电系统图中添加防雷系统。

4.9　UPS 的选用

UPS 通常用在数据中心、医院等场所，给服务器、医疗设施等重要负荷供电。那么如何选用 UPS 呢？

UPS 的调试

4.9.1　UPS 的作用

UPS（Uninterruptible Power Supply）即不间断电源。在其发展初期，仅被视为一种备用电源。后来，由于频率偏差、电压浪涌、电压尖峰、电压瞬变、电压跌落、持续过电压或欠电压，甚至电压中断等电网质量问题，使计算机等设备的电子系统受到干扰，造成敏感元件受损、信息丢失、磁盘程序被冲掉等严重后果，引起巨大的经济损失。因此，

UPS 日益受到重视，并逐渐发展成一种具备稳压、稳频、滤波、抗电磁和射频干扰、防电压浪涌等功能的电力保护装置。

图 4-43 所示为一些电能质量问题的波形示意图。这些电能质量问题也可以用其他方法解决或改善。

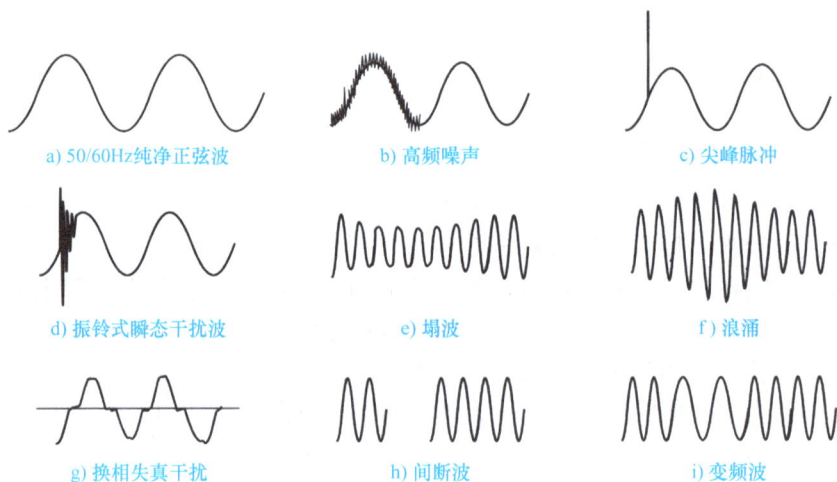

图 4-43 一些电能质量问题的波形示意图

4.9.2 UPS 的种类及原理

UPS 可以分为后备式（Back-up）和在线式（On-line）两种，如图 4-44 所示。

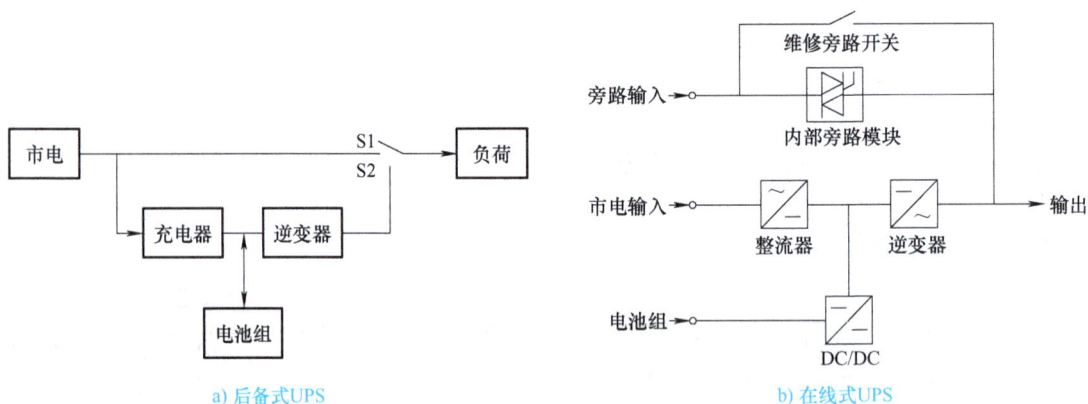

图 4-44 UPS 原理图

1. 后备式 UPS

当市电正常时，市电经过滤波器、自动调压器、继电器触头 S1 向负荷供电；当市电中断时，改由电池组供电，由逆变器把电池组的直流电能转换为交流电能，经过继电器触头 S2 向负荷供电。

后备式 UPS 结构简单、成本低，但由于其逆变器平时处于离线状态，且容量较小，切换开关多采用快速继电器而不是更高速切换的静态开关，因此当市电故障时，切换时间较长。另外，该类 UPS 输出交流电的性能较差，所以用于非重要场合。

2. 在线式 UPS

当市电正常时，市电经过整流，提供直流电压给逆变器，由逆变器向负荷提供交流电；当市电异常时，由电池组为逆变器提供能量，逆变器始终处于工作状态，保证无间断输出。

在线式 UPS 有极宽的输入电压范围，无切换时间且输出电压稳定度高，特别适合对电源要求较高的场合，但是成本较高。

在线式 UPS 中各模块作用如下。

1）整流器：完成交流转换为直流（AC/DC）；实现功率因数校正（PFC）和升压功能；降低对电网的污染。

2）逆变器：完成直流转换为交流（DC/AC）；转换电池中直流的能量；通过开关管的高速动作输出纯净的交流电。

3）DC/DC：有充电器和直流电压提升双重功能。在交流输入正常的情况下，为电池组充电；在电池逆变模式下，将电池组直流电压升压后提供给逆变器，逆变器将直流电压转换成交流电压输出。

4）内部旁路模块：当 UPS 主功率模块出现故障时，自动转换到内部旁路供电。

5）维护旁路：当对 UPS 进行维护或故障维修时，通常会工作在维护旁路模式下，在这种模式下，主功率模块和内部旁路模块均停止工作，保证维护期间的安全，保持负荷电力连续性。

4.9.3　UPS 的工作模式

UPS 有五种常用的工作模式：市电逆变模式、电池逆变模式、内部旁路模式、维护模式和经济运行（Economy Control Operation，ECO）模式。

1）市电逆变模式：在市电正常的情况下，市电输入通过整流器升压成稳定直流电压后供给逆变器，同时市电通过充电器对电池组进行充电。

2）电池逆变模式：在市电异常或断电的情况下，电池组输出通过 DC/DC 升压器升压后供给逆变器，逆变器输出稳定的交流电给负荷供电。

3）内部旁路模式：当 UPS 发生过负荷、过温或故障时，UPS 将负荷自动切换到旁路，此模式无电池后备能力。

4）维护模式：当对 UPS 进行维护（如修理、更换部件）时，为尽量不影响负荷的供电，UPS 会闭合内部维护旁路开关，切换至维护模式工作。

5）ECO 模式：ECO 模式是混合模式，若旁路电压和频率等在设定范围内，UPS 将通过旁路给负荷供电；若旁路电压和频率等超出设定范围，将转到市电逆变或电池逆变供电。

图 4-45 所示为其中的两种模式。

a) 电池逆变模式

b) ECO模式

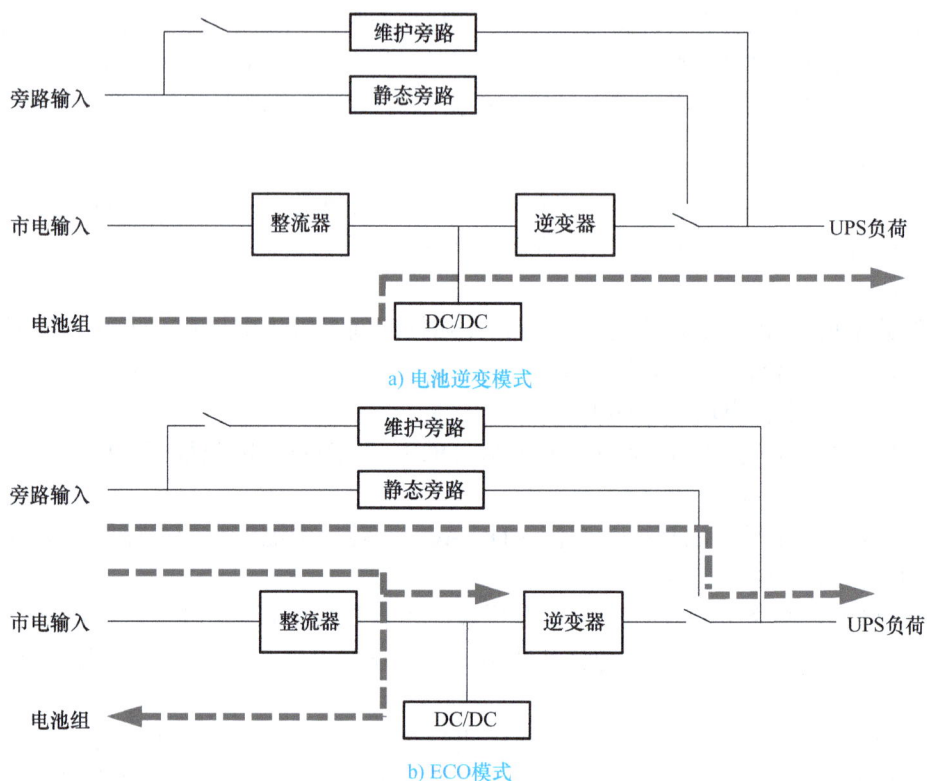

图 4-45　UPS 的工作模式

对于大功率 UPS，通常还有一种工作模式，即联合工作模式，如图 4-46 所示。当整流器的交流输入功率不足时，UPS 会自动切换到联合供电模式。在这种模式下，功率模块会同时从市电和电池组中获取能量，经过逆变器变换成交流电压后输出。

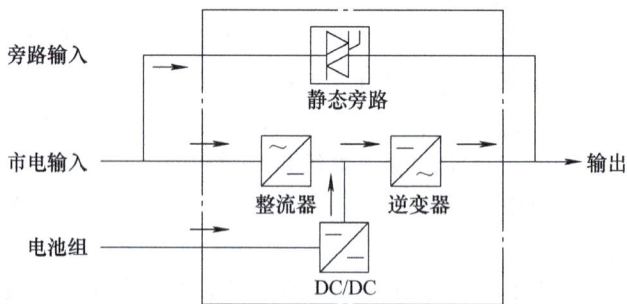

图 4-46　联合工作模式

4.9.4　UPS 的冗余配置

为进一步提高供电可靠性，可以采用 UPS 冗余配置。

1. N 系统

N 系统如图 4-47 所示，其结构简单，硬件配置成本低；UPS 工作在设计满负荷条件下时效率最高；具备高于市电的可用性；可进行并机扩展增容（并联多个额定值相同的 UPS 模块）。但 N 系统可用性有限，当 UPS 模块出现故障时，负荷转到旁路供电，处于无保护电源下；在 UPS、电池组或下游设备维护期间，负荷处于无保护电源状态（这种情况每年至少会发生一次，而且往往会持续 2～4h）；缺乏冗余，限制了 UPS 发生故障时对负荷的保护能力；存在多个单故障点，这意味着系统的可靠性由其最薄弱的环节决定。

2. 并联冗余 N+1 系统

N+1 系统如图 4-48 所示，其可用性高于 N 系统；可根据电力需求的增长进行扩展。在同一装置中可以同时配置多个单元模块；硬件的布置不仅设计概念简单，而且成本低。N+1 系统的缺点是两个（或 N+1 个）模块必须采用相同的设计、相同的制造商、相同的额定值及相同的技术配置；UPS 系统的上游与下游仍存在单故障点；在 UPS、电池组或下游设备维护期间，负荷处于无保护电源状态（这种情况每年至少发生一次，而且往往会持续 2～4h）；由于各个 UPS 设备的利用率均低于额定用量，因此运营效率较低；所并各台需要一个逻辑控制总线，以保证各台同幅、同频、同相，并完成冗余并机，因而存在单路径故障点；当并机台数增多时，需要外部静态开关和并机控制柜；系统仍需要外部维修旁路开关。

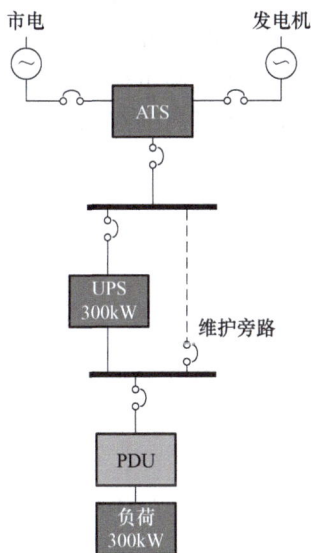

图 4-47　N 系统

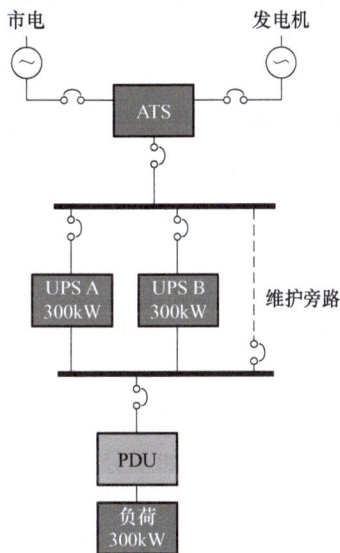

图 4-48　N+1 系统

ATS—自动切换开关　PDU—电源分配单元

3. 双总线系统

如图 4-49 所示，UPS 供电系统的故障大部分来源于 UPS 输出与负荷之间供电线路上的故障，如断路器跳闸、负荷短路、施工造成的开路等故障。因此，双总线系统出现了。

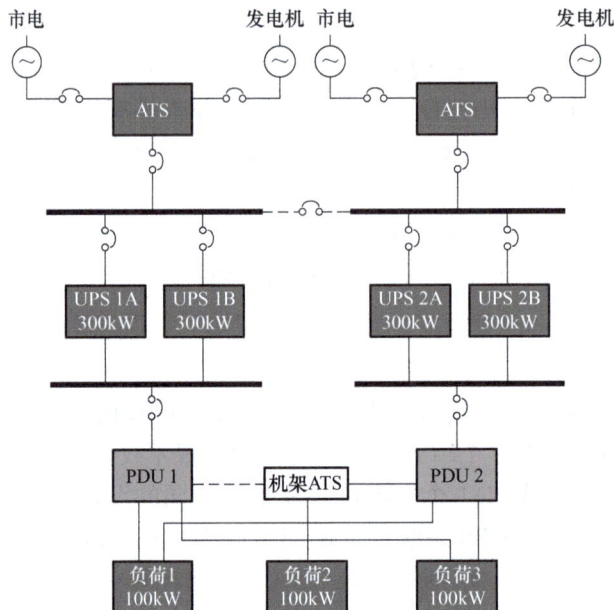

图 4-49 双总线系统

双总线系统具有两条独立的供电线路，无单路径故障点，容错性极强；该配置为从电力入口到关键负荷的所有线路提供了全方位的冗余；不存在两个总线中的 UPS 同频、同相和均分负荷的问题，也没有环流问题；两个 UPS 完全独立运行，相互隔离，可靠性大幅度提高；无须将负荷转换到旁路模式，即可对 UPS、开关装置和其他配电设备进行维护。双总线系统的缺点是冗余组件数量多，成本高；由于未达到满负荷工作状态，供电设备容量利用率低，工作效率低；一般的建筑物不太适合可用性极高的双总线系统，因为这种系统需要将冗余组件分开放置。

4.9.5 规范、标准简介

相关规范、标准如下：

① GB/T 14715—2017《信息技术设备用不间断电源通用规范》。

② GB/T 7260.1—2023《不间断电源系统（UPS） 第 1 部分：安全要求》。

GB/T 14715—2017《信息技术设备用不间断电源通用规范》按照输出对输入的依赖程度，将 UPS 进行了如下分类。

1）VFD（电压频率依赖）：该类 UPS 输出电压、频率均与输入有关。UPS 的输出随交流输入电压和频率而变，并且没有调节功能。当 UPS 从正常运行模式切换到放电模式时，输入电压会瞬断。

2）VI（输出电压独立）：该类 UPS 输出电压与输入无关。UPS 的频率输出取决于交流输入，但电压输出有电压稳定装置调节，使之在正常运行的限值之内。

3）VFI（电压频率无关）：该类 UPS 输出电压、频率均与输入无关。UPS 的输出与交流输入无关，电压和频率得到调节以保持稳定，对电压和频率的调整均不消耗存储能量。

GB/T 14715—2017《信息技术设备用不间断电源通电规范》对 UPS 的主要性能试验

也提出了具体的试验方法和检测仪器。UPS 出厂时均应通过这些试验。从安装的角度，也可以参照这些方法进行现场测试。

4.9.6　UPS 的选择、调试和验收

1. UPS 的选择

某 UPS 的参数见表 4-15，有额定容量、功率模块数目、主路输入、旁路输入、电池、输出及系统。

表 4-15　某 UPS 的参数

型号		UPS5000-E-200K	UPS5000-E-300K	UPS5000-E-400K	UPS5000-E-500K	UPS5000-E-600K	UPS5000-E-800K
额定容量 /（kVA/kW）		50 ～ 200	50 ～ 300	50 ～ 400	50 ～ 500	50 ～ 600	50 ～ 800
功率模块数目		1 ～ 4	1 ～ 6	1 ～ 8	1 ～ 10	1 ～ 12	1 ～ 16
主路输入	输入制式	3Ph+PE（N 线可选）					
	额定输入电压 /V	AC 380/400/415					
	输入电压范围 /V	AC 138 ～ 485；AC 305 ～ 485 不降额，AC 305 ～ 138 线性降额至 40%					
	输入频率范围 /Hz	40 ～ 70					
	输入电流谐波总畸变率	THDi<3%（线性满负荷）					
	输入功率因数	0.99					
旁路输入	额定输入电压 /V	AC 380/400/415					
	旁路同步跟踪 /Hz	50/60 ± 6					
电池	电池电压 /V	DC 360 ～ 528（30 ～ 44 节可调，默认 40 节）					
输出	输出制式	3Ph+N+PE					
	电压 /V	AC 380/400/415（ ±1% ）					
	频率 /Hz	同步状态，跟踪旁路输入（市电模式），50/60（ ±0.05% ）（电池模式）					
	波形失真	100% 线性负荷下 THDv<1%					
	过负荷能力	110% 负荷 60min 后转旁路，125% 负荷 10min 后转旁路；150% 负荷 1min 后转旁路					
系统	输出功率因数	1					
	系统效率	96%					
	并机能力	8 台					

选择 UPS，需要考虑以下几个因素。

1）负荷需求：根据需要供电的设备负荷情况和功耗要求确定所需的 UPS 容量。

2）可靠性要求：根据对电源可靠性的要求选择 UPS 的冗余配置。以数据中心为例，不同等级的数据中心对冗余配置有不同的要求。

3）运行时间要求：根据需求确定 UPS 的运行时间。UPS 的运行时间取决于电池组容量和负荷大小。

4）附加功能：考虑是否需要特定的附加功能，如网络管理、智能监控及远程监控等。

2. UPS 的调试、验收

图 4-50 所示为某 UPS 操作面板的主菜单和菜单结构。

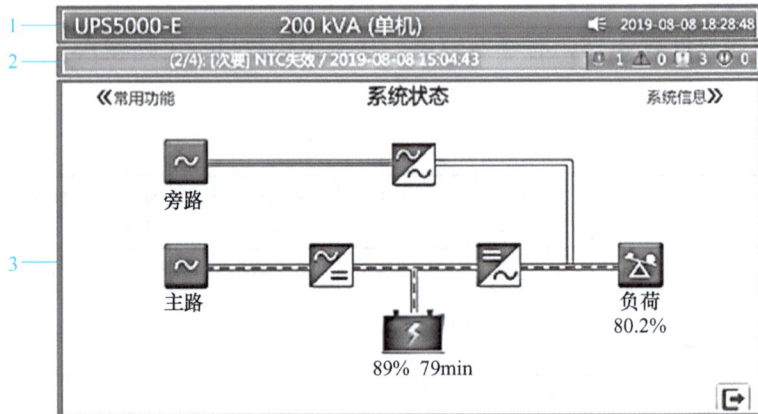

a) 操作面板主菜单

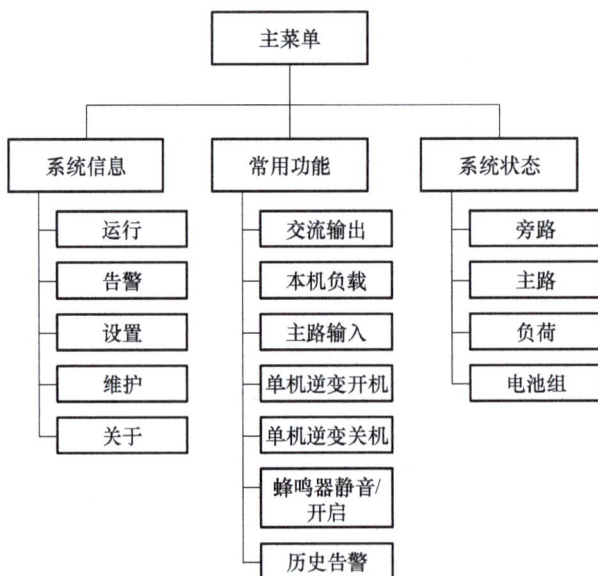

b) 菜单结构

图 4-50　某 UPS 操作面板的主菜单和菜单结构

1—状态栏　2—告警栏　3—信息显示栏

UPS 的调试包括上电调试和关机下电两大部分。

首先是上电调试，包括如下内容。

1）闭合主路和旁路输入开关：各模块 LED 指示灯开始工作，LCD 上电。

2）输入开机密码进行快速设置：通过"快速设置"指引设置语言、时间、日期、网络参数、系统参数、电池参数等。

3）逆变开机：通过 LCD 界面操作让 UPS 进入逆变运行状态，确认 UPS 运行状态正常。

4）闭合电池开关：闭合电池开关，电池未接告警会在 1min 后消失，并且运行状态会显示电池充电。

5）闭合 UPS 输出开关：输出纯净稳定电压。

其次是关机下电，包括如下内容。

1）关闭负荷：让 UPS 空负荷运行一段时间，将机内热量排出。

2）关闭逆变器：断开输出或负荷开关。

3）断开电池组开关：若有多组电池，则先断开电池组与 UPS 之间的总断路器，再断开每个电池组的断路器。

4）断开前级主路输入开关和前级旁路输入开关：此时，负荷完全下电，控制面板及 LED 指示灯将熄灭。

UPS 的验收包括机械安装、电气安装和功能测试三大部分。

4.9.7　技术发展：UPS 的发展历程

1946 年，第一台电子计算机问世，UPS 应运而生，首先出现的是动态 UPS，然后是静态 UPS。UPS 的发展历程如图 4-51 所示。

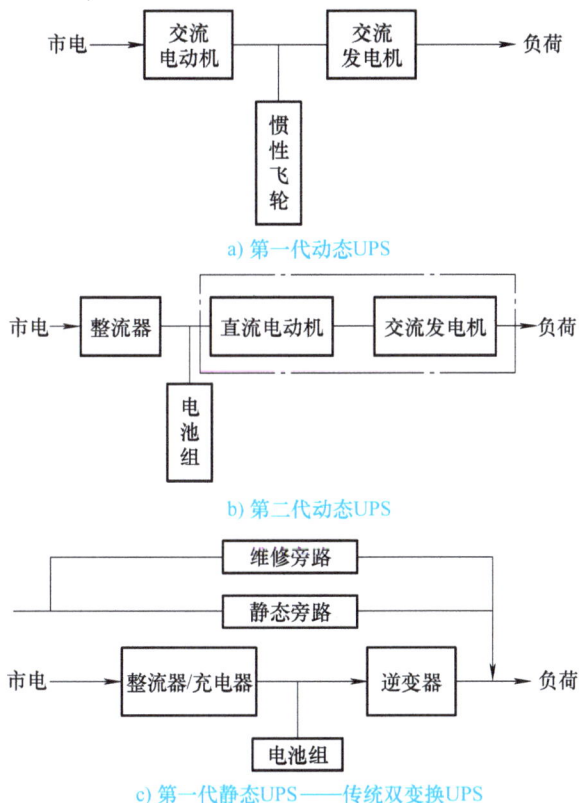

a) 第一代动态UPS

b) 第二代动态UPS

c) 第一代静态UPS——传统双变换UPS

图 4-51　UPS 的发展历程

习　　题

1. 为什么要使用 UPS？
2. 简要说明 UPS 的主要构成单元。
3. 在线式 UPS 的工作状态有哪些？
4. UPS 的主要参数有哪些？
5. UPS 的冗余配置有哪几种？

第5章

高低压配电室设备的安装及运行维护

5.1 继电保护装置的接线及操作电源选择

继电保护广泛用于电力线路、变压器等，本节主要学习继电保护装置的基础、接线及操作电源的选择等。

5.1.1 继电保护的任务与要求

继电保护装置是指能反映电力系统中电气元件发生故障或不正常运行状态，并动作于断路器跳闸或发出信号的一种装置，例如，电力线路的相间短路保护、单相接地保护和过负荷保护等。

常规的继电保护装置由单个继电器或继电器及其附属设备的组合构成。

继电保护装置的继电保护原理是在电力系统中利用正常运行和故障时各物理量的差别构成各种不同原理和类型的继电保护装置进行保护。

继电保护装置的主要作用是通过缩小事故范围或预报事故的发生来提高系统运行的可靠性，并最大限度地保证供电的安全性和持续性。

继电保护装置的基本要求是选择性、速动性、灵敏性和可靠性。选择性是指保护装置动作时，仅将故障元件从电力系统中切除，使停电范围尽量缩小，最大限度地保证系统中的非故障部分继续运行。速动性是指继电保护装置应以尽可能快的速度将故障元件从电网中切除。切除故障时间等于继电保护动作时间与断路器全分断时间之和。灵敏性是保护装置对其保护范围内的故障或不正常运行状态的反应能力，通常用灵敏系数 K_s 来衡量，灵敏系数应该大于1。

对于反应故障时物理量参数上升的保护（如过电流保护），灵敏系数为保护区内故障时物理量最小值与保护动作整定值的比值。对于反应故障时物理量参数降低的保护（如低电压保护），灵敏系数为保护动作的整定值与保护区内故障时物理量最大值的比值。

继电保护装置的组成如图 5-1 所示。

图 5-1　继电保护装置的组成

5.1.2　继电器的继电特性和分类

1. 继电器及其继电特性

继电器是一种当其输入的物理量（电量或非电量）达到规定值时，其电气输出电路被接通或分断的自动电器。输入的物理量有电、光、磁、热等。

为保证继电器可靠动作，对其动作特性有明确的继电特性要求。继电器的继电特性是指继电器的输入量和输出量在整个变化过程中的相互关系。无论是动作还是返回，继电器都是从起始位置到最终位置，它不可能停留在某一个中间位置上。这种特性称为继电特性，如图 5-2 所示。继电器的动作过程是：当输入量 $I_x < I_{x2}$ 时，I_y 为 0 或最小值；当

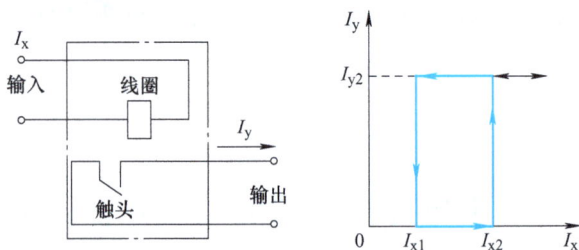

图 5-2　继电特性

$I_x \geqslant I_{x2}$ 时，继电器动作，I_y 突变为 I_{y2}，即最大值。继电器的返回过程是：当 $I_x > I_{x1}$ 时，I_y 为 I_{y2}；当 $I_x \leqslant I_{x1}$ 时，I_y 突变为 0 或最小值。I_{x1} 与 I_{x2} 的比值就是返回系数 K_{rc}。

为保证继电器动作后输出状态的稳定性和可靠性，过量继电器（如过电流继电器）的返回系数恒小于 1，实际应用中通常为 0.85 ～ 0.9。

继电器的作用有：输入与输出电路之间的隔离，信号转换（从断开到接通或反之），增加输出电路（即切换几个负荷或切换不同电源负荷），重复信号，切换不同电压或电流负荷，保留输出信号，闭锁电路，提供遥控。

2. 继电器的分类

继电器种类繁多，其分类比较复杂，如图 5-3 所示。

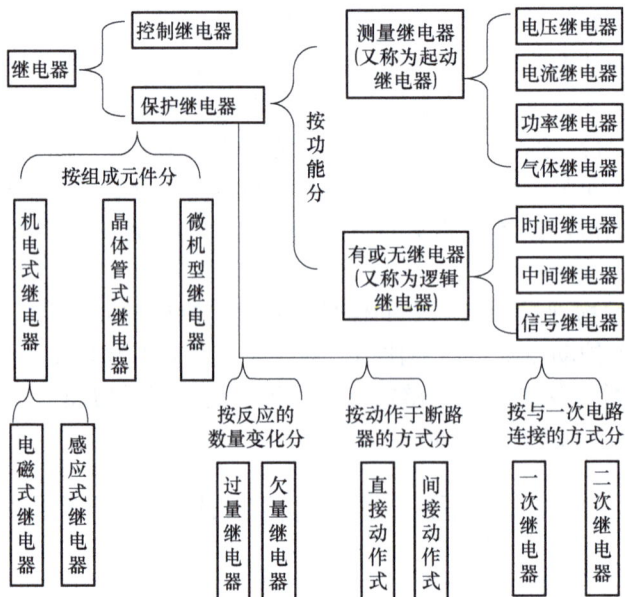

图 5-3　继电器的分类

继电器的型号如图 5-4 所示。

不同种类的继电器往往分工合作，完成一个继电保护任务。以过电流保护为例，如图 5-5 所示。

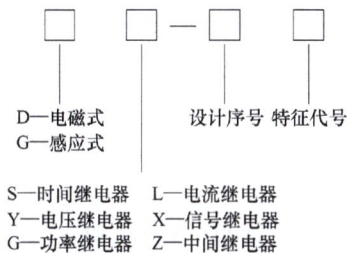

图 5-4　继电器的型号

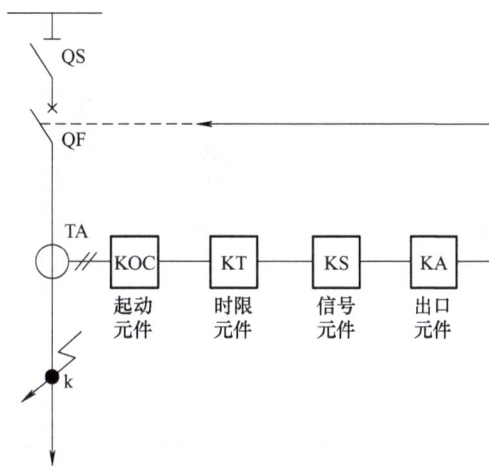

图 5-5　过电流保护

KOC—过电流继电器　KT—时间继电器　KS—信号继电器
KA—中间继电器

5.1.3　常用机电式继电器的种类和结构

图 5-6 和图 5-7 分别为某电磁式电流继电器的结构、内部接线和图形符号。

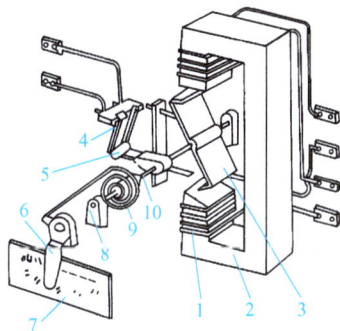

图 5-6　某电磁式电流继电器的结构

1—线圈　2—电磁铁　3—钢舌片　4—静触头　5—动触头　6—起动电流调节转杆
7—标度盘（铭牌）　8—轴承　9—反作用弹簧　10—转轴

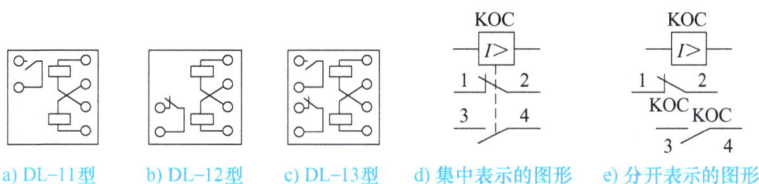

a) DL-11型　　b) DL-12型　　c) DL-13型　　d) 集中表示的图形　　e) 分开表示的图形

图 5-7　某电磁式电流继电器的内部接线和图形符号

KOC1-2—常闭（动断）触头　KOC3-4—常开（动合）触头

图 5-8 和图 5-9 分别为某时间继电器的结构、内部接线和图形符号。

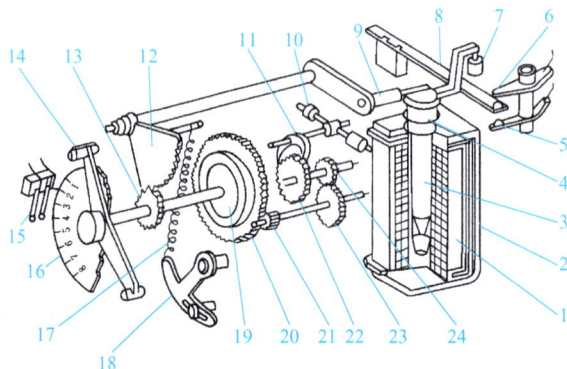

图 5-8 某时间继电器的结构

1—线圈 2—电磁铁 3—可动铁心 4—返回弹簧 5、6—瞬时静触头 7—绝缘件 8—瞬时动触头 9—压杆
10—平衡锤 11—摆动卡板 12—扇形齿轮 13—传动齿轮 14—主动触头 15—主静触头
16—动作时限标度盘 17—拉引弹簧 18—弹簧拉力调节器 19—摩擦离合器 20—主齿轮
21—小齿轮 22—掣轮 23、24—钟表机构传动齿轮

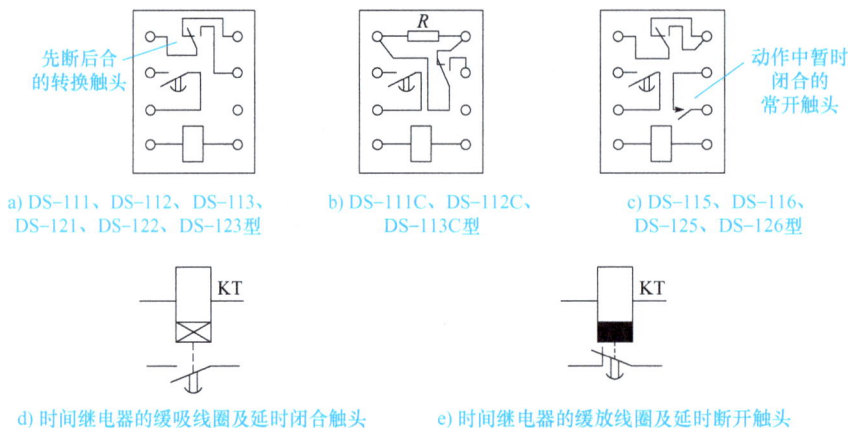

先断后合
的转换触头

动作中暂时
闭合的
常开触头

a) DS-111、DS-112、DS-113、
DS-121、DS-122、DS-123型

b) DS-111C、DS-112C、
DS-113C型

c) DS-115、DS-116、
DS-125、DS-126型

KT

KT

d) 时间继电器的缓吸线圈及延时闭合触头　　e) 时间继电器的缓放线圈及延时断开触头

图 5-9 某时间继电器的内部接线和图形符号

图 5-10 和图 5-11 分别为某信号继电器的结构、内部接线和图形符号。
图 5-12 和图 5-13 分别为某中间继电器的结构、内部接线和图形符号。

5.1.4 规范、标准简介

相关规范、标准如下：
① GB/T 14285—2023《继电保护和安全自动装置技术规程》。
② DL/T 587—2016《继电保护和安全自动装置运行管理规程》。

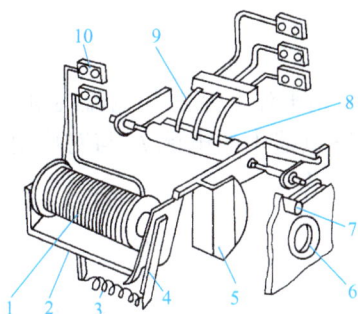

图 5-10　某信号继电器的结构

1—线圈　2—电磁铁　3—弹簧　4—衔铁　5—信号牌　6—玻璃窗孔　7—复位旋钮
8—动触头　9—静触头　10—接线端子

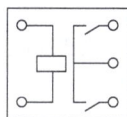

a) 内部接线

b) 图形符号

图 5-11　某信号继电器的内部接线和图形符号

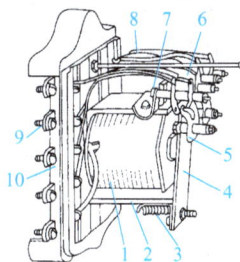

图 5-12　某中间继电器的结构

1—线圈　2—电磁铁　3—弹簧　4—衔铁　5—动触头
6、7—静触头　8—连接线　9—接线端子　10—底座

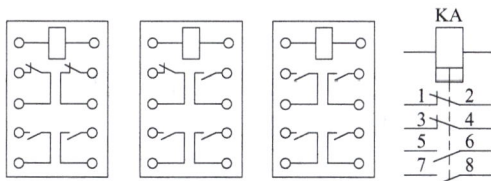

a) DZ–15型　　b) DZ–16型　　c) DZ–17型　　d) 图形符号

图 5-13　某中间继电器的内部接线和图形符号

GB/T 14285—2023《继电保护和安全自动装置技术规程》规定了电力系统继电保护和安全自动装置的研发、设计、制造、试验、安装、调试、运行、维护、检修、管理等基本准则，适用于交流 3kV 及以上、直流 ±100kV 及以上电压等级电力系统。DL/T 587—2016《继电保护和安全自动装置运行管理规程》规定了继电保护和安全自动装置及其相关设备在职责分工、运行管理、技术管理和检验管理等方面的要求，适用于 10kV 及以上电力系统继电保护和安全自动装置及其相关设备的运行管理工作。

5.1.5　机电式继电保护装置的接线及操作电源选择

1. 继电保护装置的接线

继电保护装置的接线方式是指电流互感器与电流继电器之间的连接方式。

在继电保护回路中，流入继电器中的电流 I_K 与对应电流互感器的二次电流 I_2 的比值称为接线系数，记为 K_w，表达式为

$$K_w = \frac{I_K}{I_2} \tag{5-1}$$

设电流互感器的电流比 $K_i = I_1/I_2$，保护装置的动作电流为 I_{op}，则相应电流继电器的动作电流为

$$I_{op.K} = \frac{K_w}{K_i} I_{op} \tag{5-2}$$

继电保护装置的接线方式有如下三种。

（1）三相完全星形接线方式　如图 5-14 所示，这种接线方式的特点是可以反映各种形式的故障，其接线系数 $K_w = 1$。

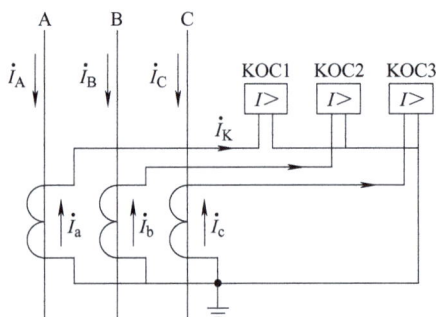

图 5-14　三相完全星形接线方式

（2）两相不完全星形接线方式　如图 5-15 所示，这种接线方式的特点是反映除 B 相单相接地短路以外的所有故障，其接线系数 $K_w = 1$。

（3）两相电流差接线方式　如图 5-16 所示，流入继电器中的电流等于 A、C 两相电流互感器二次电流之差，即

$$\dot{I}_K = \dot{I}_a - \dot{I}_c$$

这种接线方式的特点是接线系数随电力系统短路类型的不同而改变。当正常运行或三相短路时，$K_w = \sqrt{3}$；当发生 A、C 两相短路时，$K_w = 2$；当 A、B 或 B、C 两相短路时，$K_w = 1$。

两相电流差接线方式能够反映各种相间短路，但对各种相间短路的灵敏度不同。当进行保护整定时，接线系数取 $\sqrt{3}$；当进行灵敏度校验时，接线系数取 1。

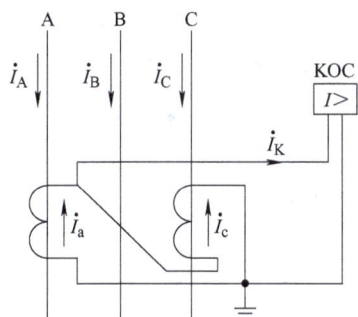

图 5-15　两相不完全星形接线方式

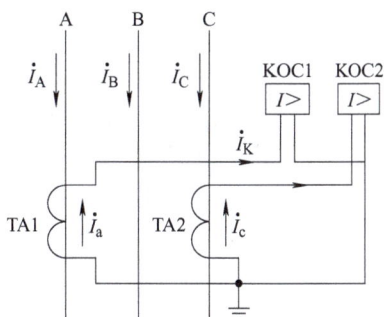

图 5-16　两相电流差接线方式

2. 继电保护装置操作电源的选择

继电保护装置的操作电源有直流操作电源和交流操作电源两大类。直流操作电源有蓄电池组和整流电源两种。交流操作电源具有投资少、运行维护方便和二次回路简单可靠等优点，因此，它在供配电系统中应用十分广泛。

交流操作电源供电的继电保护装置主要有直接动作式和去分流跳闸式两种操作方式，如图 5-17 所示。

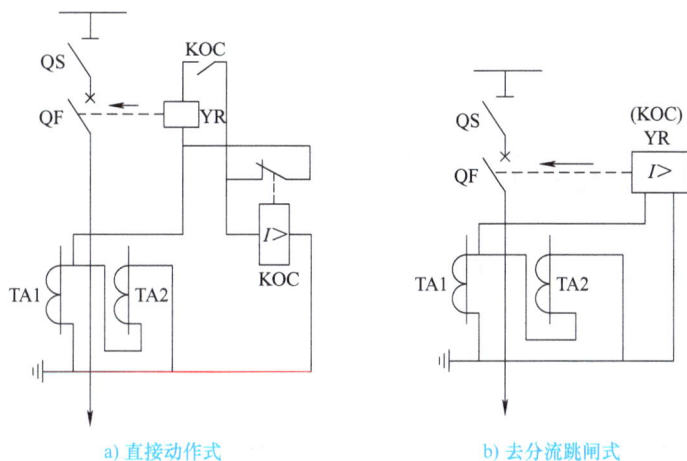

a) 直接动作式　　　　　　　　　b) 去分流跳闸式

图 5-17　交流操作电源供电的继电保护装置

5.1.6　技术发展：静态继电器

静态继电器是指用模拟电子电路和部分数字电路构成的电子型继电器，分为晶体管式继电器和集成电路型继电器两类。静态继电器的"静态"是相对于电磁式继电器的触头动作而言的，它的信息是通过"0""1"开关信息传递的。静态继电器是以硅材料为主构成的继电器，因此又称为固体继电器。

图 5-18 是晶体管式过电流继电器原理。

| 电压形成回路 | 整流滤波回路 | 逻辑回路 | 执行回路 | 输出 |

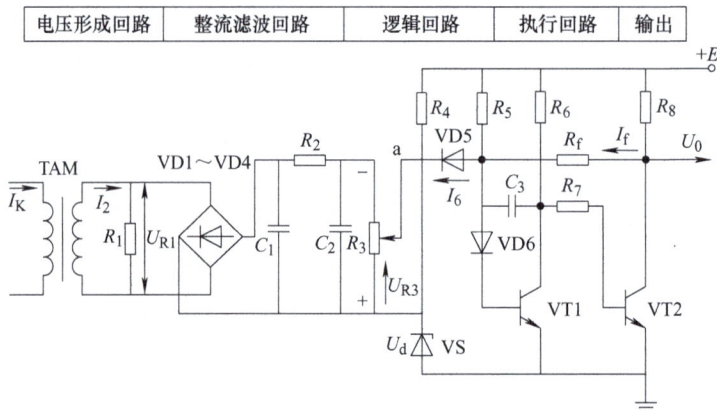

图 5-18　晶体管式过电流继电器原理图

集成电路型电流继电器由集成电路构成，也由电压形成回路、整流滤波回路、逻辑回路和执行回路 4 部分组成，但在具体构成上也有些差别，其电压形成回路与晶体管式继电器相同，逻辑回路由 CMOS（互补金属氧化物半导体）等数字电路构成。为了减小直流电压的脉动系数，减轻滤波负担，整流回路采用的是由运算放大器构成的全波整流电路。为了消除暂态过程中非周期分量及各种谐波分量的影响，滤波回路一般采用高品质因数的带通有源滤波器。

习　题

1. 什么是继电保护？
2. 对继电保护装置的基本要求是什么？
3. 根据图 5-2 解释继电特性。
4. 简述继电器的分类。
5. 继电保护装置的接线方式有哪三种？

5.2　高压切换柜的运行维护

10kV 高压切换柜用于对两路 10kV 电源进行切换，其备用电源自动投入装置（APD）的可靠动作至关重要，因此，需要对 APD 的参数进行准确整定。下面学习相关内容。

5.2.1　高压开关柜及其分类

高压切换柜是高压开关柜的一种。高压开关柜是高压金属封闭开关设备的简称，是按一定的电路方案将有关电气设备组装在一个封闭的金属外壳内的成套配电装置。高压开关柜广泛应用于配电系统，用于接收与分配电能，既可根据电网运行需要将一部分电力设备或线路投入或退出运行，又可在电力设备或线路发生故障时将故障部分从电网中快速切除，从而保证电网中无故障部分的正常运行，以及设备和运行维修人员的安全。

高压开关柜具备"五防"功能，即防止误分、合开关，防止带负荷分、合隔离开关或隔离插头，防止接地开关合上（或带接地线）时送电，防止带电合接地开关（或挂接地线），防止误入带电隔离室等五项措施。

1. 高压开关柜的分类

1）按照结构类型可分为如下三类。

① 铠装式开关柜：各室间使用金属板隔离且接地，如 KYN 型和 KGN 型。

② 间隔式开关柜：各室间使用一个或多个非金属板隔离，如 JYN 型。

③ 箱式开关柜：具有金属外壳，但间隔数目少于铠装式或间隔式，如 XGN 型。

2）按照断路器的放置位置可分为如下两类。

① 落地式开关柜：断路器手车本身落地，推入柜内。

② 中置式开关柜：手车装于开关柜中部，手车的装卸需要装载车。

3）按照绝缘类型可分为如下两类。

① 空气绝缘金属封闭开关柜。

② 气体绝缘金属封闭开关柜（GIS，俗称充气柜），如常用的 SF_6（六氟化硫）开关柜。

4）按照使用场所可分为户内式开关柜和户外式开关柜。

2. 高压开关柜的型号

某高压开关柜型号为 XGN15-12（Z）/T100-31.5，各组成部分的含义如下："X"表示箱式交流金属封闭开关设备，"G"表示固定式，"N"表示户内，"15"表示设计序号，"12"表示额定电压为 12kV，"（Z）"表示配真空断路器，"T"表示采用弹簧操动机构，"100"表示额定电流为 100A，"31.5"表示开断电流为 31.5kA。

5.2.2　高压切换柜及其构成

对于重要的用电场所，需要供给两路 10kV 电源，这时就要用到高压切换柜对两路 10kV 电源进行切换操作。10kV 切换柜系统图如图 5-19 所示。

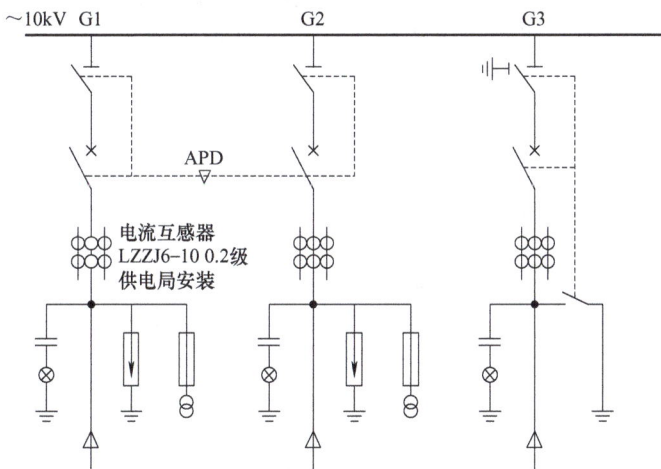

图 5-19　10kV 切换柜系统图

切换柜通常由两个进线柜、一个出线柜构成。进线柜的作用是从供电网引入 10kV 电源，10kV 电源经开关柜将电能送到 10kV 母线；出线柜的作用是从母线把 10kV 电能供给到环网柜。

在两路 10kV 电源中，一路作为正常使用的电源，另一路作为备用电源，两路电源可以采用手动切换，也可以采用备用电源自动投入装置（APD）来切换。

10kV 切换柜的主开关通常采用断路器 – 隔离开关组合，10kV 真空断路器和隔离开关如图 5-20 所示。

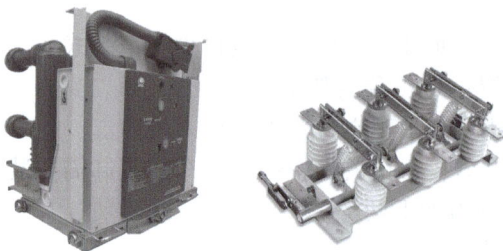

图 5-20　10kV 真空断路器和隔离开关

不同开关的功能不同，它们之间往往具有固定的组合，相互之间取长补短，实现比较全面的功能，即正常开关、短路和过电流保护以及隔离电源。通常，断路器与隔离开关组合使用，负荷开关与熔断器组合使用。

在断路器 – 隔离开关组合中，断路器起开关正常电流、短路和过电流保护作用，而隔离开关起隔离作用。在负荷开关 – 熔断器组合中，负荷开关起开关正常电流作用，熔断器起短路和过电流保护作用，隔离功能则由跌落式熔断器机构完成。环网柜中广泛采用负荷开关 – 熔断器组合，后面会详细讲解。

5.2.3　APD 及其原理

在对供电可靠性要求较高的变配电所中，通常设有两路或两路以上的电源进线，或者设有备用电源。若在作为备用电源的线路上装设 APD（也常用 BZT 这一拼音简写），则当工作电源线路突然断电时，利用失电压保护装置使该线路的断路器跳闸，而备用电源线路的断路器则在 APD 作用下迅速合闸，使备用电源投入运行，从而大大提高供电可靠性，实现了对用户的不间断供电。

APD 的接线方式有两种，如图 5-21 所示。

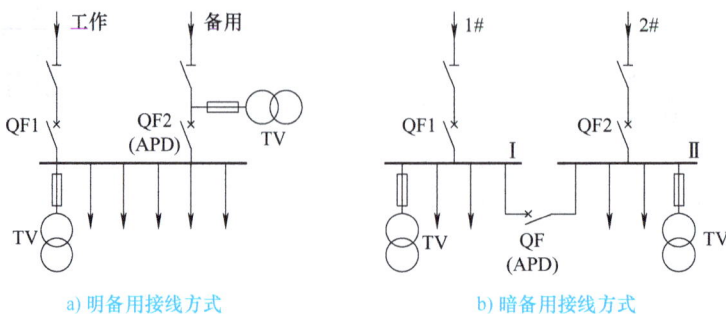

a) 明备用接线方式　　　　　　b) 暗备用接线方式

图 5-21　APD 的接线方式

1）明备用接线方式：APD 装在备用进线断路器上。

2）暗备用接线方式：APD 装在母线分段断路器上。

APD 的基本原理电路如图 5-22 所示。

（1）正常工作状态　闭合断路器 QF1，电源 WL1 供电；断路器 QF2 断开，电源 WL2 备用。QF1 的辅助触头 QF1 3-4 闭合，时间继电器 KT 得电，其延时断开触头闭合，但由于断路器 QF1 的另一对辅助触头 QF1 1-2 断开，因此合闸接触器 KO 不会通电动作。

（2）备用电源自动投入　当工作电源 WL1 断电引起失电压保护动作使断路器 QF1 跳闸时，其辅助触头 QF1 3-4 断开，时间继电器 KT 断电。在 KT 的延时断开触头尚未断开

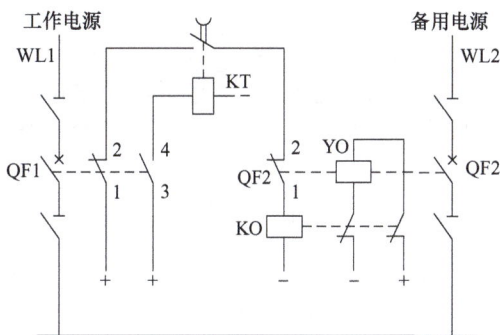

图 5-22　APD 的基本原理电路

前，由于断路器 QF1 的辅助触头 QF1 1-2 闭合，接通合闸接触器 KO 回路，使之动作，断路器 QF2 的合闸线圈 YO 回路接通，使 QF2 合闸，备用电源 WL2 投入运行。当 KT 的延时断开触头经延时（约 0.5s）断开后，切断 KO 合闸回路。QF2 合闸后，其辅助触头 QF2 1-2 断开，切断 YO 合闸回路。

5.2.4　规范、标准简介

相关规范、标准如下：

① GB/T 3906—2020《3.6kV ～ 40.5kV 交流金属封闭开关设备和控制设备》。

② DL/T 404—2018《3.6kV ～ 40.5kV 交流金属封闭开关设备和控制设备》。

③ GB 50150—2016《电气装置安装工程　电气设备交接试验标准》。

GB/T 3906—2020《3.6kV ～ 40.5kV 交流金属封闭开关设备和控制设备》规定，除了防止误分、合开关可以采用提示性标识外，其余"四防"都必须采用强制性闭锁。GB/T 3906—2020 与 DL/T 404—2018 在水分含量、密封试验以及组合型功能开关的开合和接地性能试验内容上有所不同。

5.2.5　10kV 切换柜 APD 的接线和参数整定

1. 对 APD 的基本要求

工作电源无论以任何原因断开，备用电源都应能自动投入；必须在工作电源确已断开，而备用电源电压也正常时，才允许投入备用电源；APD 只能动作一次，以免将备用电源重复投入到永久性故障上；当电压互感器的二次回路断线时，APD 不应误动作；若备用电源容量不足，应在 APD 动作的同时切除一部分次要负荷；APD 的动作时间应尽可能短，以利于电动机的自起动和缩短停电时间。

2. APD 的接线

这里以暗备用接线方式进行说明，暗备用 APD 的接线如图 5-23 所示。

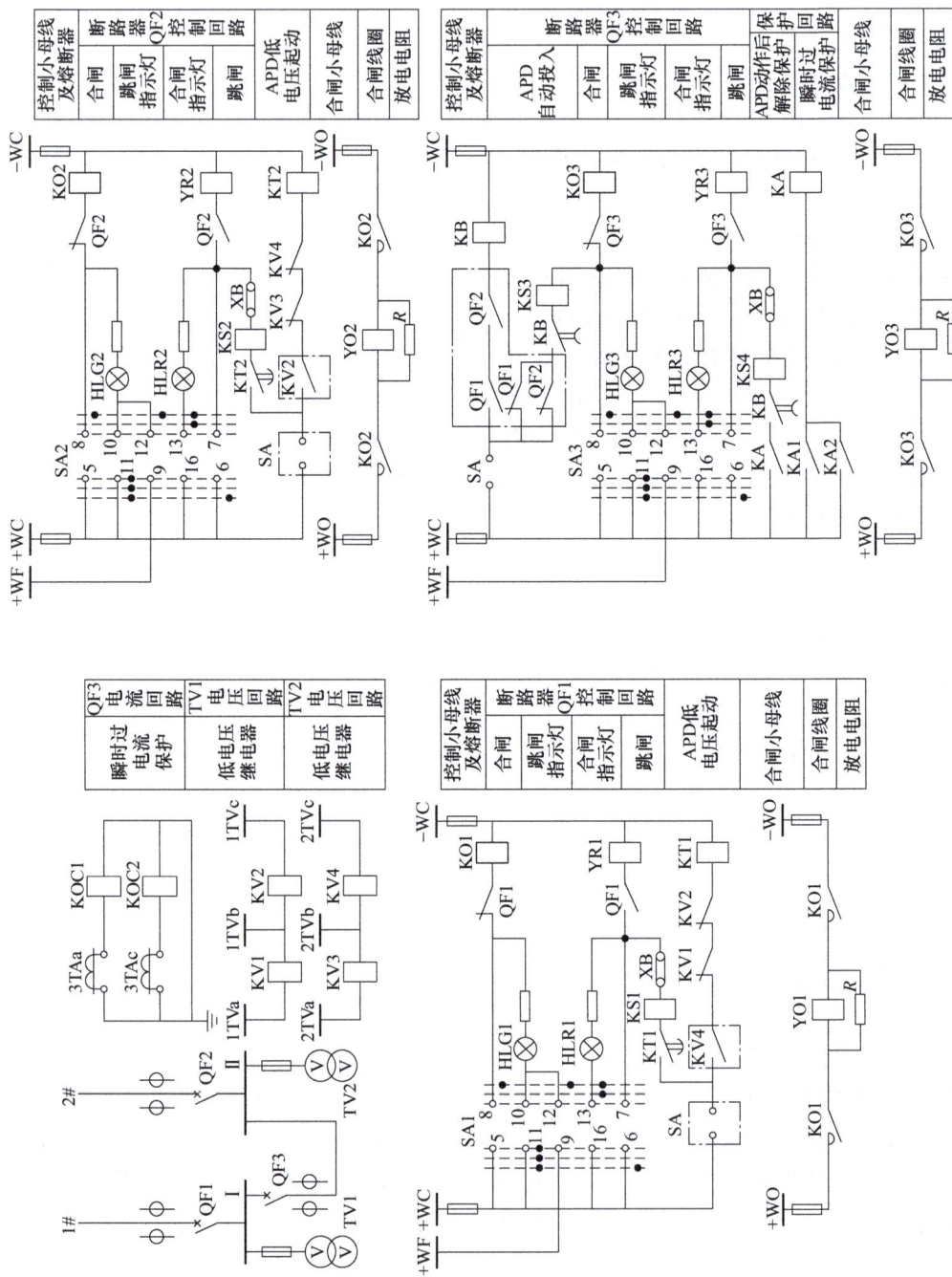

图 5-23　暗备用 APD 的接线

1）正常运行时：QF1、QF2 闭合，QF3 断开，闭锁继电器 KB 接通，低电压继电器 kV1～KV4 均处于闭合状态，APD 处于准备工作状态。

2）APD 动作：若 1# 电源失电压，则 KV1、KV2 断电→KT1 接通→YR1 得电→QF1 跳闸。

QF1 跳闸后，其常闭触头闭合→KO3 得电→QF3 自动合闸，完成了 APD 的任务；其常开触头断开→KB 断电→延时断开 QF3 的合闸回路，保证 APD 只动作一次。

3）当 QF3 合闸于永久性故障线路时：KOC1、KOC2 动作→KA 闭合，KB 闭合→YR3 通电→QF3 跳闸。

4）自投成功后：KB 断开→QF3 过电流保护解除。

若自投成功，则线路改为单母线运行；若自投不成功，则 QF3 立即跳闸。

3. APD 的参数整定

1）低电压继电器 KV1（KV3）的动作电压：用于检查工作母线电压是否正常。当母线上引接的电抗器或变压器后面短路时，APD 不应动作，$U_{op} < U_{re}$（U_{op} 为低电压继电器的动作电压，U_{re} 为低电压继电器的释放电压）。当母线引出线上短路时，低电压继电器必然动作。保护将故障部分切除后，接在母线 I 上的电动机自起动，此时 APD 不应动作，$U_{re} < U_{st}$（U_{st} 为低电压继电器的吸合电压）。通常，低电压继电器 KV1（KV3）的动作电压整定为电网额定电压的 25%。

2）低电压继电器 KV2（KV4）的动作电压：用于检查备用母线电压是否正常。其动作电压应大于备用母线的最低工作电压，一般整定为电源额定电压的 70%。

3）时间继电器 KT1（KT2）的动作时限：用于保证 APD 动作的选择性。时间继电器的动作时限应大于本级或上级变电所引出线保护的最大动作时限。

4）闭锁继电器 KB 的动作延时：用于保证 APD 只动作一次。闭锁继电器的动作延时应大于母线分段断路器 QF3 的合闸时间。

5.2.6　技术发展：APD 投退策略

关于 APD 的研究主要归结为两类：第一类是对 APD 投退策略的离线分析，如基于 $N-1$ 安排 APD 投退策略研究，以及应用重复潮流法对备用电源侧可用输电能力进行实时在线评估，将所得结果作为 APD 动作与否的决策依据；第二类是基于能量管理系统（Energy Management System，EMS）的广域 APD 控制，如在控制中心建立广域 APD 模型，实现实时的恢复控制，能充分利用 EMS 的全景信息进行决策，通过对现场多个开关的时序控制实现 APD 功能。

第一类对 APD 投退策略进行离线分析，软件分析出的投退策略需要人员到现场对 APD 进行投退操作，一般需将仅在负荷高峰时段不满足投入条件的 APD 长期退出，不能根据电网的实时潮流情况实现在线投退；第二类基于 EMS 的广域 APD 控制，利用 EMS 的全景信息进行决策，但依赖 EMS 对现场开关时序化的遥控操作实现恢复控制，对遥信遥测准确性、闭锁逻辑准确性、通信的要求很高，未充分利用现场 APD 通过电缆就地跳合闸简单可靠的优势。

因此，有一种基于二次设备远方控制技术的 APD 在线投退新方法，在 EMS 上实时计算 APD 投退控制策略,通过遥控软压板代替人员到现场进行投退操作,实现 APD 的在线自动投退,并与现有 EMS 的数据库、界面、模型和平台共享。EMS 仅需对现场 APD 下达软压板控制指令,不需要对现场断路器进行时序化的控制操作,APD 逻辑功能不受影响,实现了功能分层分布,降低了对 EMS 的控制要求和通信信息采集要求。

习　题

1. 高压开关柜的"五防"功能具体指什么?
2. 简述高压开关柜的分类。
3. 高压切换柜的工作原理是什么?
4. 高压切换柜通常由哪些分柜构成?
5. 什么是 APD?

5.3　环网柜的安装及运行维护

本节学习某商住楼环网柜的安装及运行维护。

5.3.1　环网柜的构成及环网连接

环网柜是一组高压开关设备装在钢板柜体内或做成拼装间隔式结构的高压开关柜。实际上,按照开关设备分类,有负荷开关柜、断路器柜、GIS(气体绝缘金属封闭开关柜)等,并无环网柜。环网柜是一个约定俗成的叫法,原指负荷开关柜用于环网式供电,现在经常被人当作负荷开关柜的代名词,而不管是否被用于环网式供电,如有些线路要合环运行(俗称手拉手),或有可能进负荷割接(将一条线上的负荷切换到另一条线上),实现这些功能的开关柜就称为环网柜。

1. 环网柜的构成

图 1-8 是某商住楼高压配电系统图,此图说明了 HXGN 型高压环网柜的构成。

此环网柜有四个间隔,其中一个电源进线间隔用于 10kV 电源进线;一个电源出线间隔用于环网连接用,即给其他环网柜提供 10kV 电源进线;两个馈电间隔用于给两个变压器供电。

高压环网柜的核心部件是开关组合,广泛采用负荷开关 – 熔断器组合,如图 5-24 所示。通常环网柜的额定电流都不大,因而环网柜的高压开关一般不采用结构复杂的断路器,而采用结构简单的带高压熔断器的高压负荷开关。此组合能够完成正常开关、短路保护及隔离三个主要功能,其中,负荷开关承担正常负荷的开与关,熔断器承担短路保护,隔离功能由跌落式机构承担,当负荷开关正常断开或熔断器熔断时,熔断器都可以从正常的位置跌落,形成一个断口来隔离电源。

2. 环网柜的环网连接

环网柜的环网连接如图 5-25 所示。图示为三个环网柜,一个环网柜的出线间隔与另一个环网柜的进线间隔相互连接,多个环网柜成网状连接。

图 5-24　负荷开关 – 熔断器组合

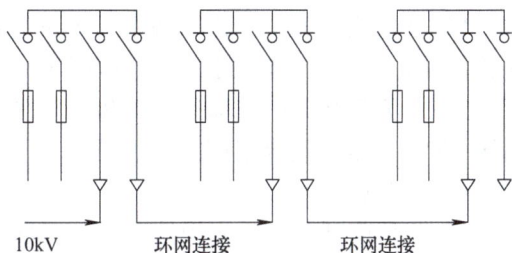

图 5-25　环网柜的环网连接

5.3.2　规范、标准简介

相关规范、标准如下：

① GB/T 16926—2009《高压交流负荷开关　熔断器组合电器》。

② GB/T 3906—2020《3.6kV ～ 40.5kV 交流金属封闭开关设备和控制设备》。

③ DL/T 404—2018《3.6kV ～ 40.5kV 交流金属封闭开关设备和控制设备》。

④ GB 50150—2016《电气装置安装工程　电气设备交接试验标准》。

GB/T 16926—2009《高压交流负荷开关　熔断器组合电器》适用于公用和工业配电系统中所用的负荷开关（包括负荷隔离开关与限流熔断器功能组合）的三极单元。

《国家电网公司物资采购标准（开关柜卷　环网柜册）12kV、24kV 环网柜通用技术规范》（编号：1016006-0000-00）对 10kV 环网柜的结构、安装、调试、性能试验、试运行和验收做出了完整的讲述。

5.3.3　环网柜的安装

通常，环网柜的柜体全部由钢板加工后拼接而成，以减少焊接产生的形变，保证柜体的精度，其防护等级符合 IP30 规定。柜体上部为母线室，仪表室位于母线室的前部，用钢板分隔。柜体中部为负荷开关室，负荷开关与其他一次元件之间有可靠的绝缘间距。对于电缆进出线柜，其柜底装有可拆装的活动盖板及固定电缆支件；对于架空进出线柜，根据用户的要求，其柜顶可加装穿墙套管、母线通道或遮栏架。

环网柜在生产、安装阶段需要进行下列试验。

1）型式试验：目的在于验证环网柜、控制回路、控制设备及辅助设备的各种性能是否符合设计要求。

2）出厂试验：每台环网柜均应在工厂内进行整台组装并进行出厂试验，出厂试验的技术数据应随产品一起交付买方。拆卸产品前，应对关键的连接部位和部件做好标记。

3）现场交接试验：环网柜安装完毕后，应进行现场交接试验，试验应符合 DL/T 404—2018 和 GB 50150—2016 的要求。

5.3.4 环网柜的运行维护

1.10kV 环网柜的操作

（1）送电　确定前门下门板已关合。

1）分接地开关：先移动联锁板至试验位置，下门板被锁定，此时，操作手柄可插入开关操作孔，顺联锁板分接地开关方向转 90°，直至听到分闸声，即接地已分闸。

2）合负荷开关：先移动联锁板至操作位置，插入操作手柄，顺联锁板合负荷开关方向转 90°，直至听到合闸声，即负荷开关已合闸，显示灯呈红色。

（2）停电

1）分负荷开关：插入操作手柄，顺联锁板分负荷开关方向转 90°，直至听到分闸声，即负荷开关已分闸，显示灯呈白色。

2）合接地开关：先移动联锁板至试验位置，插入操作手柄，顺联锁板合接地开关方向转 90°，直至听到合闸声，即接地开关已合闸，显示灯呈黄色，移动联锁板至开门位置，下门板可打开。

2.10kV 环网柜的常见故障及解决办法

常见故障主要发生在电缆接头和绝缘方面。

（1）电缆接头问题　电缆接头接触不良往往导致接头发热。解决办法：首先，适当增加共箱式电缆环网柜的高度，增大电缆的安装空间，电缆芯的长度应使电缆与插接器牢靠连接；其次，考虑套管接触面的导电能力，如果接线端子贴接不良，那么导电面积将会减小，在大电流通过时极易产生高温故障。

（2）绝缘问题　在某些情况下，绝缘板与导电体之间固定性不佳，经过多次开关操作后容易发生松动。操作过程中的振动冲击将触发间歇放电，但由于所有部位均被密封到环网柜内，不一定能够及时发现问题，而且很难找到故障的位置，直到放电造成严重损害后致使隔热板出现贯通性击穿故障。当绝缘问题发生后，放电是连续性的，并促使母联柜电流互感器的外绝缘闪络，导致相对地和相间短路。解决办法：首先，提高对母线的绝缘要求，在设备安装过程中，母线室应全部使用绝缘材料，柜内的导电体对地和相间的空气净距离需达到 125mm 以上；其次，明确绝缘的重点部位，对放电多发部位应予以重点关注，重点部位包括总线支持绝缘子、灭弧动触头拉杆绝缘子、断路器及支座绝缘子、接地开关静态接地支座绝缘子等。

5.3.5 技术发展：环网柜的历史与未来

环网柜源自 10kV 环网配电系统，电力人员习惯性地将用在环网配电系统中的 10kV 高压开关柜称为环网柜，又称为高压环网柜。环网柜的发展历史可以分为四个阶段：产气式环网柜、压气式环网柜、真空环网柜和 SF$_6$ 环网柜。产气式环网柜兴盛于 20 世纪 80 年代末至 90 年代初，当时在全国范围内得到了广泛应用。后因其开断负荷时弧光外露、容易引发安全事故、使用寿命短、维护检修工作量大等缺点，很快就被淘汰了。后来就出现了压气式环网柜，至今仍有部分地区在使用。压气式环网柜也存在开断负荷时弧光外露，且操动机构局限性大、可靠性差、机械寿命不长等，也逐渐被弃用。再后来真空环网柜

和 SF_6 环网柜兴起，真空环网柜的灭弧和绝缘性能好、体积小、无污染，但造价高、机构复杂，因此主要用于电动机的控制与保护。SF_6 环网柜是目前应用广泛的高压环网柜，采用 SF_6 负荷开关，具有体积小、灭弧和绝缘性能好、操作稳定、造价低、使用寿命长等优点。

随着人们环保、节能意识的加强，空气绝缘环网柜、固体绝缘环网柜有望全面取代 SF_6 环网柜，实现环保配电。

环网柜中的开关设备除了 SF_6 负荷开关外，也可以选用真空负荷开关或真空断路器，以减小环网柜体积。

在箱式变电站、环网柜安装于户外的情况下，容易出现因外壳油漆层剥落导致的外壳锈蚀，以及由于环境温度变化造成箱壳内电气设备表面凝露等问题。GRC（玻璃纤维增强混凝土）环保箱体则可以很好地解决这些问题。该箱体以 GRC 建筑技术为基础，以水泥、玻璃纤维和铸造用硅砂为主要原料，采用模具化整体成型生产技术，生产过程无粉尘污染，符合环保和劳保标准，具有机械强度高、重量较轻、易与环境协调等特点，可作为箱式变电站、环网柜、电缆分支箱等各类户外电力设备的箱体使用。

习　题

1. 简述环网柜的构成。
2. 环网柜常用的主开关组合是什么？
3. 以手拉手方式连接三个环网柜。

5.4　低压开关柜的安装及运行维护

低压开关柜是低压配电中心，由一系列不同功能的分柜组成，为建筑内各动力和照明设备供电。本节主要学习某商住楼高低压配电室低压开关柜的安装及运行维护。

5.4.1　低压开关柜的种类和结构

1. 低压开关柜的种类

低压开关柜是按一定的接线方案由一次设备、二次设备组装而成的一种低压配电装置，在 1000V 以下的供配电系统中用于动力和照明配电。

1）按符合标准程度分类。

① 全型式试验的低压开关柜（TTA）：符合一种确认的型号或系列的低压成套开关设备和控制设备，它与已经验证认为符合标准的定型成套设备相比，不存在可能会影响性能的差异。

② 部分型式试验的低压开关柜（PTTA）：一种低压成套开关设备和控制设备，它既包含型式试验的安排，也包括未经型式试验安排，后者是从符合相关试验的通过型式试验的设备派生（如通过计算）出来的。

2）按结构分类。

① 固定式开关柜：固定式开关柜有 GGD 型等。

② 抽出式开关柜：抽出式开关柜因为比较节省地方、维护方

低压开关柜母线架构

便、出线回路多，所以是主流种类。抽出式开关柜有 GCK 型、GCS 型、MNS 型和 MCS 型等。

抽出式开关柜采用钢板制成封闭外壳，进出线回路的电器元件都安装在可抽出的抽屉中，构成能完成某一类供电任务的功能单元。功能单元与母线或电缆之间用接地的金属板或塑料制成的功能板隔开。抽出式开关柜具有较高的可靠性、安全性和互换性，是比较先进的开关柜，适用于对供电可靠性要求较高的工矿企业、高层建筑，作为集中控制的配电中心。

不同型号抽出式开关柜的性能区别和构造区别分别见表 5-1 和表 5-2。

表 5-1　不同型号抽出式开关柜的性能区别

产品型号	互换性	联锁	抽屉间隔安装方式	分断接通能力	动热稳定性	垂直排
GCK	一般	—	左右	高	高	三相
GCS	良好	良好	旋转	高	高	三相
MNS	良好	良好	联锁	很高	很高	三相四线

表 5-2　不同型号抽出式开关柜的构造区别

产品型号	母线	最小模数 E	原产地	模数层数	钢型拼装	安装模数	操作柜
GCK	水平母线设在柜顶，垂直母线设有阻燃型塑料功能板	1 模数 $E=20mm$	国内自主开发	最多 9 层	异型钢	最多 9 个抽屉	单面，深 800mm
GCS	水平母线后出线，垂直母线设有阻燃型塑料功能板	1/2 模数 $E=20mm$	国内自主开发	最多 11 层	8MF 型钢	最多 22 个抽屉	单面，深 800mm
MNS	水平母线后出线，垂直母线设有阻燃型塑料功能板	1/4 模数 $E=25mm$	ABB 引进	最多 9 层	C 型钢	最多 72 个抽屉	双面，深 1000mm

2. 低压开关柜的结构

低压开关柜的结构大体类似，主要分为母线室、断路器室、二次控制室（仪表室）及馈线室等。低压开关柜的母线分为主母线（水平母线）和配电母线（垂直母线），其母线结构如图 5-26 所示。

馈电柜介绍

图 5-26　低压开关柜的母线结构

一个完整的低压开关柜包括一系列分柜，如主开关柜、馈电柜、计量柜、补偿柜及联络柜等。各个分柜由若干抽屉组成，抽屉的宽度相同，高度不同。对 GCK 型开关柜来说，一个抽屉的高度是一个或几个模数，一个模数的高度是 20mm。

低压开关柜可以单排排列，也可以双排排列，一般根据分柜的多少来决定。柜体背部距离墙面应有足够的距离，以便于维护。双排排列的柜体面对面排列，以便于操作和维护，柜体之间也应有足够的距离。

5.4.2 低压开关柜的母线分段方式

低压配电系统通常采用单母线分段运行，设三段母线，分别为正常母线 I 段、正常母线 II 段和应急母线段；每段母线有一个主开关，共有三个主开关；三段母线之间设有两个母线联络断路器。

这里以附录 B 的某商住楼低压配电系统图为例说明其母线分段方式，如图 5-27 所示，图中画出了三段母线、主开关、联络开关及各段母线下的分柜。1ACB（位于 1AA1 分柜）为正常母线 I 段的主开关，2ACB（位于 2AA1 分柜）为正常母线 II 段的主开关，5ACB（位于 AAE1 分柜）为应急母线段的主开关。3ACB（位于 2AA6 分柜）为正常母线 I 段与正常母线 II 段之间的母线联络开关，正常母线 II 段通过双电源切换柜（AAE1 分柜，其中联络开关为 4ACB）与应急母线段联络。

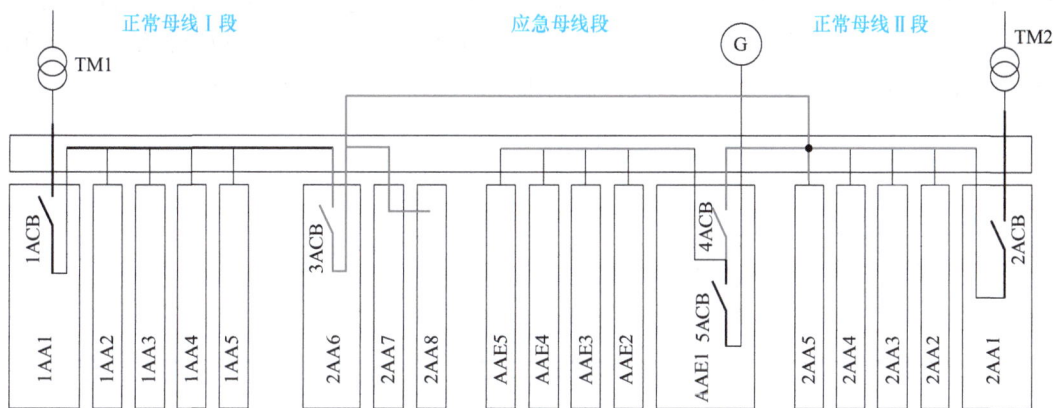

图 5-27　低压开关柜母线分段方式

正常情况下，变压器 TM1 通过正常母线 I 段给其负荷供电，变压器 TM2 通过正常母线 II 段给其负荷供电，而应急母线段的负荷由正常母线 II 段供电。此时，1ACB、2ACB 和 4ACB 闭合，3ACB 和 5ACB 断开。

若只有变压器 TM1 发生故障，则断开 1ACB，正常母线 I 段失电，其负荷不能获得电力。此时，2ACB 和 4ACB 闭合，1ACB、3ACB 和 5ACB 断开。

若只有变压器 TM2 发生故障，则断开 2ACB，正常母线 I 段通过 3ACB 使正常母线 II 段维持电力，进而确保应急母线段保持电力，其下边的重要负荷不至于断电。此时，1ACB、3ACB 和 4ACB 闭合，2ACB 和 5ACB 断开。

若 10kV 供电发生故障，则起动柴油发电机组，闭合 5ACB，直接给应急母线段提供电力，因为正常母线 II 段有重要负荷，所以还需闭合 4ACB，这样，应急母线段通过

4ACB 给正常母线 Ⅱ 段的重要负荷供电。正常母线 Ⅰ 段失电，其负荷不能获得电力。此时，5ACB 和 4ACB 闭合，1ACB、2ACB 和 3ACB 断开。

5.4.3 规范、标准简介

相关规范、标准如下：
① GB/T 7251《低压成套开关设备和控制设备》系列。
② GB/T 24274—2019《低压抽出式成套开关设备和控制设备》。
③ GB 50303—2015《建筑电气工程施工质量验收规范》。
④ GB/T 2424.25—2024《环境试验 第 3 部分：试验导则 地震试验方法》。
⑤ GB/T 18859—2016《封闭式低压成套开关设备和控制设备 在内部故障引起电弧情况下的试验导则》。

GB/T 7251 系列包括多个部分。第 1 部分为总则，第 2 部分为成套电力开关和控制设备，第 3 部分为由一般人员操作的配电板（DBO），第 4 部分为对建筑工地用成套设备（ACS）的特殊要求，第 5 部分为公用电网电力配电成套设备，第 6 部分为母线干线系统（母线槽），第 7 部分为特定应用的成套设备——如码头、露营地、市集广场、电工车辆充电站，第 8 部分为智能型成套设备通用技术要求，第 10 部分为规定成套设备的指南。

GB 50303—2015《建筑电气工程施工质量验收规范》对成套配电柜、控制柜（台、箱）和配电箱（盘）的安装项目进行了说明，列举了成套配电柜安装的主控项目，如金属框架及基础型钢应与保护导体可靠连接；手车、抽出式成套配电柜推拉应灵活、无卡阻碰撞现象。该标准规定了交接试验项目，包括绝缘试验和工频耐压试验等。

5.4.4 低压开关柜的安装和型式试验

1. 低压开关柜本体安装

低压开关柜安装指引（部分）见表 5-3。

表 5-3　低压开关柜安装指引（部分）

分项工程工序	检验项目	质量标准	检验方法及器具
柜体接地	柜体与基础连接	牢固，导通良好	观察及导通检查
	装有电器可开启门的接地	用软铜导线接地	观察及导通检查
柜上电气部件检查	设备仪表型号规格	按设计规定	对照设计图检查
	设备外观检查	完好、齐全	观察检查
	载流体相间及对地距离	按 GB/T 7251 系列标准规定	用尺检查
	表面漏电距离	按 GB/T 7251 系列标准规定	用尺检查
	二次回路体对地距离	按 GB 50171—2012 标准规定	对照规范检查
	二次回路表面漏电距离	按 GB 50171—2012 标准规定	对照规范检查

2. 型式试验

型式试验是在外观、机械和电气方面进行检查，主要包括如下内容。

1）接线，通电操作验证：有效进行机械操作，导线和电缆布置准确，直观检查保证防护等级、电气间隙和爬电距离。

2）温升极限的验证：不会烧伤维护人员，不会因误脱扣影响正常运行。

3）介电性能验证：不产生电弧，不发生绝缘体过早老化，接触外壳时不发生触电危险。

4）短路耐受强度验证：为保证运行中供电连续性，须将产生的电弧控制在开关柜内部；接触外壳时没有触电的危险；进行简单检查后可恢复开关柜的运行。

5）保护电路有效性验证。

6）电气间隙和爬电距离验证：开关柜安全性和使用寿命符合要求，接触金属部位时没有触电的危险，绝缘部位没有漏电。

7）机械操作验证：在开关装置和可移动、抽出式或可分离式功能单元上进行操作测试，确保机械操作机构的寿命符合要求。

8）防护等级验证：防止人员接触危险部位，防止设备受到外部固态或液态物体的影响；进行内部防护等级和外部防护等级验证。

5.4.5　低压开关柜的常见故障

低压开关柜的常见故障见表 5-4。

表 5-4　低压开关柜的常见故障

故障现象	产生原因	排除方法
万能式断路器不能合闸	1）控制电路故障 2）智能脱扣器动作后，面板上的红色按钮没有复位 3）储能机构未储能或储能电路出现故障 4）抽出式开关没有摇到位 5）电气联锁故障 6）合闸线圈损坏	1）用万用表检查开路点 2）查明脱扣原因，排除故障后按下复位按钮 3）手动或电动储能，如果不能储能，再用万用表逐级检查电动机或开路点 4）将抽出式开关摇到位 5）检查联锁线是否接入 6）目测检查和用万用表检查
塑料外壳式断路器不能合闸	1）机构脱扣后，没有复位 2）断路器带欠电压线圈而进线端无电源 3）操作机构没有压入	1）查明脱扣原因并排除故障后复位 2）使进线端带电，将手柄复位后，再合闸 3）将操作机构压入后再合闸
断路器经常跳闸或合闸就跳	1）断路器过负荷或过电流参数设置偏小 2）出线回路有短路故障	1）适当减小用电负荷，重新设置断路器参数值 2）消除短路故障
接触器发响	1）接触器受潮，铁心表面锈蚀或产生污垢 2）有杂物掉进接触器，阻碍机构正常动作 3）操作电源电压不正常	1）清除铁心表面的锈或污垢 2）清除杂物 3）检查操作电源，恢复正常

（续）

故障现象	产生原因	排除方法
不能就地控制操作	1）控制电路有远控操作，而远控线未正确接入 2）负荷电流过大，使热元件动作 3）热元件整定值设置偏小，使热元件动作	1）正确接入远控操作线 2）查明负荷过电流原因，将热元件复位 3）调整热元件整定值并复位
电容柜不能自动补偿	1）控制电路无电源电压 2）电流信号线未正确连接	1）检查控制电路，恢复电源电压 2）正确连接信号线
补偿器始终只显示"1.00"	电流取样信号未送入补偿器	从电源进线总柜的电流互感器上取电流信号至控制仪的电流信号端子上
电网负荷是滞后状态（感性），补偿器却显示超前（容性），或滞后，但投入电容器后功率因数值不增大，反而减小	电流信号与电压信号相位不正确	1）220V补偿器电流取样信号应与电压信号（电源）在同一相上取样；380V补偿器电流取样信号应在电压信号不同相上取样，例如，电压 $U_{AC}=380V$，电流就取 B 相 2）如果电流取样相位正确，那么将控制器上电流或电压的两个接线端互相调换位置即可
电网负荷滞后，补偿器也显示滞后，但投入电容器后功率因数值不变，其值只随负荷变化而变化	投切电容器产生的电流没有经过电流取样互感器	使电容器的供电主电路直至进线主柜电流互感器的下端，保证电容器的电流经过电流取样互感器

5.4.6　技术发展：智能低压成套设备

目前，智能低压成套设备发展迅速，其性能包括如下三方面。

1）智能互联。具备智联二维码，链接成套设备的关键资产信息，同时集成防伪功能；配置标准网关，实现出厂即互联；也可配备云网关，为传感器等设备提供云方案。数字面板直观显示状态连接，配合网关提供失电压、超温等报警信息；对云连接进行测试，展示网关连接状态。

2）多重测量，使成套设备可自主感知。预置无线温度传感器，实时监测关键点温度，预知成套设备的故障风险；运用可扩展的无线测量方案实现电能的精准测量及开关状态的捕捉。

3）多功能数字平台，让系统主动思考。通过软件进行方案预置，提升施工、运维效率；可以实现配置、升级、信息同步和云网关/本地网关切换；配合成套智联二维码，实现高效资产管理和预防性维护；通过云架构及物联网技术实现移动运维；基于APP（应用），使得运维操作更便利；实现云同步，支持盘柜及设备录入，资产信息和调试信息同步，完成数字孪生云同步；配电设备全生命周期管理，打造用户&项目信息管理平台。

▶ 习　题 ◀

1.简要说明低压开关柜的柜体结构。

2.简要说明一个完整的低压开关柜包括哪些功能分柜。

3.连线对应如下五种功能的分柜或抽屉。

1AA1 分柜的抽屉 1	无功补偿柜（电容柜）
1AA1 分柜的抽屉 2	主开关柜（进线柜）
1AA2 分柜	计量柜
1AA3 分柜	母线联络柜
2AA6 分柜的抽屉 1	馈电柜（出线柜）

4. 低压配电系统的三段母线各是什么母线？

5. 从附录 B 中找出 1ACB、2ACB、5ACB，并说明它们的用途。

6. 3ACB、4ACB 的作用是什么？

7. 任一时刻，1ACB、2ACB、3ACB 中只能有两个闭合，为什么？

8. 任一时刻，1ACB、2ACB、3ACB 中只能有两个闭合，如何用简单的办法解决这个问题？

第6章

节约用电及计划用电

6.1 照明系统的节能改造

本节学习某办公室照明系统的节能改造方案。

6.1.1 照明节能的方法

一方面，建筑内照明用电量比较大，有文献统计表明，照明用电占到总用电的 30% 以上，这意味着照明节能潜力较大。另一方面，照明技术的发展比较迅速，出现了各种照明监控、智能照明系统，为节电提供了新的思路。照明节能的主要方法如下。

（1）采用节能光源和灯具，优化光学设计　优先采用高光效的光源和灯具。LED 光源由于光效高、寿命长，在很多场合得到了普及应用。

LED 照明系统通常由 LED 阵列光源、驱动电路、透镜和散热器等部分组成。提高 LED 灯具效率和照明系统光效的方法如下。

1）提高 LED 灯具效率的方法。

① 提高 LED 光源的光效，优化散热设计。

② 选用透光率高的透镜。

③ 优化 LED 光源在灯具内部的排列方式。

2）提高 LED 照明系统光效的方法。

① 除了选用高效的 LED 光源外，还应当确保灯具的散热性能，以避免 LED 光源在工作中温升过高导致光输出严重下降。

② 选择适当的 LED 照明电源拓扑结构，保证驱动电路有尽可能高的工作效率，同时满足特定的电学与驱动要求。

③ 通过合理的灯具结构和光学设计，保证尽可能高的光学效率。

此外，选购灯具时应将重点放在灯具的照明功能上，而不要放在灯具的装饰功能上；定期清扫照明设备上的灰尘，因为灯具久未清洗，灰尘容易聚积在灯管上，影响光效；天花板、墙壁等选择淡色系、高反射率，可增加光的反射；采用高反射率的灯罩。

（2）利用照明控制和智能照明技术节能　例如，利用照度感应和动静检测的自动控制系统控制点亮灯具的个数和调节灯光亮度。

（3）其他　有效利用自然光，利用光伏发电和风力发电等新能源发电技术，建立有效的节电管理机制，培养良好的节电意识。

6.1.2 照明功率密度

照明功率密度（Lighting Power Density，LPD）是单位面积上的照明安装功率（包括光源、镇流器或变压器等附属用电器件），单位为 W/m²（瓦特每平方米）。

照明功率密度限值是最大允许值，并非优化值。一个场所应按照度标准值和场所面积及其室形指数（RI）等因素经计算确定光源数量和需要的安装功率。

办公建筑和其他类型建筑中具有办公用途场所的照明功率密度限值的目标值见表 6-1。

表 6-1　照明功率密度限值的目标值

房间或场所	照明功率密度限值的目标值 / （W/m²）
普通办公室、会议室	≤6.5
高档办公室、设计室	≤9.5
服务大厅	≤8.0

6.1.3 规范、标准简介

相关规范、标准如下：

① GB/T 50034—2024《建筑照明设计标准》。

② GB 50189—2015《公共建筑节能设计标准》。

GB/T 50034—2024《建筑照明设计标准》规定办公建筑和其他类型建筑中具有办公用途场所的照明功率密度限值的现行值应符合现行强制性工程建设规范 GB 55015—2021《建筑节能与可再生能源利用通用规范》的规定，目标值应符合表 6-1 的规定。

GB/T 50034—2024《建筑照明设计标准》对照明控制做了一些规定，这些规定有助于满足照明功率密度限值：

1）公共建筑和工业建筑的走廊、楼梯间、门厅等共用场所的照明，宜按建筑使用条件和天然采光状况采取分区、分组控制措施。

2）建筑物公共场所宜采用集中控制，并按需采取调光或降低照度的控制措施。

3）旅馆的每间（套）客房应设置节能控制措施；楼梯间、走道的照明，除疏散照明外，宜采用自动降低照度等节能措施。

4）住宅建筑共用部位的照明，应采用自动降低照度等节能措施。当应急照明采用节能自熄开关时，应采取消防时强制点亮的措施。

5）除设置单个灯具的房间外，每个房间灯具的控制分组不宜少于两组。

GB 50189—2015《公共建筑节能设计标准》修订后，与 2005 版相比，由于围护结构热工性能的改善，供暖空调设备和照明设备能效的提高，全年供暖、通风、空气调节和照明的总能耗减少 20% ~ 23%，其中从北方至南方，围护结构分担节能率为 6% ~ 4%，空调供暖系统分担节能率为 7% ~ 10%；照明设备分担节能率为 7% ~ 9%。该节能率仅体现围护结构热工性能、供暖空调设备和照明设备能效的提升，不包含热回收、全新风供冷、冷却塔供冷、可再生能源等节能措施所产生的节能效果。

6.1.4 办公室照明系统节能改造

办公室照明系统节能改造主要采取如下措施。

1）采用节能光源和灯具，优化光学设计。优先采用高光效的 LED 光源和灯具，通过合理的灯具结构和光学设计保证尽可能高的光学效率；建立定期清扫照明设备、墙壁上灰尘的机制。

2）利用照明控制和智能照明技术节能。在不经常有人走过的电梯周边走道及办公室走廊安装动静检测的自动控制系统，利用动静检测探头判断有无人员经过；利用日光感应系统及动静检测的自动控制系统控制点亮灯具的个数和调节灯光亮度。

3）有效利用自然光。由于办公区的工作时间几乎都是白天，有大量的自然光通过玻璃幕墙、窗户照射进来，因此考虑办公室的人工照明与天然光线进行互补，既节约能源又可形成舒适的办公环境。采用日光感应技术，通过精确调节房间灯具的输出照度补偿周围环境的亮度，从而将办公区的亮度维持在一个设定的范围内。

4）利用光伏发电和风力发电等新能源发电技术。

5）建立有效的节电管理机制，培养良好的节电意识。为充分实现节能，省去不必要的能源消耗，在大楼办公区域进行能源管理，可以分区进行办公室节电的考核指标；养成人走灯灭的节电习惯。

除了以上节电措施外，还可充分挖掘节电潜力，采取其他降低照明功率密度的措施。

1）设计的照度计算值可低于规定的照度标准值，但不应低于其 90%。

2）作业面邻近周围的照度可以低于作业面的照度，一般允许降低一级（但不应低于 200lx）。例如，办公室的进门处和不可能放置作业面的地带，均可降低照度。

3）通道和非作业区的照度可以降低到作业面照度的 1/3 或以上，这个规定符合实际需要，对降低实际照明功率密度值有很明显的作用。

4）对于装饰性灯具，可以按其功率的 50% 计算照明功率密度值。

5）条件允许时，可适当降低灯具安装高度，以提高利用系数。

6.1.5 技术发展：照明节电器

照明节电器是气体放电光源广泛应用时代的产品。其工作原理是实时采集输出、输入电压信号，与最佳照明电压进行比较，通过计算进行自动调节，从而保证输出最佳的照明系统工作电压。智能照明节电器具有以下优点。

（1）稳定最佳工作电压　针对电网电压偏高和波动等现象，调控装置可根据用户现场实际需求实时在线调控，输出最佳照明工作电压，并能将其稳定在 ±2% 以内，有效提高电能质量，从而达到节电 10% ~ 40% 的效果。

（2）多时段节能运行　根据用户实际的照明需求，调控装置还可通过程序进行多时段节能电压设置，从而满足用户不同光源、不同时间的需求，实现最佳照明状态和最大节电率。

（3）有效保护电光源，延长其使用寿命　影响电光源寿命的一个重要因素是：启动和运行时电流和电压对光源的冲击。智能调控装置能够实现灯具的软启动和慢斜坡控制过程。灯具启动时，采用低电压软启动，充分预热，该过程可减少 40% 的启动电流冲击，有效提高光源寿命。

习　题

1. 说明照明系统的节能方法。
2. 什么是照明功率密度？
3. 计算某个场所照明节能的效果。

6.2　供配电系统的节能改造

针对某建筑供配电系统施工图，找出节能改造的关键，并提出节能改造方案。

6.2.1　负荷曲线和计划用电

要做到供配电系统的节电，先要知道耗电情况。电力系统负荷随时间不断变化，具有随机性，其变化情况用负荷曲线表示。通常有日负荷曲线、月负荷曲线和年负荷曲线，日负荷曲线和年负荷曲线预测如图 6-1 所示。

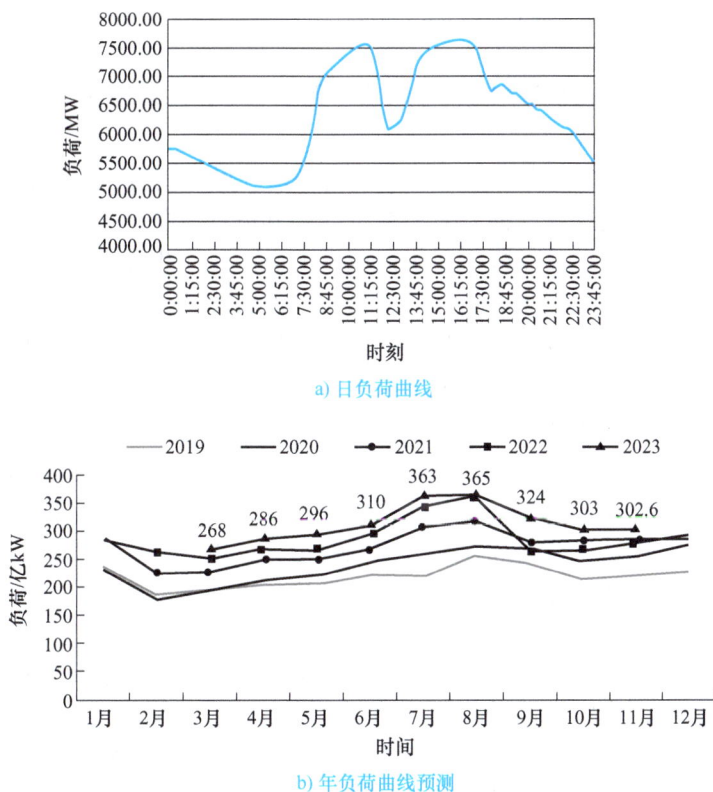

a) 日负荷曲线

b) 年负荷曲线预测

图 6-1　日负荷曲线和年负荷曲线预测

负荷曲线是供电部门、用电企业计划用电、节约用电的依据之一。电能是一种特殊的商品，它的特点是发、供、用（储）同时完成。电力商品的特殊性决定了计划用电的重要性，计划用电的实质就是保持发、供、用、储电的综合平衡。计划用电的重点在于工业，因为工业企业的用电量占比最大。首先，要做好用电分析和用电负荷预测工作，依据各工业企业的生产计划和单位产品电能消耗定额制订电能分配计划，确定用电指标，并根据电网调峰需要调整负荷，确定不同时间的用电负荷。

依据负荷曲线，可以实施"削峰填谷"。有些地方的供电部门也采用"先错峰，后避峰，再限电，最后拉闸"的方式，既平衡了用电需求，又提高了供电可靠性。

错峰用电是指根据电网负荷特性，通过行政、技术、经济等手段将电网用电高峰时段的部分负荷转移到用电低谷时段，从而减少电网的峰谷负荷差。

避峰是指事先安排客户在用电高峰时段减少用电负荷，而这部分用电负荷未转移至非高峰时段。避峰将造成用电量减少，例如，在用电高峰时段令可间断供电的生产设备或单位暂停用电。

依据负荷曲线不仅可以调节用电，还可以预测用电量，做好发电厂、电力网等的建设规划。

6.2.2　供配电系统的节电措施

供配电系统的节电措施有很多，主要有如下 8 个。

1）变压器的节能选择与运行。

2）减少线路损耗。

3）提高功率因数。提高功率因数可以减小无功功率，从而减小线路和设备的总电流，达到节电效果。

4）抑制高次谐波。谐波就是存在于工频电路系统里的高频波。谐波电流的存在不仅增加了供配电系统的电能损耗，而且对供配电线路和电气设备产生危害。谐波能使电网的电压和电流波形产生畸变，不仅降低了供配电网的电压，产生无功损耗，而且严重影响电子设备及电气控制设备的稳定与安全运行；谐波电流会导致变压器铜耗、铁耗、噪声增大及温度升高，迫使变压器基波负荷容量下降；电容器与配电系统中的感性负荷构成并联或串联回路，这很有可能引发共振，放大谐波电流或电压，使电容器端电压增大，通过电容器的电流增大，功率损耗增加。谐波严重时会使电容器击穿，甚至爆炸；随着谐波次数高频率上升，趋肤效应愈加明显，从而导致电缆的交流电阻增大，使电缆的允许通过电流减少，电缆的介质损耗增加，从而加速电缆绝缘老化，发生单相接地故障的次数明显增加；谐波电流会增加异步电动机的附加损耗，降低效率，严重时会使电动机过热；谐波电流会使断路器的额定电流降低，可能使断路器异常发热，出现误动作或不动作，谐波电流还会影响电力测量的准确性。

可以使用无源电力滤波器来减小谐波，同时补偿无功功率和平衡三相负荷。

5）平衡三相负荷。当三相负荷不平衡时，变压器处于不对称运行状态，造成变压器的损耗增大（包括空负荷损耗和负荷损耗）。对线路来说，当三相负荷不平衡时，中性线有电流流过。除相线有损耗外，中性线也有损耗。对电动机来说，不对称电压存在正序、负序、零序三个分量，该电压输入电动机后，正、负序电压就会产生相反的旋转磁场，使电动机转矩下降、效率降低、无功功率增加、绕组温度升高。

6）使用节电器。节电器是一种可提高功率因数、抑制高次谐波、平衡三相负荷等全部功能或部分功能的装置。

7）选用高效节能的用电设备。

8）建立有效的节电管理机制，培养良好的节电意识。

6.2.3 供配电节电器和无源、有源滤波器

1. 供配电节电器

供配电节电器利用电磁移相原理实现电平衡，利用电磁能量转换原理实现电流补偿，从而提高电网的功率因数，减少视在电流，降低线路损耗，使三相达到平衡，同时滤除电网电路中的瞬变、浪涌和谐波，净化电源。供配电节电器不仅可以抑制不必要的电力消耗，还可吸收浪费部分并将其转换为有用电能，从而达到综合节电的目的。节电器原理和接线方式如图 6-2 所示。

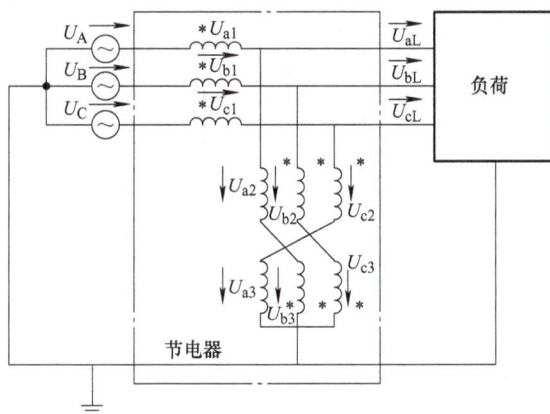

图 6-2 节电器原理和接线方式

2. 无源滤波器

无源滤波器（Passive Power Filter，PPF）是应用广泛的谐波抑制装置，主要由滤波电容器、滤波电抗器等元件组成，在线路中与谐波源负荷并联。滤波器在某次频率下形成一个较低阻抗的通路，吸收大量谐波电流，起到滤除谐波的作用，同时，在基波频率下提供容性无功功率，起到无功补偿的作用。无源滤波器成本低、结构简单，但滤波特性受系统参数影响大，易与电网阻抗发生谐振，并且只能消除特定次谐波，动态补偿效果也不理想。

无源滤波器主要可以分为调谐滤波器和高通滤波器两大类。调谐滤波器包括单调谐滤波器和双调谐滤波器，可以滤除某一次（单调谐）或两次（双调谐）谐波，该谐波的频率称为调谐滤波器的谐振频率；高通滤波器又称为减幅滤波器，主要包括一阶高通滤波器、二阶高通滤波器、三阶高通滤波器和 C 型滤波器，用来大幅衰减高于某一频率的谐波，该频率称为高通滤波器的截止频率。

3. 有源滤波器

有源滤波器（Active Power Filter，APF）是一种用于动态抑制谐波、补偿无功的新型电力电子装置，它能够对不同大小和频率的谐波进行快速跟踪补偿，而且可以既抑制谐波又补偿无功功率和不平衡三相负荷。

有源滤波器可通过电流互感器采集系统谐波电流，经控制器快速计算并提取各次谐波电流的含量，产生谐波电流指令，通过功率执行器件产生与谐波电流幅值相等、方向相反的补偿电流，并将其注入电力系统中，从而抵消非线性负荷所产生的谐波电流。

有源滤波器的分类比较复杂，如图 6-3 所示。其中，并联型有源滤波器在技术上比较成熟，其结构如图 6-4 所示。

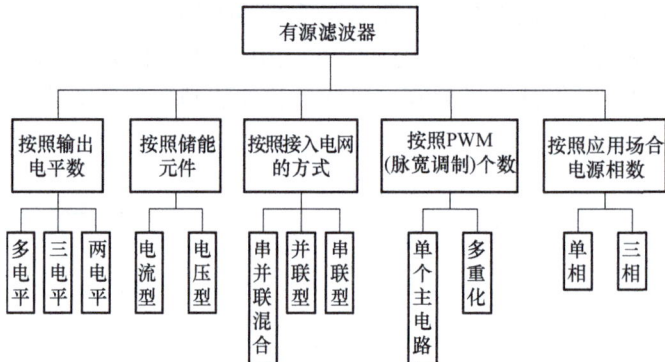

图 6-3   有源滤波器的分类

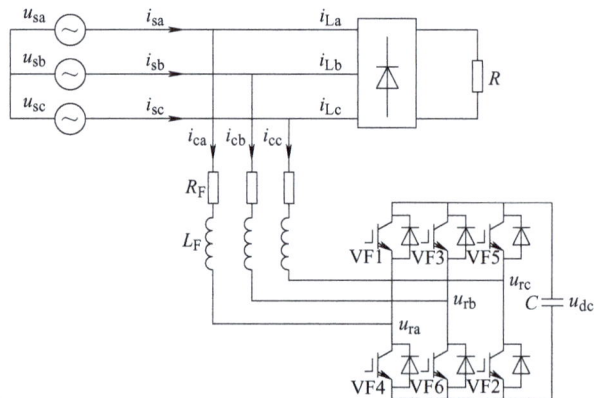

图 6-4   并联型有源滤波器的结构

6.2.4   规范、标准简介

相关规范、标准有 GB/T 16664—1996《企业供配电系统节能监测方法》。

在 GB/T 16664—1996 标准中，企业（包括企业、事业等用电单位）供配电系统节能监测项目有四个，分别为日负荷率、变压器负荷系数、线损率、企业用电体系功率因数，这也是供配电系统节能的要点。

6.2.5 某商住楼供配电系统节能改造

1. 变压器的节能选择与运行

（1）选择节能变压器 某商住楼的供配电设计要求采用节能干式变压器，实际选用的是 SC8-1250 变压器，容量为 1250kV·A。SC8 系列变压器不如 SC9 系列节能，更不如 SG（B）11-R 系列。SG（B）11-R 系列卷铁心干式配电变压器器具有高效节电等优点。SC9 平均每 kV·A 空负荷损耗为 1.82W，负荷损耗为 10.4W，而 SG（B）11 卷铁心变压器平均每 kV·A 空负荷损耗为 1.08W，负荷损耗为 9.6W。

（2）使变压器处于节能运行模式 除选用节能变压器外，在设计变配电所时，选用两台及以上变压器，中间增加联络柜，这样既提高了供电的可靠性，又可以根据电气设备的负荷情况及非空调季节情况改变投入变压器的运行台数，降低了变压器的电能损耗。

某商住楼的供配电采用两台变压器，运行于暗备用模式，其中，1# 变压器主要给住宅供电，2# 变压器主要给冷冻机组、电梯、水泵等供电。通过合理分配两台变压器的负荷，在非空调季节等时段可以停掉 2# 变压器，降低变压器电能损耗。

2. 节能措施

（1）减少线路损耗

1）尽量减少导线长度。低压线路的供电半径一般不宜超过 200m；负荷密集地区不宜超过 100m。

某商住楼的冷冻机组位于地下 2 层，变电所位于地下 1 层，应把冷冻机组置于合适位置，使得从低压开关柜到冷冻机组的电缆最短。

2）在高层建筑中，变配电室应靠近电气竖井，以缩短主干线（电缆或插接母线）的长度。对于超高层建筑物，应将电气竖井尽可能设在中部（或两端），以缩短水平电缆的敷设长度。

（2）提高功率因数 无功功率既会影响供配电网络的电压质量，又限制了变配电系统的供电容量，更增加了供配电网络的线路损耗。当功率因数由 0.7 提高到 0.9 时，线路损耗可减少约 40%。功率因数值的大小应满足当地供电局要求。

无功功率补偿有集中补偿和就地补偿两种方法。某商住楼在低压开关柜里安装有电容补偿柜。通常，就地补偿往往被忽视。容量较大，负荷平稳，经常使用的用电设备的无功负荷宜单独就地补偿。

（3）抑制高次谐波 为了抑制谐波，在变压器低压侧设置有源滤波器，在产生谐波较大的设备前端（如电梯）设置无源滤波器。有源滤波器的选用主要是确定其治理谐波电流输出能力。谐波电流本身的测量与计算比较复杂，可以根据下列公式估算谐波电流。

1）根据负荷额定电流和行业类型选择，公式为

$$谐波电流 = 负荷电流 \times THDi$$

式中，$THDi$ 为电流总谐波畸变率，根据行业类型查表获得，不同行业类型的 $THDi$ 参考值见表 6-2。

表 6-2 不同行业类型的 *THDi* 参考值

行业类型	*THDi* 参考值	谐波源负荷
办公楼宇	15%	计算机、中央空调、各类节能灯、办公类用电设备、大型电梯
医疗行业	20%	重要医技设备、核磁共振设备、加速器、CT（计算机断层成像）、X 射线机、UPS 等
通信机房	35%	大功率 UPS、开关电源
公共设施	25%	晶闸管调光系统、UPS、中央空调
银行金融	20%	UPS、电子设备、空调、电梯
生产制造	20%	变频驱动、直流调速驱动
水处理厂	25%	变频器、软启动器

2）根据变压器容量和行业类型选择，公式为

$$I_c = \frac{S_T K_1 THDi}{\sqrt{3} U_N \sqrt{1+THDi^2}} \quad (6\text{-}1)$$

式中，S_T 为变压器额定容量，单位为 kV·A；K_1 为变压器负荷率，通常取 $0.6 \sim 0.8$；U_N 为额定电压，单位为 kV，通常取 $0.38 \sim 0.4$kV。

该商住楼变压器容量为 1250kV·A，变压器负荷率为 0.8，主要负荷为 LED 灯、变频空调、电梯、水泵等，负荷类型参照办公楼宇，根据表 6-2 得 *THDi* 为 15%。

利用式（6-1）计算有源滤波器需抵消的谐波电流为

$$I_c = \frac{S_T K_1 THDi}{\sqrt{3} U_N \sqrt{1+THDi^2}} = \frac{1250 \times 0.8 \times 0.15}{\sqrt{3} \times 0.4 \times \sqrt{1+0.15^2}} A = 214.1A$$

有源滤波器采用模块化设计，选用 15A 的单模块进行组合，考虑一定的裕量，选择 15 个模块，即总容量为 225A 的有源滤波器。

（4）平衡三相负荷 要解决三相电压或三相电流的不平衡问题，设计时应尽量使三相负荷平衡。某商住楼每层住宅设置一个楼层配电箱给 12 户住宅单元供电，楼层配电箱三相中的每一相各自承担 4 户住宅的供电。

（5）使用节电器 节电器的安装方式有分布式安装和集中安装，分布式安装通常安装在给特定负荷供电的支路上，集中安装通常安装在低压母线前端。

6.2.6 技术发展：合同能源管理

合同能源管理就是以减少的能源费用支付节能项目全部成本的节能业务方式。合同能源管理的主要模式如下。

1. 能效分享型

在项目期内，用能单位和节能服务公司双方分享节能效益的合同类型。节能改造工程的投入按照节能服务公司与用能单位的约定共同承担或由节能服务公司单独承担。项目完成后，经双方共同确认节能量后，双方按合同约定比例分享节能效益。项目合同结束后，节能设备所有权无偿移交给用能单位，以后所产生的节能收益全归用能单位。例如，某医院与某节能服务公司签订为期 6 年的能源管理合同，项目投资总规模为 1046.71 万元，由

节能服务公司投资，负责节能技术改造、节能设备运行维护，通过对医院中央空调、照明系统、围护结构、开水器、能源管理系统进行节能改造，降低医院能源消耗总量，由此产生的节能量换算成节能收益，医院与节能服务公司按 3∶7 比例分成。

2. 节能保证型

用能单位投资，节能服务公司向用能单位提供节能服务并承诺保证项目节能量。项目实施完毕，经双方确认达到承诺的节能量，用户一次性或分次向节能服务公司支付服务费，若达不到承诺的节能量，则差额部分由节能服务公司承担。

3. 能源费用托管型

由用能单位委托节能服务公司进行能源系统的运行、管理、维护或节能改造，并按照双方约定将该能源系统的能源费用委托节能服务公司管理。

节能服务公司通过科学的管理运行和节能技术的应用达到节约能源、减少费用支出或增加收益的目的，获取合理的利润。托管范围可包括电、气、煤、油、市政热力、水等项目所发生的费用，能源系统的运行、管理、维护维修费用（含人工、消耗性材料、工具等）。

习　题

1. 说明供配电系统节能的方法。
2. 变压器如何实现节能运行？
3. 提高功率因数为什么可以节电？
4. 抑制高次谐波为什么可以节电？
5. 平衡三相负荷为什么可以节电？

6.3　数字能源管理

本节学习对某建筑进行数字能源管理。

6.3.1　数字能源管理的原理

数字能源是物联网（IoT）技术与能源产业的深度融合，通过能源设施的物联接入，将能源目标指标、能源绩效参数、能源监测分析、能源审计、能源计量等管理要求进行有机关联、系统整合，借助数字化管理手段建立可视化的能源管理体系，让能源系统成为有温度的数字化生命体。数字能源管理的主要功能包括能源系统的集中监控和管理、能源系统的智能控制、能源系统的精细化管理和节能环保等。

从机电设备的角度来说，数字能源管理包括制冷空调、供热采暖、生活热水、蒸汽输送、泵与风机、空气压缩机、冷库冷链、室内空气质量环境、新能源发电等机电设备系统的能源管理，可以归结为水、电、气、热等。

以智慧供热、智慧供冷为例，其原理分别如图 6-5、图 6-6 所示。

智慧供热可以解决热力不平衡、泄漏事故、耗费人力等问题。

智慧供配电主要是利用智能开关、数字化管理平台（云平台）和 APP 等对供配电系统进行监控和管理。

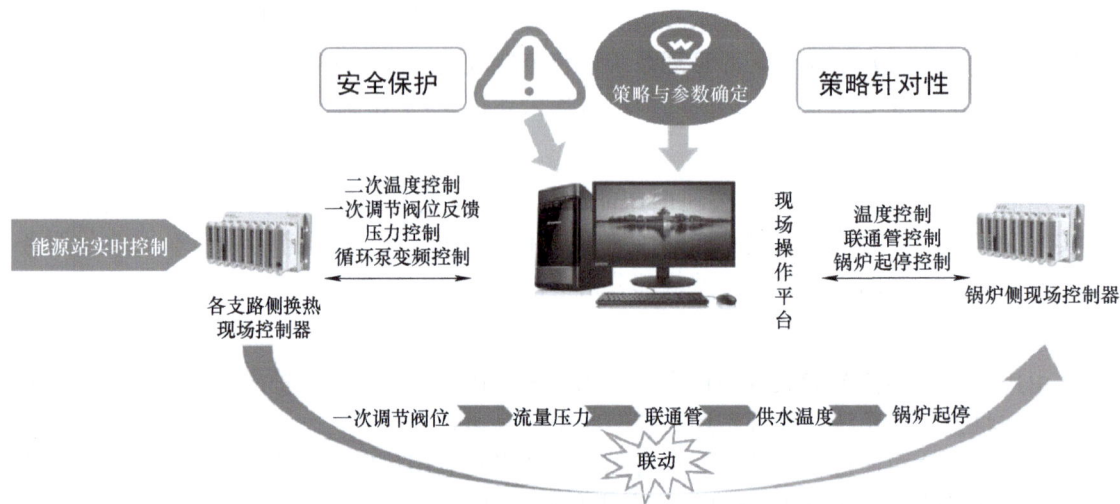

图 6-5   智慧供热的原理

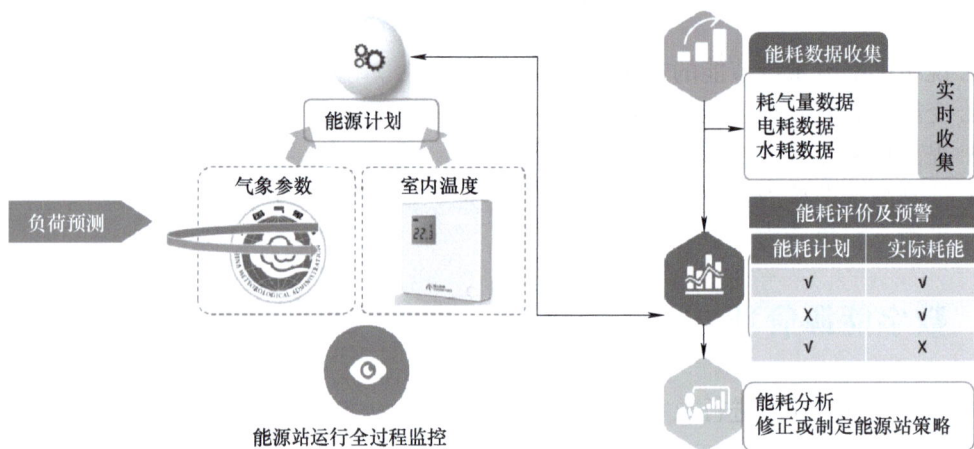

图 6-6   智慧供冷的原理

6.3.2   供电可靠性

供电可靠性可用供电企业对电力用户全年实际供电小时数占全年总小时数（8760h）的百分比来衡量，也可以用全年的停电次数占停电持续时间百分比来衡量。

供用电设备计划检修应做到统一安排。供电设备计划检修时，对 35kV 及以上电压供电的用户停电次数，每年不应超过 1 次；对 10kV 供电的用户，每年停电不应超过 3 次。

6.3.3   电能质量及其改善

电能质量是指电压、频率和波形的质量。电能质量的主要指标有：频率偏差、电压偏差、电压波动以及闪变、电压波形畸变引起的高次谐波和三相电压不平衡度等。下面分别讲解一些电能质量问题及其改善、调整或抑制措施。

1. 供电频率偏差及其改善

（1）供电频率及其偏差　《供电营业规则》规定：供电企业供电的额定频率为交流50Hz，即工频。

多数国家和地区供电频率为50Hz，少数为60Hz，而日本、巴西则50Hz和60Hz并用。我国台湾地区使用的供电频率是60Hz。

供电频率统一为50Hz或60Hz是由各种技术因素和历史原因造成的。技术方面主要与发电机、用电设施、输变电设施等因素有关。简单来说，一方面，频率不能太低，频率太低会导致早期普遍使用的白炽灯存在明显闪烁，不利于减少变压器的体积和材料，也会导致电动机的转速和功率偏低，影响生产效率和产品质量；另一方面，频率不能太高，频率太高会导致发电机转速过快，设备和线路损耗增大，导致电动机转速偏高，影响产品质量，缩短电动机寿命，甚至损坏所拖动的设备。

供电频率确定为50Hz或60Hz，可能与十进制或十二进制有关。美洲大规模发电、用电较早，当时的计算工具主要是英制（十二进制），为便于计算采用60Hz，稍晚一点的规模电网都用十进制数据，50Hz更方便些。

GB/T 15945—2008《电能质量 电力系统频率偏差》中规定，电力系统正常运行条件下频率偏差限值为 ±0.2Hz，当系统容量较小时，偏差限值可放宽到 ±0.5Hz，标准中并没有说明系统容量大小的界限。而《供电营业规则》规定的供电频率的允许偏差：电网装机容量在300万kW及以上的，为 ±0.2Hz；电网装机容量在300万kW以下的，为 ±0.5Hz。实际运行中，电力系统供电频率偏差通常都能保持在 ±0.1Hz 的范围内。

在电力系统非正常运行状况下，供电频率允许偏差不应超过 ±1.0Hz。

（2）供电频率偏差的改善　供电频率偏差产生的根本原因在于电力系统中所有发电机组的总有功输出与总有功负荷（包括电网的损耗）发生了不平衡，致使发电机组的转速和频率发生变化。电力系统的负荷是不断变化的，对频率影响较大的包括天灾、事故引起的负荷变化，高峰、低谷时段用电量变化过大以及大型冲击负荷等。

可以采取以下措施改善供电频率偏差：电力系统运行时，应对负荷变化，及时调节相关发电机的输出；增大电力系统的装机容量，留有负荷备用和事故备用容量；安装自动低频减负荷装置（即频率降低时自动减负荷的装置），反之，当可能被解列而功率过剩导致频率升高时，装设发电机切除装置；做好计划用电，削峰填谷，尽量保持负荷的稳定。

2. 电压偏差及其调整

（1）电压偏差　电压偏差是电力系统在正常运行条件下，供电电压相对于额定电压的偏差。

35kV及以上供电电压正、负偏差绝对值之和不超过额定电压的10%。当供电电压上下偏差同号（均为正或负）时，按较大的偏差绝对值作为衡量依据。

10kV及以下三相供电电压允许偏差为额定电压的 ±7%。

220V单相用户的供电电压允许偏差为额定电压的 +7%、−10%。这条规定比IEC标准严格，其正偏差比IEC标准少3个百分点，负偏差相同。

对于供电电路容量较小、供电距离较长以及对供电电压有特殊要求的用户，由供用电双方共同确定。

电力系统只有在额定电压下运行才能获得最佳的经济效果。例如，若感应电动机端电压偏低，则其转矩将按端电压二次方成比例地减小，而在负荷转矩不变的情况下，电动机电流必然增大，从而使电动机绕组绝缘过热受损，缩短电动机寿命；若端电压偏高，则因电动机转矩按其端电压二次方成比例地增大，同时电流也要增大，同样会使电动机绕组绝缘过热受损，缩短电动机寿命。

（2）电压偏差的调整　为了减小电压偏差值，供配电系统可采取下列措施进行电压调整。

1）正确选择电力变压器的电压分接头或采用有载调压的电力变压器。我国电力用户所使用的 6～10kV 配电变压器大多数是无载调压型，其高压绕组有 $U_{1N} \pm 5\%U_{1N}$ 的五个电压分接头，并装设无载调压分接开关。若用电设备端电压偏高，则应将分接头调至 $+5\%U_{1N}$ 的位置，以降低设备端电压。有载调压型变压器能适时地按用电设备端电压的变动进行电压调整，当 35kV 以上降压变电所的主变压器直接向 3kV 或 6～10kV 电网送电时，其主变压器均应采用有载调压变压器。

2）降低供配电系统的阻抗。供配电系统中各元件的电压降与各元件的阻抗成正比。因此，当技术经济合理时，减少供配电系统的变压级数并以铜线代换铝线，或增大导线截面积，或以电缆替换架空线，都能有效降低系统阻抗，减小电压降，从而缩小电压偏差范围。

3）尽量使三相系统的负荷均衡。在三相四线制低压配电系统中，三相负荷分布不均衡将使负荷中性点的电位偏移，造成有的电位升高，从而增大线路的电压偏差。为此，应使三相负荷尽可能地均衡。

4）合理调整系统的运行方式。工作时间内负荷大，往往电压偏低，因而需要将变压器高压绕组的分接头调至 $-5\%U_{1N}$ 的位置；非工作班时间负荷小，电压就会偏高，这时可切除变压器，改用低压联络线供电。若变电所有两台变压器并列运行，则可在负荷小时切除一台变压器，负荷大时将两台变压器并列运行。

5）采用无功功率补偿装置。由于供配电系统中存在大量的感性负荷，如感应电动机、高频电炉、气体放电灯等，加上系统中有感抗很大的电力变压器，线路中的感抗一般也大于电阻，从而使系统中产生大量相位滞后的无功功率，降低了功率因数，增大了系统的电压降。为了提高系统的功率因数、减小电压降，可采用并联电容器或同步补偿机使之产生相位超前的无功功率，以补偿一部分相位滞后的无功功率。

3. 电压波动及其抑制

（1）电压波动　电压波动是指电网电压的快速变动或电压包络线的周期性快速变动。电压波动值以电力系统中多个用户公共连接点的相邻最大与最小电压有效值 U_{max} 与 U_{min} 之差相对于电网额定电压 U_N 的百分值来表示，即

$$\Delta U\% = \frac{U_{max} - U_{min}}{U_N} \times 100\% \qquad (6\text{-}2)$$

电压波动是由于电网中存在急剧变动的冲击性负荷而引起的负荷急剧变动，使电网的电压损耗相应变动，从而使用户公共连接点的电压出现波动的现象。例如，电动机的起动、电焊机的工作特别是大型电弧炉和大型轧钢机等冲击性负荷的工作，均会引起电网电

压波动。

电压波动可影响电动机的正常起动，对于同步电动机还可引起转子振动。

（2）电压波动的抑制　抑制电压波动可采取下列措施。

1）采用专线或专用变压器供电。对大电容的冲击性负荷（如电弧炉、轧钢机等）采用专线或专用变压器供电，是降低电压波动对其他用户设备运行影响的最简便有效的办法。

2）减小线路阻抗。当冲击性负荷与其他负荷共用供电线路时，应设法减小线路的阻抗，例如，将单回路改为双回路，将架空线路改为电缆线路，或者将铝线改为铜线，从而减少由冲击性负荷引起的电压波动。

3）使用短路容量较大或电压等级较高的电网供电。对于大型电弧炉的炉用变压器，应尽量由短路容量较大或电压等级较高的电网供电，这是减小电网电压波动的一项有效措施。

4）采用静止无功补偿装置（Static Var Compensator，SVC）。对于大容量电弧炉及其他大容量冲击性负荷，当采用上述措施尚达不到要求时，可装设能吸收冲击无功功率的静止无功补偿装置。静止无功补偿装置的投资较大，因此应首先考虑前三项措施。

4. 电网谐波及其抑制

（1）电网谐波　谐波是指对周期性非正弦交流量进行傅里叶级数（Fourier Series）分解所得到的大于基波频率整数倍次的各次分量，通常称为高次谐波。基波即为谐波频率与工频（50Hz）相同的交流分量。

电力系统中三相交流发电机发出的三相交流电压一般可认为是 50Hz 的正弦波，但由于系统中存在各种非线性元件，因而在系统中和用户处的线路内出现了谐波，使电压或电流波形发生畸变。系统中产生谐波的非线性元素很多，如电动机、电焊机、变压器和感应电炉等，特别是大型硅整流设备和大型电弧炉等产生的谐波最为突出，严重影响系统的电能质量。

谐波对电气设备的危害很大。谐波电流通过变压器，可使变压器的铁心损耗明显增加，从而使铁心过热，缩短使用寿命。谐波电流通过交流电动机，不仅会使电动机的铁心损耗明显增加，而且还会使电动机转子发生振动、严重影响机械加工的产品质量，同时增大噪声。谐波对电容器的影响更为突出，当谐波电压加在电容器两极时，由于电容器对谐波的阻抗很小，因此电容器很容易发生过负荷甚至烧毁。此外，谐波电流可使电力线路的电能损耗和电压损耗增加，使计量电能的感应式电能表计量不准确，使电力系统发生电压谐振，从而在线路上引起过电压，有可能击穿线路设备的绝缘，造成事故；还可能造成系统的继电保护和自动装置误动作，并对电力线路附近的通信线路和通信设备产生信号干扰。

（2）电网谐波的抑制　抑制电网谐波可采取下列措施。

1）三相整流变压器采用 Yd 或 Dy 接线。由于 3 次及其整数倍次的谐波电流在三角形联结的绕组内形成环流，而星形联结的绕组内不可能出现 3 次及其整数倍次的谐波电流，因此采用 Yd 或 Dy 接线的三相整流变压器能使注入电网的谐波电流消除 3 次及其整数倍次的谐波电流。又由于电力系统中非正弦交流电压或电流波形的正、负半波关于时间轴对称，不含直流和偶次谐波分量，因此，采用 Yd 或 Dy 接线的整流变压器可使注入电网的谐波电流只有 5、7 等次谐波。这是抑制电网谐波的基本方法之一。

2）增加整流变压器二次侧的相数。整流变压器二次侧的相数越多，整流波形的脉波数越多，其次数低的谐波被消去的也越多。例如，当整流相数为 6 相时，出现的 5 次谐波电流为基波电流的 18.5%，7 次谐波电流为基波电流的 12%，若整流相数增加到 12 相，则出现的 5 次谐波电流降为基波电流的 4.5%，7 次谐波电流降为基波电流的 3%，都差不多是原来的 1/4。

3）使各台并列运行的整流变压器二次侧互有相位差。当多台相数相同的整流装置并列运行时，其整流变压器二次侧互有适当的相位差。这与增加整流变压器二次侧的相数有类似的效果，也能大大减少注入电网的高次谐波。

4）装设分流滤波器。在大容量谐波源（如大型晶闸管整流器）与电网连接处装设分流滤波器，使滤波器的各组 RLC 回路分别对需要消除的 5、7、11 等次谐波进行调谐，使之发生串联谐振。串联谐振时阻抗很小，从而使这些谐波电流被它分流吸收而不致注入电网中。这种滤波器又称为无源滤波器，此外，还可以采用有源滤波器，这在 6.2 节已有讲解。

5）选用 Dyn11 联结组别的三相配电变压器。由于 Dyn11 联结的变压器高压绕组为三角形接线，而 3 次及其整数倍次的高次谐波可在其中形成环流而不致注入高压电网中，从而有利于抑制系统的高次谐波。

6）抑制谐波的其他措施。例如，限制电力系统中接入的变流设备、交流调压装置等的容量，提高对大容量非线性设备的供电电压，或将谐波源与不能受谐波干扰的负荷电路从电网的接线上分开，均有助于谐波的抑制或消除。

5. 三相不平衡及其改善

（1）三相不平衡的产生及其危害   在三相供电系统中，若三相电压、电流幅值或有效值不相等，或者三相电压或电流的相位差不为 120°，则称此三相电压或电流不平衡。

不平衡的三相电压或电流可按对称分量法分解成正序分量、负序分量和零序分量三个对称分量。由于其负序分量的存在，对系统中的电气设备运行产生不良的影响，例如，可使三相异步电动机中出现一个反向转矩，从而削弱电动机的输出转矩，使电动机效率降低，并使其绕组电流增大，温升增大，加速绝缘老化，缩短使用寿命。对三相变压器来说，由于三相电流不平衡，当最大相电流达到变压器额定电流时，其他两相电流低于额定值，从而使变压器容量不能被充分利用。三相电压不平衡还会严重影响多相整流设备触发脉冲的对称性，使之产生更多的高次谐波，进一步影响电能质量。

（2）电压不平衡度及其允许值   三相电压的不平衡度 ε_U 用其负序分量的有效值 U_2 对其正序分量有效值 U_1 的百分比表示，即

$$\varepsilon_U = \frac{U_2}{U_1} \times 100\% \qquad (6\text{-}3)$$

GB/T 15543—2008《电能质量 三相电压不平衡》规定，电网正常运行时，电力系统公共连接点负存电压不平衡度不超过 2%，短时不得超过 4%；接于公共连接点的每个用户引起该点负序电压不平衡度允许值一般为 1.3%，短时不超过 2.6%。

（3）三相不平衡的改善措施　造成系统三相电压不平衡的主要原因，是单相负荷在三相系统中的容量分配和接入位置不合理、不均衡，造成三个相线上的电压降不一致。在低压配电系统中，各相之间容量之差不宜超过 15%。

6.3.4　规范、标准简介

相关规范、标准如下：
① GB/T 23331—2020《能源管理体系　要求及使用指南》。
② GB 55015—2021《建筑节能与可再生能源利用通用规范》。
③ GB 50189—2015《公共建筑节能设计标准》。
④ GB/T 51161—2016《民用建筑能耗标准》。

GB/T 23331—2020《能源管理体系　要求及使用指南》代替 GB/T 23331—2012《能源管理体系　要求》，主要技术性变化如下。

1）采用了 ISO 管理体系标准的要求，包括高阶结构、相同的核心文本、通用术语和定义，修改了术语和定义，重新梳理了文本结构和措辞。

2）优化了与战略管理过程的融合，强化了最高管理者的作用。

3）澄清了能源种类排除、能源评审要求、能源绩效参数和能源基准相关内容，引入了对能源绩效参数和相关能源基准"归一化"的概念。

4）增加了能源数据收集策划和相关要求的内容。

6.3.5　某建筑数字能源管理

某公司本部大楼共 17 层，包括地下 3 层和地上 14 层，总建筑面积为 84724m²。空调采用冷水机组形式，冷源为蓄冰系统加基载主机，热源为蓄热式电锅炉。大楼共有 12 部高速电梯。照明以荧光灯为主。大楼已经完成了屋顶太阳能光伏发电并网，每天工作 3h。应用建筑能源管理系统后，根据现场情况安装能效采集终端，对电能参数和非电能参数进行在线监测，向数据集中器上传能耗数据，然后上传到主站，在监控平台上实时展示。系统对此数据进行对比分析，寻找异常用电与用能信息及光伏发电系统的异常供能信息，并对不同的数据对象进行对比，实现空调、通风、照明、光伏发电等系统的节能控制，制定大楼节能改造通用模板，还能对内部的电费进行计算与分摊，提高了能源管理的透明度和准确性，为建筑节能运行提供技术支撑。通过本系统的应用，该公司本部大楼的能耗降低了 10%，该能源管理系统能耗监测项目如图 6-7 所示。

6.3.6　技术发展：建筑能源系统优化策略

合理建设并利用建筑能源系统（Building Energy System，BES）可以有效提高建筑运营阶段的可再生能源利用率，减少二氧化碳的排放。配置储能装置是建筑能源系统实现能源供需两端平衡、消纳可再生能源、提高用户用能经济性的有效手段。然而，目前配置储能装置的建筑能源系统存在运行不稳定、能量储存和释放效率低等问题，因此为建筑能源系统提供有效的实时控制策略，有助于提高系统运行性能，实现稳定高效的系统能源管理。

总电量	分项能耗	一级能耗节点	二级能耗节点

建筑总用电

- 照明插座用电
  - 室内非公用场所照明插座用电
    - 室内照明
    - 室内插座
  - 室内公用场所照明插座用电
  - 室外景观照明用电
- 暖通空调用电
  - 冷热站用电
    - 冷热源机组
    - 冷冻泵和采暖泵
    - 冷却泵
    - 冷却塔
  - 空调末端用电
    - 空调箱和新风机组
    - 风机盘管
    - 分散空调
- 动力设备用电
  - 电梯用电
  - 给排水系统用电
  - 非空调用通风用电
- 特殊用电
  - 信息中心用电
    - 信息中心设备
    - 信息中心专用空调
  - 洗衣房用电
    - 洗衣房设备
    - 洗衣房专用空调
  - 厨房用电
    - 厨房设备
    - 厨房专用空调
  - 室内游泳池用电
    - 室内游泳池设备
    - 室内游泳池专用空调
  - 娱乐健身中心用电
    - 娱乐健身中心设备
    - 娱乐健身中心专用空调
  - 电开水器用电
  - 其他特殊用电
  - 外供用电

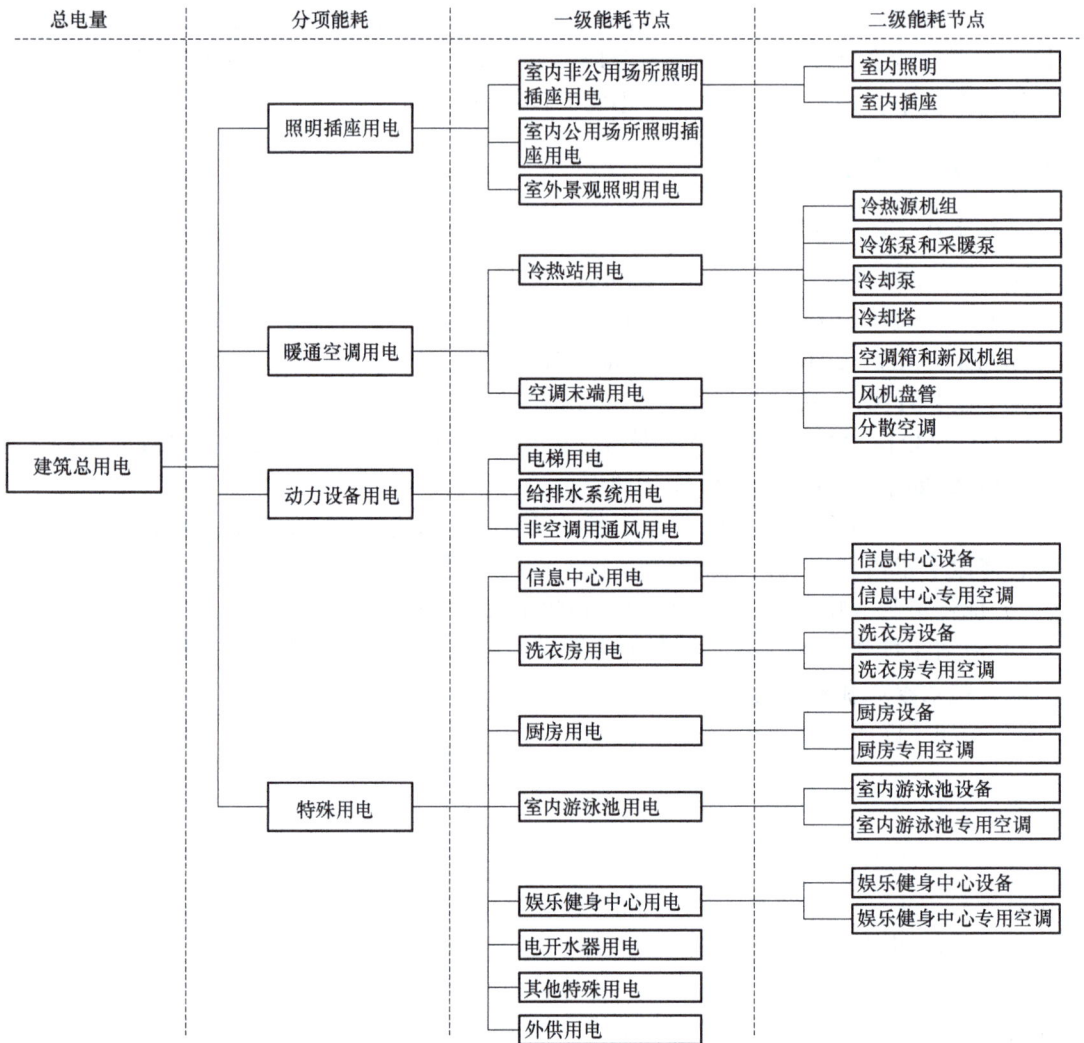

图 6-7　能源管理系统能耗监测项目

　　传统的建筑能源系统控制策略优化多采用启发式算法，如遗传算法、粒子群算法和混合整数线性规划等。启发式算法可以给出一定条件下的最优解，但往往依赖于实时模型预测控制（Model Predictive Control，MPC），导致实际优化效果主要取决于建筑能源系统模型的精度。复杂多变的实际场景给模型建立和校准带来了巨大挑战，耗费的计算时间更多，同时也无法保证模型的精度，因此采用启发式算法优化得到的控制策略无法保障建筑能源系统的实际应用效果。

　　随着人工智能和大数据技术的发展，无模型、以数据驱动为核心的强化学习（Reinforcement Learning，RL）作为解决序列决策问题的有效手段，在各种能源系统中得到了广泛应用。有些基于强化学习的建筑能源系统优化控制策略侧重点在于提高用能经济性；有些针对建筑能源系统运行中的实际情况，把控制室内温度和促进可再生能源本地消纳也作为控制策略的重要评价指标，如以最小化用能成本、保证室内热舒适性、最大化可再生能源本地消纳为目标，建立一种基于深度强化学习的建筑能源系统优化控制策略，这就需要建立一个作为控制中心的智能体与环境交互的体系，示意图如图 6-8 所示。

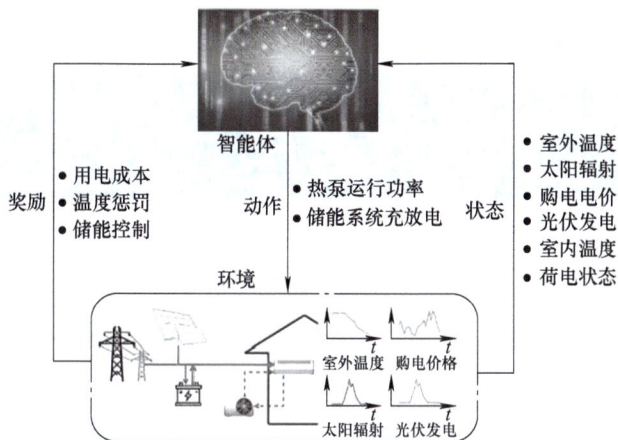

图 6-8 智能体与环境交互示意图

习　　题

1. 简述数字能源管理的主要任务。
2. 电能质量包括哪些内容？

第7章

光伏发电和风力发电

7.1 光伏发电及其应用

本节学习光伏发电在建筑中的应用。

7.1.1 光伏发电的原理

有效利用太阳能是人们孜孜追求的目标，主要有两条技术路线，一是太阳能光伏发电，二是太阳能光热发电。

光伏效应是太阳能光伏发电的基本原理，而太阳能电池是实现太阳能到电能转换的载体。太阳能电池是一种含有 PN 结的半导体材料，PN 结可以吸收太阳光，并在内部建立电场，当在电场两侧接入一定的负荷时，负荷上就会产生电流。

太阳能光热发电的原理是：通过反射镜将太阳光汇聚到太阳能收集装置，利用太阳能加热收集装置内的传热介质（液体或气体），再加热水形成蒸汽带动或者直接带动发电机发电。

目前应用较多的是光伏发电，光伏发电系统原理如图 7-1 所示。

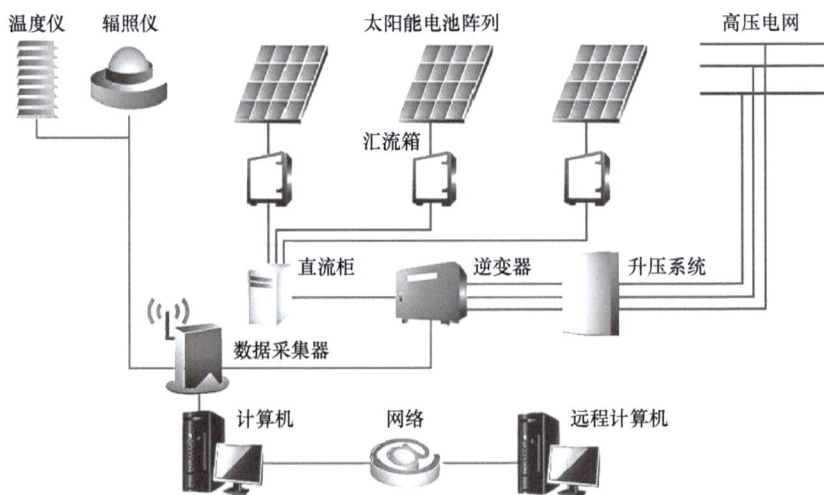

图 7-1 光伏发电系统原理

7.1.2　光储直柔系统及其功能

光储直柔（PEDF）是在建筑领域应用太阳能光伏（Photovoltaic）、储能（Energy Storage）、直流配电（Direct Current）和柔性交互（Flexibility）4 项技术的简称。光储直柔是发展零碳能源的重要支柱，有利于直接消纳风电和光电。光储直柔系统的功能如图 7-2 所示。

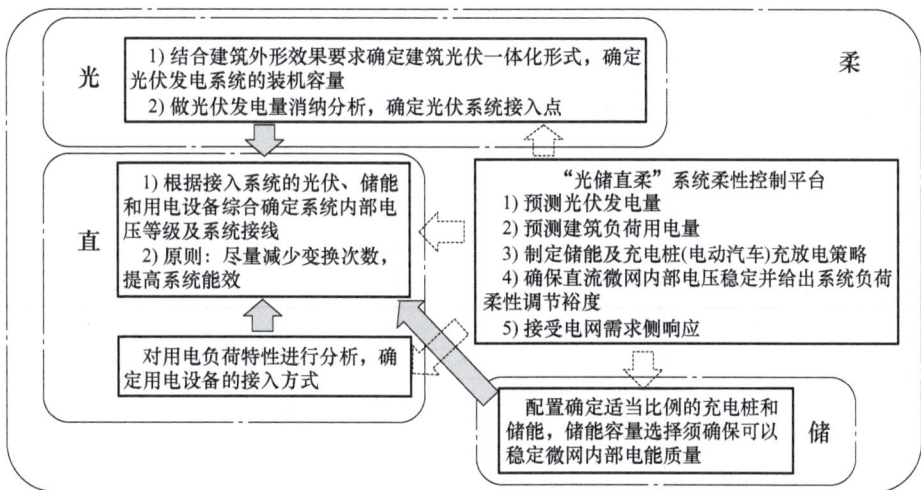

图 7-2　光储直柔系统的功能

"光"是指建筑屋顶光伏发电，通过 DC/DC 变流器接入 375V 直流母线；"储"是指由直流母线通过 DC/DC 变流器连接的布置于一处或多处的蓄电池组，以及由这条直流母线连接的布置在邻近停车场的若干个充电桩，通过这些充电桩为停车场电动汽车蓄电池充、放电；"直"是指实现直流供电，包括动力和充电设备的 DC 375V，以及通过 DC/DC 变换得到的供小功率电器使用的 DC 48V 分支，375V 直流母线通过 AC/DC 变流器与 AC 380V 的外电网连接，从外电网输入电量以满足建筑的用电需求；"柔"是指这一系统对电网来说，不是供电量必须等于此时负荷侧消耗电量的刚性负荷，而是从电网的取电量可以根据电网的供需关系在较大范围内调节，从电网侧看，这一用电系统成为电网的柔性负荷。柔性的实现主要通过各用电设备的需求侧响应实现，各设备可以根据电网的供需关系自动改变其瞬时用电功率；还包括各蓄电池的需求侧响应，系统内所连接的蓄电池和电动汽车蓄电池可以根据电网的供需状况调节充、放电功率，从而改变 AC/DC 处从外电网进入系统的电功率。所以光储直柔系统的最终目标是使建筑用电系统由刚性负荷变为柔性负荷，可以根据电力系统的供需关系随时调整用电功率，而不取决于当时系统内各用电设备的用电功率。

除了光储直柔系统外，在用热的地方有光储热柔系统，在用冷的地方有光储冷柔系统，也可以综合形成光储冷热直柔系统。

7.1.3　规范、标准简介

相关规范、标准有 GB 55015—2021《建筑节能与可再生能源利用通用规范》。

GB 55015—2021《建筑节能与可再生能源利用通用规范》中规定：新建建筑应安装太阳能系统；在既有建筑上增设或改造太阳能系统，必须经建筑结构安全复核，满足建筑结构的安全性要求；太阳能光伏发电系统设计时，应给出系统装机容量和年发电总量；太阳能光伏发电系统设计时，应根据光伏组件在设计安装条件下光伏电池最高工作温度设计其安装方式，保证系统安全稳定运行。

7.1.4　光储直柔的应用和调控

1. 光储直柔的应用

图 7-3 所示为光储直柔的应用。

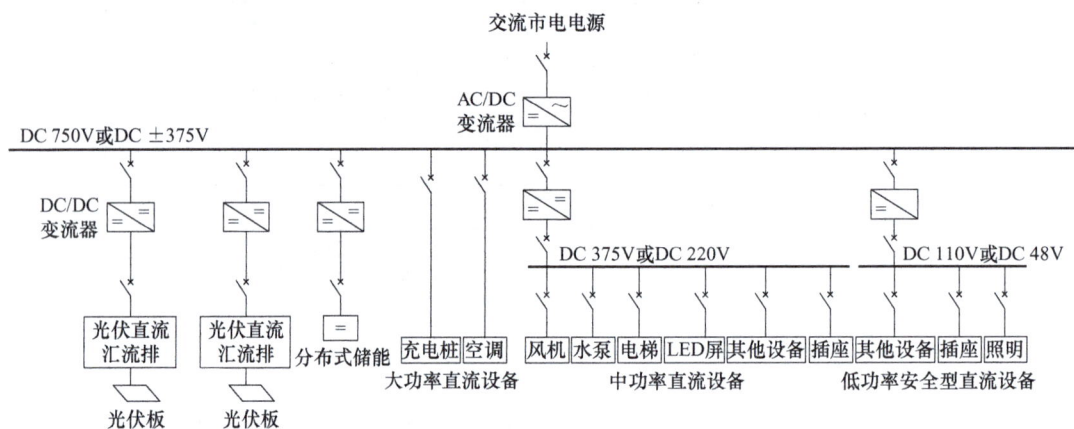

图 7-3　光储直柔的应用

2. 光储直柔的调控

光储直柔系统包括其与交流外网的接口、与光伏电池的接口、与蓄电池的接口、与电动汽车的接口以及与其他用电终端的接口，这些接口都是带有可编程控制器的智能变流器。

这里以交流外网的接口 AC/DC 调控方式为例来说明光储直柔系统的调控原理，如图 7-4 所示。

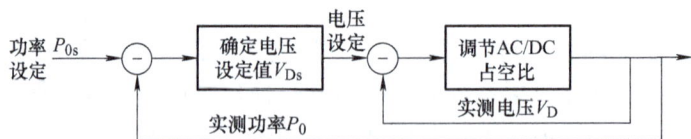

图 7-4　光储直柔系统的调控原理

外界调度系统通过通信给定此时要求的从外电网进入的交流电功率设定值 P_{0s}，AC/DC 按照恒定输出电压的模式控制直流母线电压 V_D。当实测的输入交流功率 P_0 不等于 P_{0s} 时，根据二者的差修正直流母线电压 V_D。当实测的 P_0 高于功率设定值 P_{0s} 时，降低直流母线电压以减小 P_0；当实测的 P_0 低于设定值 P_{0s} 时，提高直流母线电压以提高 P_0。当调整的 V_D 达到直流母线电压上限 V_{max} 时，维持电压在 V_{max}，此时，输入功率将小于要求的输入

功率设定值 P_{0s}。这是由于负荷太小，无法消纳这样多的外来电力，只能违约。当然，如果违约要付出的代价高于少消耗电力节省的电费，也可以调整光伏电池接口，通过弃光减少所接纳的光电，而 AC/DC 仍然按照要求的取电功率 P_{0s} 进行控制。

当调整的 V_D 已达直流电压母线的下限 V_{min}，而输入功率 P_0 仍大于要求的设定值 P_{0s} 时，就只能维持直流母线电压于 V_{min} 以保证正常的电力供应需求。

当经过 AC/DC 的输入功率为零（外网要求或外网供电故障）时，AC/DC 失去对直流母线电压的控制权，而此时母线所连接的其他变流器仍按照原来的方式工作。此时，如果光伏电池、蓄电池及电动汽车蓄电池的功率能够满足用电终端功率，直流母线电压将在 V_{max} 与 V_{min} 之间浮动。当光伏输出功率过高时，光伏电池控制器将通过弃光把母线电压维持在 V_{max}；当光伏电池功率不足时，母线电压会不断下降；当母线电压下降到 V_{min} 时，蓄电池控制器承担起母线电压控制权，维持电压在 V_{min}，直到电池电量进一步释放完毕。

7.1.5　技术发展：太阳能电池新材料

能量转换效率（Power Conversion Efficiency，PCE）是太阳能电池最基本也是最重要的一项参数。单晶硅是普遍使用的光伏发电材料，然而随着晶硅电池的能量转换效率逐渐触达其理论上限，科学家们又把目光投向了各类非硅电池，其中便涌现出了钙钛矿。主要光伏电池的性能对比见表 7-1。

表 7-1　主要光伏电池的性能对比

常见光伏电池种类		能量转换效率 /（%）（实验室数据）	单价 /（元 /W）	特点和应用
硅基光伏电池	单晶硅电池	24.2	1.04 ~ 1.12	能量转换效率较高，价格较高，硅耗大，工艺复杂，寿命长，光伏电站和屋顶采用
	多晶硅电池	22.8	0.73 ~ 0.83	能量转换效率低，价格低，硅耗小，工艺简单，寿命长，光伏电站和屋顶采用
薄膜光伏电池	碲化镉（CdTe）薄膜电池	22.1	4.6	能量转换效率高于非晶硅电池，性能稳定，制造成本低，碲稀有、镉有毒，适用于光伏建筑一体化（BIPV）
	铜铟镓硒（CIGS）薄膜电池	23.4	5	能量转换效率较高、重量轻，弱光性能好，有不同颜色，铟元素稀有，适用于 BIPV
	砷化镓（GaAs）薄膜电池	35.5	38	能量转换效率最高，价格昂贵，难加工，耐高温，稳定性好，适用于空间卫星、无人飞行器等
新概念电池	钙钛矿（PSCs）电池	26.7	1	能量转换效率较高，制备成本低，材料稳定性差，技术有待完善，发展应用潜力大

钙钛矿（Perovskite），这个有点拗口的名字取自俄罗斯矿物学家 Perovski。作为光伏材料的钙钛矿，实际上与"钙""钛""矿"三个字都没有太大关系，这是一类与钙钛矿（$CaTiO_3$）晶体结构类似的 ABX_3 化合物，是继第一代晶硅、第二代薄膜之后的第三代光伏电池技术路线。

相较于主流的晶硅电池，钙钛矿具有理论效率更高、可期成本更低的优势，因此对于光伏行业来说，是一种具有革命性的新材料。

钙钛矿电池原材料均为基础化工材料，由人工合成，且不含有稀有元素，相比于晶硅电池的硅料来说廉价易得。除原材料不受限制外，钙钛矿电池制备工艺较短。此外，钙钛矿材料对杂质敏感度低，对原材料纯度要求也低于晶硅，且可以在低温状态下制备。相比于晶硅 1000℃左右的高温流程，钙钛矿生产工艺温度不超 150℃，节省资源的同时还可以降低能耗。

钙钛矿的主要缺陷包括稳定性不好，钙钛矿材料属于离子晶体，晶体稳定性不如晶硅；含有毒物质铅；难以大面积制备。

◢ 习 题 ◣

1. 什么是太阳能光伏效应？
2. 什么是太阳能光热发电？
3. 画图说明光伏发电的原理。
4. 简单说明什么是光储直柔。

7.2 风力发电及其应用

本节学习风力发电及其应用。

7.2.1 风力发电机组的种类和原理

风中蕴含着极大的能量。风力发电机组将风的动能转换为机械能再进而转换为电能。从动能到机械能的转换通过叶片实现，从机械能到电能的转换通过发电机实现。

风力发电机组的分类方式很多，主要有如下五种。

1）根据收集风能的结构形式和在空间中的布置，分为水平轴式风力发电机组或垂直轴式风力发电机组。水平轴式风力发电机组的风轮轴相对地面呈水平状态，一般由风轮增速器、调速器、调向装置、发电机和塔架等部件组成，大中型风力发电机组还有自动控制系统。这种风力发电机组的功率从几十千瓦到数兆瓦，是目前最具有实际开发价值的风力发电机组。

垂直轴式风力发电机组的风轮轴相对地面呈垂直状态，有 S 型、H 型和 Φ 型等。虽然垂直轴式风力发电机组尚未大量商品化，但是它有许多特点，如不需要大型塔架，发电机可安装在地面上，维修方便以及叶片制造简便等。随着研究日趋增多，各种形式的风力发电机组不断出现。

2）根据塔架位置的不同，分为上风式风力发电机组和下风式风力发电机组。

3）根据叶片数量的不同，分为单叶片风力发电机组、双叶片风力发电机组、三叶片风力发电机组、四叶片风力发电机组和多叶片风力发电机组。

4）根据叶片形式的不同，分为螺旋桨式风力发电机组、H 型风力发电机组、S 型风力发电机组等。

5）根据叶片工作原理的不同，分为升力型风力发电机组和阻力型风力发电机组。

风会对切割它移动方向上的任意面积形成一个力，这个力就是阻力。阻力型机器利用阻力产生动力。

根据伯努利方程，在同一高度上，叶片的底端或顶端的动态压力和静态压力平衡。由于顶端的空气流动比底端快，从而使顶端产生低压，而底端产生高压，从而产生升力，这就是飞机飞行的原理，也是风力发电机组叶片转动的原理。

7.2.2 风力发电机组的功率

风力发电机组功率为

$$P_{\mathrm{w}} = c_{\mathrm{p}} \frac{1}{2} \rho A v_1^3 \tag{7-1}$$

式中，c_{p} 为风能利用系数，该系数依赖于叶尖速比 λ，即叶片叶尖线速度与风速的比值；A 为叶片扫风面积；ρ 为空气密度；v_1 为风速。叶片数量通常为 2～3 片；叶片角度通常为攻角，采用翼形设计。

根据贝茨理论，风力发电机组的叶片无法将风能量全部转换为机械能。风力发电机组的转换效率是有极限的。德国物理学家阿尔伯特·贝茨在 1920 年计算出了风力发电机组转换效率的最大可能值。

理论风能利用系数（贝茨极限）为

$$c_{\mathrm{pmax}} = \frac{P_{\max}}{\frac{1}{2}\rho v_1^3 A} = \frac{\frac{8}{27}\rho A v_1^3}{\frac{1}{2}\rho v_1^3 A} = \frac{16}{27} \approx 0.593 \tag{7-2}$$

实际各种风力发电机组的效率如图 7-5 所示。

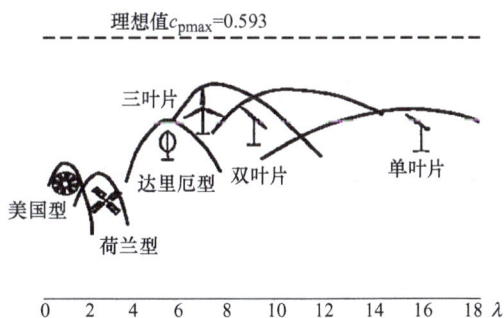

图 7-5 各种风力发电机组的效率

一台 2MW 的风力发电机组叶片半径为 40m 左右。在普通空气密度、温度为 10℃、风速为 6m/s（21km/h）的情况下，风力发电机的功率是 780kW。在这个风速下，每秒流经风力发电机组的空气是 43t，其中所蕴含的能量相当于一辆小型货车（2.5t）速度为 90km/h 时，或一辆小轿车（700kg）速度为 170km/h 时的能量。

当风速达到 18m/s（65km/h）时，每秒流经风力发电机的空气大约是 110t。风速增长到 3 倍，但风力发电机组的功率却要增长到 3^3 倍，也就是 27 倍，这时，风力发电机组的功率大约是 21MW。

7.2.3　风力发电机组的组成

从外部看，整个风力发电机组只有机舱、塔架和风轮三个主要部分，如图 7-6 所示。发电机、传动系统、控制系统等都集成在机舱内。机舱除了承担容纳相关部件的功能外，还起到承受所有外力（包括静载荷和动载荷）的作用。机舱底盘与塔架之间有回转体，使机舱可水平转动。

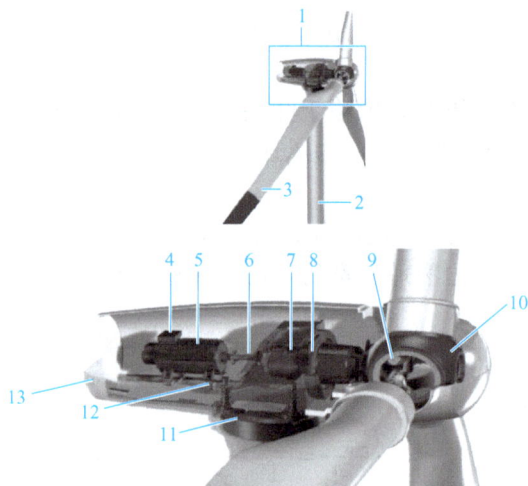

图 7-6　风力发电机组的主要部分

1—机舱　2—塔架　3—风轮　4—冷却系统　5—发电机　6—制动器和联轴器　7—齿轮箱　8—减噪装置
9—变桨系统　10—轮毂　11—偏航系统　12—主机架　13—机舱罩

1. 机舱

对于容量较大的风力发电机组，因风轮转速很低，远达不到发电要求，往往通过齿轮箱的增速作用来实现发电要求，而并网运行的发电机必须要求在同步转速左右运行，因此风力发电机一般都在主轴与发电机之间安装增速传动机构。风力发电机组的传动机构一般包括低速轴、高速轴、齿轮箱、联轴器和制动器等。风力发电机组中的齿轮箱又称为增速箱。齿轮箱的主要功能就是将风轮在风力作用下所产生的动力传递给发电机并使其达到相应转速。齿轮箱对于大型风力发电机组而言，由于限制转速，增速比一般为 40 ～ 50，这样可以降低发电机重量，从而降低成本。

机舱内还有偏航系统，是用来调整风力发电机组的风轮叶片旋转平面与空气流动方向相对位置的机构。因为当风轮叶片旋转平面与气流方向垂直，即迎着风向时，风力发电机组从流动的空气中获取的能量最大，因而风力发电机组的输出功率最大，所以调向机构又称为迎风机构（通常称为偏航系统）。整个偏航系统由电动机及减速机构、偏航调节系统和扭缆保护装置等部分组成。

偏航系统的主要作用有如下两个。

1）与风力发电机组的控制系统相互配合，使风力发电机组的风轮始终处于迎风状态，充分利用风能，提高风力发电机组的发电效率。

2）提供必要的锁紧力矩，以保障风力发电机的安全运行。

2. 塔架

风力发电机组的塔架除了支承风力发电机组的重量，还要承受吹向风力发电机组和塔架的风压以及风力发电机组运行中的动载荷。它的刚度和风力发电机组的振动有密切关系。水平轴式风力发电机组的塔架主要分为管柱型和桁架型两类。

一般管柱型塔架对风的阻力较小，特别是对于下风式风力发电机组，产生紊流的影响要比桁架型塔架小。桁架型塔架常用于中小型风力，其优点是造价不高、运输方便，但这种塔架会使下风式风力发电机组的叶片产生很大的湍流。

3. 风轮

风力发电机组区别于其他机械的最主要特征就是风轮。风轮一般由 2 ～ 3 个叶片和轮毂组成，其功能是将风能转换为机械能。由于风力发电机组的理论基础是空气动力学，故其叶片形状与机翼相似。当风经过水平轴式风力发电机组的叶片时，由于叶片与风有一个夹角，风在叶片上形成升力，风力发电机组依靠叶片上的升力把风能转换为旋转的机械能，从而带动发电机进行发电。

发电机的作用是利用电磁感应现象把由风轮输出的机械能转换为电能。根据发电机类型的不同，可分为普通异步风力发电机组、双馈异步风力发电机组、直驱同步风力发电机组（含永磁发电机和直流励磁发电机）和混合式风力发电机组等。

7.2.4　风力发电系统

风力发电系统的总体结构如图 7-7 所示。

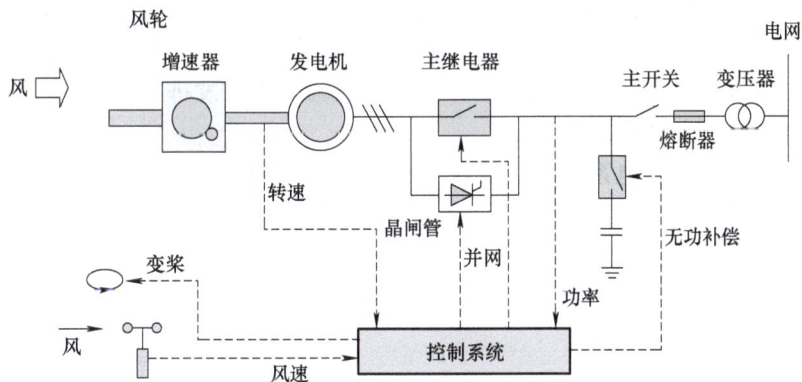

图 7-7　风力发电系统的总体结构

风力发电系统按运行方式可以分为恒速恒频（Constant Speed Constant Frequency，CSCF）风力发电系统和变速恒频（Variable Speed Constant Frequency，VSCF）风力发电系统两大类。

当风力发电机组与电网并联时，要求发电机的频率与电网频率保持一致，这便是恒频的含义。

1. 恒速恒频风力发电系统

恒速恒频风力发电系统的基本结构如图 7-8 所示。

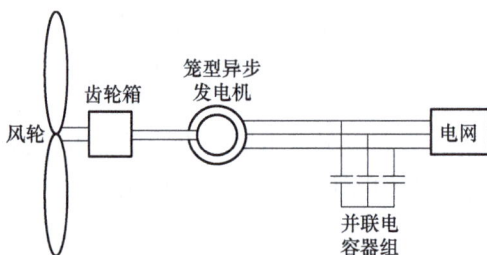

图 7-8 恒速恒频风力发电系统的基本结构

可以看出，这里采用的是异步发电机，所以恒速恒频风力发电系统也称为异步风力发电系统。异步发电机尽管带一定滑差运行，但在实际运行中滑差 s 很小，不仅输出频率变化较小，而且叶片转速变化范围也很小，近似恒速，所以称为恒速恒频。

就风力发电机组的调节方式而言，恒速恒频风力发电系统又分为定桨距失速调节型和变桨距调节型两种。

定桨距是指叶片与轮毂之间固定连接，即当风速变化时，叶片的桨距角不能随之变化。失速调节是指叶片翼型本身所具有的失速特性，当风速高于额定风速时，气流的攻角增大到失速条件，使叶片的表面产生涡流，效率降低，以限制发电机的输出功率。

变桨距是指风力发电机组的控制系统可以根据风速的变化，通过变桨距调节机构改变其桨距角的大小，以调整输出电功率，以便更有效地利用风能。在额定风速以下，桨距角保持在 0° 附近，可等同于定桨距失速调节型风力发电机组，发电机的输出功率随风速的变化而变化；当风速达到额定风速以上时，变桨距调节机构发挥作用，调整桨距角，保证发电机的输出功率在允许范围内。

变桨距调节型风力发电系统的主要优点是结构比较简单（但比定桨距失速调节型风力发电系统复杂），运行可靠性较高，不会发生过发电现象，而且叶片受力较小，因而可以做得比较轻巧，并且可以尽可能多地捕获风能，提高发电量；其缺点是机组整体效率仍然不高，而且对电网影响较大。

2. 变速恒频风力发电系统

变速恒频是指在风力发电过程中，发电机的转速可以随风速变化，然后通过适当的控制措施使其发出的电能变为与电网同频率的电能后送入电力系统。

图 7-9 ～图 7-11 分别为变桨距变速双馈异步风力发电系统、直驱永磁同步风力发电系统和半直驱永磁同步风力发电系统的基本结构。

变桨距变速双馈异步风力发电系统的叶片采用变桨距调节，定子直接与电网相连，转子通过双向变流器与电网连接，可实现功率的双向流动，变流器所需容量小、成本低。该系统既可亚同步运行，又可超同步运行，变速范围宽，可跟踪最佳叶尖速比，实现最大风能捕获，优化了功率输出，提高了效率。

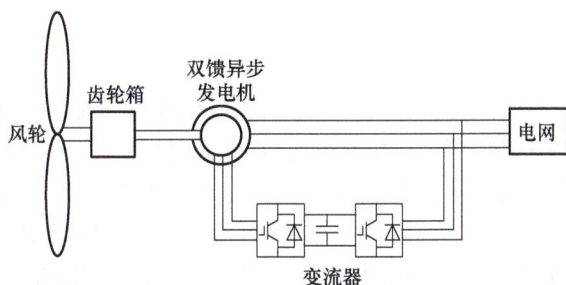

图 7-9 变桨距变速双馈异步风力发电系统的基本结构

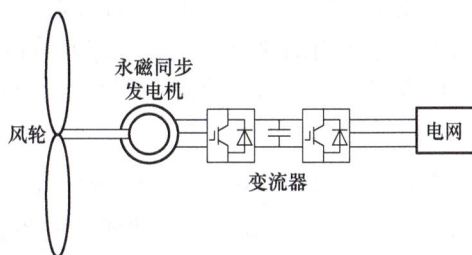

图 7-10 直驱永磁同步风力发电系统的基本结构

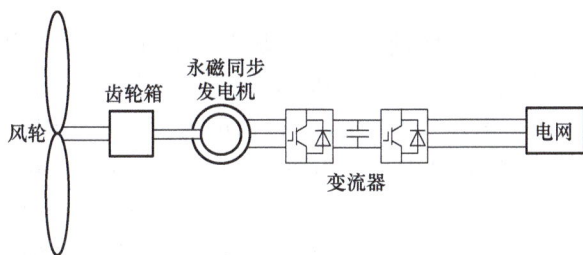

图 7-11 半直驱永磁同步风力发电系统的基本结构

变桨距变速双馈异步风力发电系统的优点为效率高，对电网影响小，不会发生过发电现象，只是其电控系统较为复杂，运行维护的难度较大。变桨距变速双馈异步风力发电系统是目前最具有发展潜力的变速恒频风力发电系统。

直驱永磁同步风力发电系统和半直驱永磁同步风力发电系统中的发电机均为永磁同步发电机。由于同步发电机的极数很多，转速较低，因而直驱永磁同步风力发电系统无齿轮箱或齿轮箱只有一级升速，传动机构简单，降低了机械噪声，故障率低，减少了维修量。而且由于是全功率变频，系统中的风能利用率很高。然而，该类风力发电系统中的永磁同步发电机组装工艺复杂，永磁材料存在失磁的风险，而且大容量变流器的使用增加了成本。

半直驱永磁同步风力发电系统介于直驱与双馈之间，齿轮箱的调速没有双馈的高，发电机由双馈的绕线式变为永磁同步化。半直驱永磁同步风力发电系统结合了两类风力发电系统的优势，在满足传动和载荷设计的同时，结构更为紧凑，重量更轻。

7.2.5　规范、标准简介

相关规范、标准有 GB/T 38174—2019《风能发电系统　风力发电场可利用率》。

GB/T 38174—2019 提供了风力发电场时间可利用率、服务产出可利用率性能指标的计算框架，描述了数据类别方法，并给出了应用这些数据计算可利用率指标的示例。该标准将 GB/Z 35482—2017《风力发电机组　时间可利用率》和 GB/Z 35483—2017《风力发电机组　发电量可利用率》模型中的术语和定义应用到风力发电场。

7.2.6　风电在供热中的应用

为解决电网低谷时段风力发电机组"弃风限电"的问题，可以采用风电供暖技术。风电清洁供暖对提高风能资源丰富地区消纳风电能力，缓解寒冷地区冬季供暖期电力负荷低谷时段风电并网运行困难，促进能源利用清洁化意义重大。下面介绍某县风电供热项目。

1. 工程概况

某县 40 万 kW 风电供暖项目供热站规模为 3 台 7.83MW 蓄热电锅炉，供热能力为 80 万 m^2，首期工程为 20 万 m^2，锅炉房按规划一次建成。配备装机容量为 10 万 kW 的风电场，包括 49 台风力发电机组（含 45 台单机容量 2.0MW 的风力发电机组和 4 台单机容量 2.5MW 的风力发电机组）及 220kV 升压站 3 座。

2. 风电场介绍

风电场分为北、东、南三个区域，北侧区域共布置了 14 台风力发电机（4 台 2.5MW 和 10 台 2.0MW），东侧布置了 25 台 2.0MW 的风力发电机，南侧布置了 10 台 2.0MW 的风力发电机组。发电机出口电压为 0.69kV，每台风力发电机组附近设置 1 座箱式升压变电站作为机组变压器，将发电机电压由 0.69kV 升高至 35kV，接入场内 220kV 升压站 35kV 配电装置。风力发电机组和箱式变电站之间采用一机一变单元接线方案。

场地区域以中高山地貌为主，地面高程为 1400～2050m，相对高差为 40～650m，地形整体起伏落差较大，平均坡度为 35°～45°，局部区域坡度大于 45°，场地总体地势为南、北部区域相对较高、东部区域较为低洼。场地内纵横分布很多冲沟，冲沟两侧沟壁陡立，在南部开阔地带自然消失。

3. 供热工程

供热站主要利用供暖期电网用电低谷时段电网无法接纳的风电进行供热和蓄热，实现向县城区东北部新建建筑物供热，首期供热站为已经建成的 20 万 m^2 建筑供暖。同时安装 4 台循环水泵，两运两备（首期一运一备），热网循环水泵的流量为 225t/h，扬程为 80m，功率为 65kW。本项目的热力管网设置补水系统，热力管网设计温度为供水温度 95℃、回水温度 55℃。本期 20 万 m^2 设置一个二级换热站，提供供回水温度为 50℃/40℃的热水。站内设置两台板式换热器、4 台循环水泵、补水定压装置及阀门管道等。

4. 弃风用电情况和环境效益

首期项目建成后，采暖季消耗电量 3006.8×10^4 kW·h，其中，可以利用电网谷段电力约为 2826.4×10^4 kW·h，如果这部分谷段电力全部来自风力发电机组的弃风电力，所对应的风电可以减少弃风小时数约 283h，约占风资源等效利用小时数的 11.8%，可以相应提高弃风电量的利用率。

该供热站的主要运行指标见表 7-2。

表 7-2 该供热站的主要运行指标

序号	项目名称	单位	数值
1	采暖期供热量	GJ/a	102834
2	采暖期用电量	10^4kW·h/a	3006.8
3	利用电网谷电比例	—	94%
4	单位面积用电量	kW·h/m²	150.4
5	供热站综合热效率	—	95%

首期工程装机总容量为 100MW，估算年均发电量为 24667.6 万 kW·h。与燃煤火电厂相比，按 2018 年全国火电机组供电标煤耗 306gce/kW·h 计，每年可为国家节约标准煤 8.88 万 t；按消耗水 3.1L/kW·h 计，每年可节水 76.48 万 t。若烟尘排放量按 1.8g/kW·h 计，SO_2 排放量按 6.5g/kW·h 计，NO_x 排放量按 15g/kW·h 计，灰渣排放量按 9.45g/kW·h 计，CO_2 排放量按 988g/kW·h 计，则本项目减少的污染物排放量为烟尘 444.1t/a、SO_2 1604.8t/a、NO_x 3700.6 万 t/a、CO_2 24.37 万 t/a、灰渣 2.94 万 t/a，环境效益十分显著。

7.2.7 技术发展：风电的现状及未来

自 20 世纪 70 年代起，我国开始研究并网风电场。全国风电年发电量占总发电量的比重稳步提升，风能利用水平持续提高。2021 年，全国风电发电量达 6556 亿 kW·h，同比增长 40.5%，占全部年发电量总和的 7.8%，同比提高 1.7 个百分点，继续保持位于煤电、水电之后的第三位。全国风电平均利用小时数为 2246h，同比增加 149h，增幅为 7.1%。年平均利用率 96.9%，同比提升 0.4 个百分点，电力消纳形势持续向好。

风力发电技术的发展趋势是大型化、变桨距变速和直驱型。此外，由于发展海上风电不占用陆地，而且海上风能资源丰富，适于大规模开发，因此海上风电已成为未来风电发展的必然趋势。海上风电的关键技术包括海上风力发电机组、海上风力发电机组基础结构、风电场集电系统及海上风电场并网方式等。海上风电产业正向着更深、更远海域发展，风电场向着更大规模、更多风机发展，风力发电机组向着更大装机容量发展，永磁同步风力发电机成为海上风力发电机组的主要选择。

习　题

1. 风力发电机组的种类有哪些？
2. 简述风力发电机组的组成。
3. 风力发电机组有哪几种？
4. 简单说明风电技术的发展趋势。

第8章

供配电系统设计

8.1 住宅单元供配电系统的设计

本节对某商住楼的住宅单元供配电及照明系统进行设计。

8.1.1 电气照明设计内容

电气照明设计分两大部分,一是光照设计,二是电气设计。

光照设计应参照 GB/T 50034—2024《建筑照明设计标准》,首先,要满足照度的要求;其次,应根据房间内不同场所的功能设计出合适的色调和良好的显色性,并减少眩光;最后,应满足节电要求。

电气设计应参照 GB/T 36040—2018《居民住宅小区电力配置规范》和 JGJ 242—2011《住宅建筑电气设计规范》的要求,确定住宅用电负荷、室内用电回路、导线规格、电源插座的设置数量等,然后画出住宅单元供配电及照明的平面图和系统图。

8.1.2 光照设计

1. 光源数量计算方法

光源数量计算是根据规定的照度值、选定的电光源、灯具及已知条件(如灯具形式和灯具布置、房间各个方向的反射条件及灯具和房间的污染情况等)计算电光源的数量和灯具的数量。反过来,在照明灯具形式、布置、电光源光通量和个数都已知的情况下,可以验证照度值是否达标。

下面介绍利用系数法和功率密度法(单位容量法)。通常采用利用系数法计算光源数量。

(1)利用系数法 利用系数 u 是灯具总光通量的有效利用率,用投射到工作面上的光通量(包括直射光通量和多方反射到工作面上的光通量)与全部光源发出的光通量之比表示,即

$$u = \frac{\Phi_e}{n\Phi} \qquad (8\text{-}1)$$

利用系数 u 与下列因素有关:灯具的型式、光效和配光曲线,灯具悬挂高度,房间的

面积和形状，墙壁、顶棚及地板的反射系数。利用系数 u 可以通过查表得到。

利用系数可根据室形指数（用 k_{rc} 或 RI 表示）和室内各表面的反射系数查表求得，附录 F 是某 LED 支架灯具和某 LED 简灯利用系数表。

室形指数 k_{rc} 的计算公式为

$$k_{rc} = \frac{5h(a+b)}{ab} \tag{8-2}$$

式中，a 为房间的长度，单位为 m；b 为房间的宽度，单位为 m；h 为房间的高度，即灯具距离工作面的高度，单位为 m。

利用系数法计算公式来源于照度的定义，即

$$E_{av} = \frac{N\Phi uk}{A} \tag{8-3}$$

式中，E_{av} 为工作面上的平均照度，单位为 lx；Φ 为光源的光通量，单位为 lm；N 为光源数量；u 为利用系数；k 为灯具的维护系数，见表 8-1；A 为房间或场所的面积，单位为 m^2。

表 8-1　维护系数

环境污染特征	工作房间或场所	维护系数	
		白炽灯、荧光灯、高光强气体放电灯	卤钨灯
清洁	住宅卧室、办公室、餐厅、阅览室、绘图室等	0.75	0.8
一般	商业营业厅、候车、船室、影剧院观众厅等	0.7	0.75
污染严重	厨房	0.65	0.7

由于灯具在使用期间，光源本身的光效逐渐降低，灯具也会陈旧脏污，被照场所的墙壁和顶棚也有污损的可能，从而使工作面上的光通量减少，因此，在计算工作面上的实际平均照度时，应计入一个小于 1 的维护系数，又称为减光系数。

利用系数法计算公式中的照度为水平面上的平均照度，式（8-3）适用于灯具均匀布置且墙和顶棚反射良好的场合。

（2）功率密度法（单位容量法）　功率密度法适用于方案设计或初步设计阶段的近似计算，对于估算照明负荷或光源数量是很实用的，附录 G 是带反射罩荧光灯单位面积的安装功率。

2. 光源数量计算

下面举例介绍光源数量的计算过程。

例 8-1　某实验室面积为 $12 \times 5 m^2$，桌面高 0.8m，灯具吊高为 3.8m，吸顶安装，拟采用 YG1-1 型、40W 吸顶式荧光灯，光源光通量为 2400lm，墙壁反射系数为 0.5，顶棚反射系数为 0.7，试计算光源的数量。

解：1）确定室形指数：

$$k_{rc} = \frac{5h(a+b)}{ab} = \frac{5 \times (3.8-0.8) \times (12+5)}{12 \times 5} = 4.25$$

取 k_{rc} 为 4。

2）查附录 F，确定利用系数，得 u=0.9。

3）查表 8-1，得灯具维护系数 k=0.75。

4）求光源数量。

根据标准，实验室桌面上的平均照度为 300lx，则

$$N = \frac{E_{av}A}{\Phi uk} = \frac{300 \times 12 \times 5}{2400 \times 0.9 \times 0.75} \approx 11.1$$

得光源数量为 12 个。

例 8-2　有一教室长为 11.3m，宽为 6.4m，灯至工作面高度为 2.3m，若采用带反射罩的荧光灯照明，每盏灯 40W，且规定照度为 300lx，需要安装多少个荧光灯？

解：为满足照明节能要求，教室可参考普通办公室，其照明功率密度的目标值 P_0=6.5W/m²，因此照明总的安装功率为

$$P_\Sigma = P_0 A = 6.5 \times 11.3 \times 6.4 \text{W} = 470.08 \text{W}$$

应装荧光灯的个数为

$$N = \frac{P_\Sigma}{P_L} = \frac{470.08}{40} = 11.75$$

取荧光灯数量为 12 个。

3. 其他光照性能设计

（1）显色性　目前，大多数光源选择 LED 光源，通常暖色光的显色指数要高一些，可以达到 85 以上。

（2）眩光限制　用统一眩光值来衡量。

（3）照明功率密度的计算　采用利用系数法计算出光源的数量后，可以进一步计算照明功率密度是否满足节能要求。在例 8-1 的光源数量计算中，照明功率密度为 LPD=P_Σ/A=(40 × 20)W/(12 × 5)m² ≈ 13.3W/m²。普通实验室可参考普通办公室的照明功率密度目标值，即 6.5W/m²，则此例的照明不满足照明节能要求。

同时满足照度标准和照明节能要求是不容易的，需要采用更高光效的光源和灯具，甚至须采取一些其他降低照明功率密度的措施。

8.1.3　电气设计

依据 GB/T 36040—2018《居民住宅小区电力配置规范》，用电负荷和电能计量表的选择见表 8-2。

表 8-2　用电负荷和电能计量表的选择

套型	建筑面积 S/m^2	用电负荷 /kW	电能计量表单相标定电流（最大额定电流）/A
A	$S \leqslant 60$	6	5（60）
B	$60 < S \leqslant 90$	8	5（60）
C	$90 < S \leqslant 140$	10	5（60）

依据 JGJ 242—2011《住宅建筑电气设计规范》，对室内用电回路、导线规格及插座个数均有要求。

家居配电箱的供电回路应按下列规定配置：每套住宅应设置不少于一条照明回路；装有空调的住宅应设置不少于一条空调插座回路；厨房应设置不少于一条电源插座回路；装有电热水器等设备的卫生间应设置不少于一条电源插座回路；除厨房、卫生间外，其他功能房应设置至少一条电源插座回路，每一回路插座数量不宜超过 10 个（组）。

建筑面积小于或等于 60m² 且为一居室的住户，进户线应不小于 6mm²，照明回路支线应不小于 1.5mm²，插座回路支线应不小于 2.5mm²。建筑面积大于 60m² 的住户，进户线应不小于 10mm²，照明和插座回路支线应不小于 2.5mm²。

对于普通住宅单元，进户线可取 10mm² 或 16mm²，空调回路导线取 4mm²，其他回路导线取 2.5mm² 或 4mm²。

电源插座的设置要求及数量见表 8-3。

表 8-3　电源插座的设置要求及数量

序号	名称	设置要求	数量
1	起居室（厅）、兼起居的卧室	单相两孔、三孔电源插座	≥3
2	卧室、书房	单相两孔、三孔电源插座	≥2
3	厨房	IP54 型单相两孔、三孔电源插座	≥2
4	卫生间	IP54 型单相两孔、三孔电源插座	≥1
5	洗衣机、冰箱、排油烟机、排风机、空调器、电热水器	单相三孔电源插座	≥1

8.1.4　规范、标准简介

相关规范、标准如下：

① GB/T 50034—2024《建筑照明设计标准》。

② GB/T 36040—2018《居民住宅小区电力配置规范》。

③ JGJ 242—2011《住宅建筑电气设计规范》。

GB/T 50034—2024 与旧版标准（2013 版）相比，修订的主要技术内容如下。

1）提高了灯具的效能、照明功率密度等节能指标要求。

2）增加了 LED 灯和 LED 灯具的性能指标、LED 驱动电源选择和应用等技术要求。

3）增加了照明舒适度、光生物安全、闪烁与频闪效应、非视觉效应等健康照明的技术指标。

　　4）补充和完善了智能照明控制系统技术内容。

　　5）增加了照明直流配电技术内容。

　　6）增加了建筑用地红线范围内的室外功能照明技术内容。

　　7）结合实际应用调整标准部分技术内容。

8.1.5　某商住楼住宅单元供配电系统设计

1. 工程概况

　　某商住楼的一房一厅户型住宅平面图如图 8-1 所示，其建筑面积为 38.3m^2，层高 2.7m，板厚 0.15m，卫生间垫层为 0.13m，其他垫层为 0.05m。

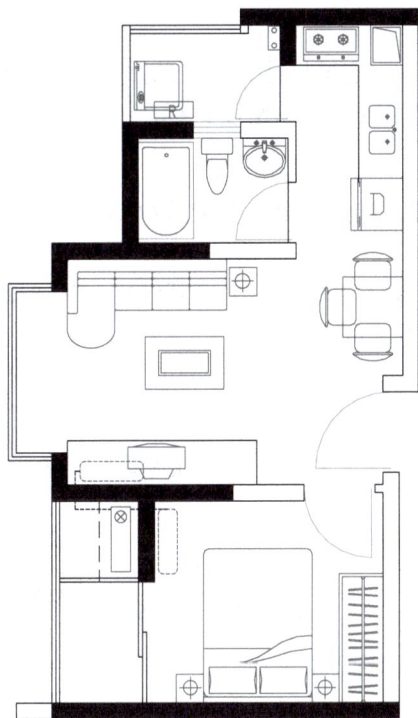

图 8-1　某商住楼的一房一厅户型住宅平面图

2. 光照设计

　　（1）灯具数量计算　灯具的选用原则：卧室、起居室、餐厅、阳台均选用相应规格的节能灯，吸顶安装；厨房选用防潮灯，且与餐厅所用的照明光源显色性一致或近似；卫生间安装防潮灯。

　　下面以客厅为例进行光照设计。

　　客厅建筑尺寸：长度 $a=3\text{m}$，宽度 $b=4.45\text{m}$，高度为 2.7m，工作面高度为 0.75m。照度标准为 100lx。选择吸顶式灯具，光源选择节能灯，功率为 $2\times11\text{W}$，光通量为 1560lm，则室形指数 k_{rc} 为

$$k_{rc} = \frac{5h(a+b)}{ab} = \frac{5 \times (2.7-0.75) \times (3+4.45)}{3 \times 4.45} = 5.44$$

查附录 F 选择顶棚和墙壁反射系数均为 0.5，查附录 F 确定利用系数 u=0.86，查表 8-1 取维护系数 k=0.75，则选择的灯具数量为

$$N = \frac{E_{av}A}{\Phi uk} = \frac{100 \times 3 \times 4.45}{1560 \times 0.86 \times 0.75} \approx 1.32$$

选择 2 盏灯具。

（2）光源颜色及显色性能 通常，客厅和餐厅选用中间色光源，卧室选用暖色光源。显色性能方面尽量选用高显色指数的光源。

（3）眩光限制 以前用减小灯具眩光来实现和评价，现在利用统一眩光值来限制。统一眩光值可以利用公式计算，也可以通过查表获得，还可以通过统一眩光值的眩光限制曲线获得。

（4）照明功率密度的计算 这里只计算客厅的照明功率密度，有 LPD=P_Σ/A=(22×2)W/(3×4.45)m²=3.3W/m²，客厅的照明功率密度达标。

3. 电气设计

（1）负荷确定 按表 8-2，选择用电负荷 P_e 为 6kW，考虑到该住宅面积远小于 60mm²，实际取 5kW。

（2）配电箱回路分配 该住宅单元配电箱系统图如图 8-2 所示（需要注意的是，按最新规范，需要单独设置一路卫生间插座）。

（3）断路器和导线选用 断路器依据计算功率和计算电流来选择。需要系数 K_d 取 0.9，断路器的计算功率为

$$P_j = K_d P_e = 0.9 \times 5kW = 4.5kW$$

计算电流为

$$I_j = \frac{P_j}{U_N \cos\varphi} = \frac{4500}{220 \times 0.85}A \approx 24.06A$$

因此，该房间总开关选用 32A 微型断路器。

各分支开关通常不必计算，选用 16A 微型断路器。

该住宅单元配电箱的进户线采用 10mm² 聚氯乙烯绝缘铜线，穿管径为 32mm² 的聚氯乙烯半硬质导线管，暗敷在屋面或顶棚内。

各分支回路截面积选取 2.5mm²。

（4）插座设置 按照不同的用电器选择不同规格型号的插座：空调负荷较大，选择单相三孔 15A 插座；卫生间内热水器选择防水型单相三孔 15A 插座；洗衣机选择单相三孔带开关 10A 插座。

4. 绘制系统图和平面图

1 号楼 4 层、5 层住宅楼层配电箱、电表箱和用户配电箱系统图如图 8-2 所示，某住户照明平面图如图 8-3 所示。

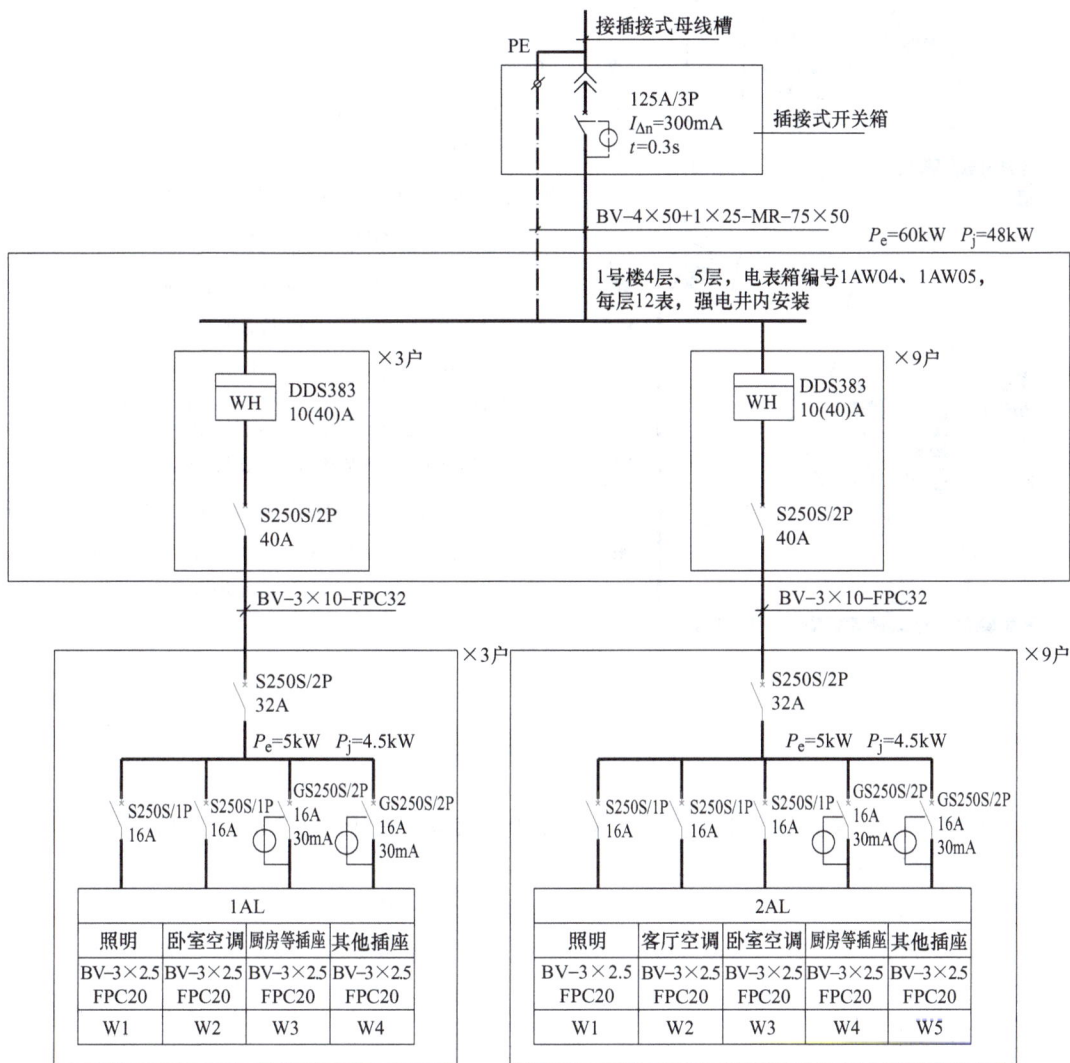

图 8-2　1 号楼 4 层、5 层住宅楼层配电箱、电表箱和用户配电箱系统图

8.1.6　技术发展：光构成

　　光构成已成为现代设计的基础学科，继传统的三大构成——平面构成、色彩构成、立体构成之后，光构成艺术作为一项新的研究引入照明设计中，利用光媒体的各种特性与表现技法进行照明设计。

低压配电系统图导读

低压配电系统馈电子系统图物对照

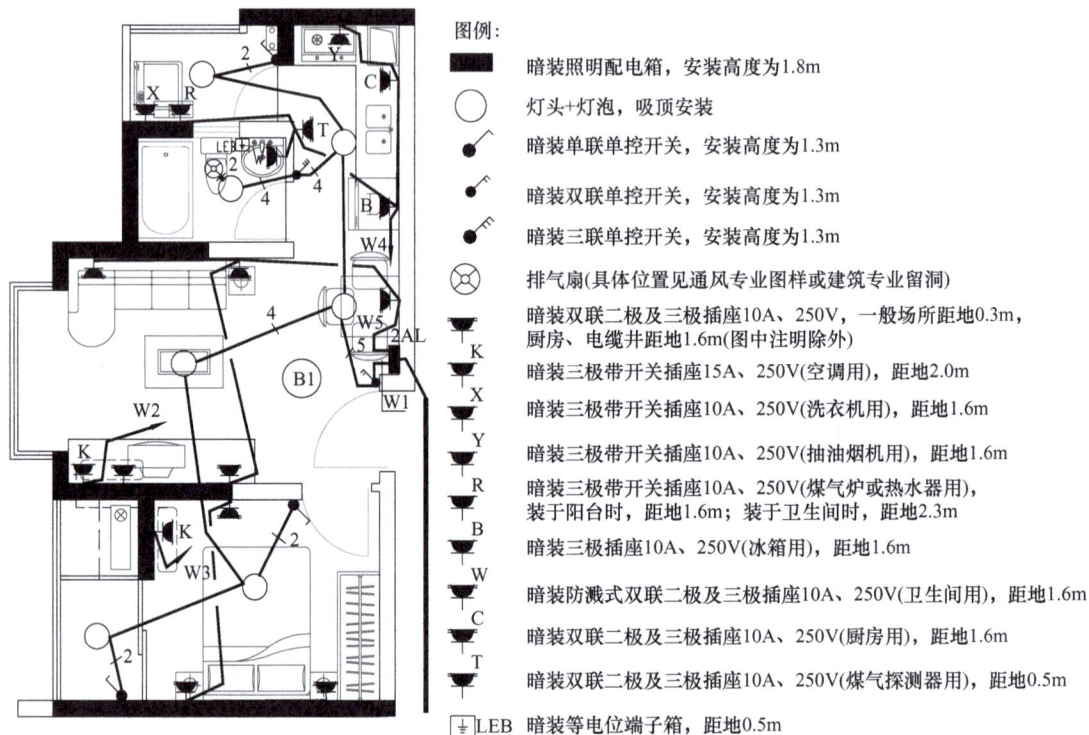

图例：

■　暗装照明配电箱，安装高度为1.8m

○　灯头+灯泡，吸顶安装

●　暗装单联单控开关，安装高度为1.3m

●　暗装双联单控开关，安装高度为1.3m

●　暗装三联单控开关，安装高度为1.3m

⊗　排气扇(具体位置见通风专业图样或建筑专业留洞)

暗装双联二极及三极插座10A、250V，一般场所距地0.3m，厨房、电缆井距地1.6m(图中注明除外)

K　暗装三极带开关插座15A、250V(空调用)，距地2.0m

X　暗装三极带开关插座10A、250V(洗衣机用)，距地1.6m

Y　暗装三极带开关插座10A、250V(抽油烟机用)，距地1.6m

R　暗装三极带开关插座10A、250V(煤气炉或热水器用)，装于阳台时，距地1.6m；装于卫生间时，距地2.3m

W　暗装三极插座10A、250V(冰箱用)，距地1.6m

W　暗装防溅式双联二极及三极插座10A、250V(卫生间用)，距地1.6m

C　暗装双联二极及三极插座10A、250V(厨房用)，距地1.6m

T　暗装双联二极及三极插座10A、250V(煤气探测器用)，距地0.5m

LEB　暗装等电位端子箱，距地0.5m

图8-3　某住户照明平面图

习　题

1.平均照度计算适用于房间长度小于宽度的1/4，采用对称或近似对称配光灯具且（　　　）的场所，可采用利用系数法。

A.一侧布置　　　　　　　　　B.均匀布置

C.曲线布置　　　　　　　　　D.非对称布置

2.由于光源的光通量衰减、灯具积尘和房间表面污染会引起照度值降低，因此在计算照度时应计入（　　　）。

A.同时使用系数　　　　　　　B.维护系数

C.灯具效率　　　　　　　　　D.灯具寿命

3.墙、顶、地的（　　　）对照度有影响。

A.效率　　　　B.利用率　　　　C.反射率　　　　D.折射率

4.某办公室长10m，宽6m，采用YJK 1/40-2型灯具照明，在顶棚上均匀布置6个灯具（即灯具个数N=6）。已知光源光通量$\Phi=2200lm$，利用系数$u=0.623$，灯具维护系数$k=0.8$，采用利用系数法求得距地面0.8m高的工作面上的平均照度E_{av}为（　　　）。

A.80lx　　　　B.100lx　　　　C.110lx　　　　D.150lx

5.查利用系数表需考虑_____、_____、_____及_____等因素。

6.某教室长10m，宽6m，在离顶棚0.5m的高度安装YG1-1型40W荧光灯（光通量$\Phi=2400lm$），课桌高度为0.8m。已知顶棚反射系数ρ_c为0.5，墙壁反射系数ρ_w为0.7，

室形指数 k_{rc} 为 2，灯具维护系数 $k=0.8$，若要求课桌桌面的平均照度为 300lx，试确定所需灯具数量 N。

7. 住宅套内电源插座的最少数量可查什么标准或规范？

8. 按照第 7 题的标准或规范，本节设计的一房一厅住宅最少应配置多少个插座？

9. 某餐厅长 33m，宽 14.4m，建筑高度为 5m，吊顶高度为 1m，参考面为 0.75m，照度标准为 150lx，顶棚和墙壁反射系数均为 0.5，选择嵌入式荧光灯，光源功率为 $2×36W$，光通量为 5400lm。试计算灯具数量。

8.2　供配电系统的方案设计

本节学习某高层商住楼供配电及照明系统的方案设计。

配电干线系统图导读

8.2.1　建筑电气设计流程

供配电及照明系统设计是建筑电气设计的主要部分。除此之外，建筑电气设计还包括弱电系统、消防系统等的设计。

对于大型供配电及照明系统，通常要经过方案设计、初步设计、施工图设计三个阶段。各阶段设计文件编制应遵循如下原则。

1）方案设计文件：应满足编制初步设计文件的需要，满足方案审批或报批的需要。

2）初步设计文件：应满足编制施工图设计文件的需要，满足初步设计审批的需要。

3）施工图设计文件：应满足设备材料采购、非标准设备制作和施工的需要。

这三个阶段各有所侧重，不是截然分开的，下一阶段设计是对上一阶段设计的修正、深化和完善。

对于技术要求相对简单的建筑工程，当有关主管部门在初步设计阶段没有审查要求，且合同中没有作初步设计的约定时，可在方案设计审批后直接进入施工图设计。

在不同的设计阶段，电气专业的设计工程师需要与业主、其他专业的人员进行沟通和配合，其他专业包括建筑、结构、给排水、暖通、弱电等专业。

电气专业工程师与其他专业工程师需要互相提供必要的资料，提供资料简称提资，那么互相提供资料就简称互提。还有所谓反提（又称为返提），即反向提供资料。例如，电气专业工程师从建筑专业工程师处提资（总图及工程概况等），然后估算出变电所数量、位置和面积等，再反向提供给建筑专业工程师，就是反提。

方案设计阶段各专业一般按一个时段互提资料，电气专业工程师主要在接收建筑专业工程师提供资料的基础上反提资料，若工程较大、较复杂，则根据实际工程需要接收给排水、暖通、弱电、结构专业的资料。

下面先介绍方案设计要完成的任务和流程，而初步设计和施工图设计阶段的任务和流程在后续部分介绍。方案设计的主要任务和流程如下。

1）确定设计内容或设计范围，根据建筑规模、功能定位和使用要求等确定本工程拟设置的电气系统。

2）确定建筑的类别，并区分建筑内各用电设备的负荷级别，哪些是一级负荷，哪些是二级负荷、三级负荷。

3）估算总的计算负荷，确定供配电电源。根据负荷级别和负荷容量提出所需电压等级、电源的回路数、容量等要求；确定是否需要设置备用电源、应急电源系统及备用电源和应急电源型式。

4）估算变压器容量，确定变配电所的位置和数量，初步确定变压器容量和台数。

8.2.2　电力负荷分级和供电要求

电力负荷既可指用电设备和电力用户，又可指用电设备或用户耗用的电功率和电流。这里的电力负荷指用电设备和电力用户。

1. 电力负荷的分级

电力负荷根据其对供电可靠性的要求以及中断供电在对人身安全、经济损失造成的影响程度进行分级，分为三级，一个建筑内往往有很多一级负荷如消防设备等，也有很多二级负荷、三级负荷。

（1）一级负荷　符合下列情况之一时，应视为一级负荷。

1）中断供电将造成人身伤害。

2）中断供电将在经济上造成重大损失。

3）中断供电将影响重要用电单位的正常工作。

例如，中断供电使生产过程或生产装备处于不安全状态、重大产品报废、采用重要原料生产的产品大量报废、生产企业的连续生产过程被打乱需要长时间才能恢复等将在经济上造成重大损失的负荷为一级负荷；大型银行营业厅的照明、一般银行的防盗系统、大型博物馆和展览馆的防盗信号电源、珍贵展品室的照明电源等，一旦中断供电可能会造成财产损失、珍贵文物和珍贵展品被盗，因此其负荷为一级负荷；在民用建筑中，重要的交通枢纽、重要的通信枢纽、重要宾馆、大型体育场馆，以及经常用于重要活动的大量人员集中的公共场所等，由于电源突然中断造成正常秩序严重混乱的用电负荷为一级负荷。

在一级负荷中，中断供电将造成人员伤亡或重大设备损坏或发生中毒、爆炸和火灾等情况的负荷，以及特别重要场所不允许中断供电的负荷，应视为一级负荷中特别重要的负荷。

（2）二级负荷　符合下列情况之一时，应视为二级负荷。

1）中断供电将在经济上造成较大损失。

2）中断供电将影响较重要用电单位的正常工作。

例如，中断供电将使主要设备损坏、大量产品报废、连续生产过程被打乱需较长时间才能恢复、重点企业大量减产等将在经济上造成较大损失，则其负荷为二级负荷；交通枢纽、通信枢纽等用电单位中的重要电力负荷，以及中断供电将造成大型影剧院、大型商场等较多人员集中的重要公共场所秩序混乱，其负荷为二级负荷。

（3）三级负荷　不属于一级负荷和二级负荷的，应为三级负荷。

电力公司把电力客户分为重要电力客户、特殊电力客户和普通电力客户。重要电力客户是指在国家或地区（城市）的社会、政治、经济生活中占有重要地位，对其中断供电将可能造成人身伤亡、较大环境污染、较大政治影响、较大经济损失、社会公共秩序严重混乱的用电单位，或对供电可靠性有特殊要求的用电场所。根据对供电可靠性的要求和中断供电产生的危害程度，重要电力客户分为特级、一级、二级和临时性重要电力客户。特殊电力客户是指对配电网产生冲击负荷、不对称负荷、电压波动与闪变，产生大量谐波等情况的电力客户。普通电力客户是除上述重要电力客户、特殊电力客户外，其他对供电无特殊要求的电力客户。

2. 各级电力负荷对供电电源的要求

（1）一级负荷对供电电源的要求　一级负荷应由双重电源供电，当一个电源发生故障时，另一个电源不应同时受到损坏。双重电源的两个电源通常来自两个不同的变电站。

一级负荷中特别重要的负荷供电应符合下列要求。

1）除应由双重电源供电外，还应增设应急电源，并严禁将其他负荷接入应急供电系统。

2）设备供电电源的切换时间应满足设备允许中断供电的要求。

下列电源可作为应急电源：独立于正常电源的发电机组、供电网络中独立于正常电源的专用馈电线路、蓄电池、干电池。

（2）二级负荷对供电电源的要求　二级负荷宜由两条线路供电。当负荷较小或地区供电条件困难时，二级负荷可由一条 6kV 及以上专用的架空线路供电。两条线路的两个电源通常来自同一个变电站，既可以是不同母线，也可以是同一条母线上的不同回路。

（3）三级负荷对供电电源的要求　三级负荷对供电电源无特殊要求。

8.2.3　电力负荷的类别

电力负荷按用途分，有照明负荷和动力负荷。照明负荷通常为单相负荷，在三相系统中很难三相平衡；动力负荷一般可视为三相平衡负荷。电力负荷按行业分，有工业负荷、非工业负荷和居民生活负荷等。

电力负荷（用电设备）按工作制可分为以下三类。

1）长期连续工作制：这类设备长期连续运行，负荷比较稳定，如通风机、空气压缩机、电动 – 发电机组、电炉和照明灯等。

2）短时工作制：这类设备的工作时间较短，停歇时间相对较长，如机床上的某些辅助电动机（如进给电动机、升降电动机等）。机床电动机的负荷虽然一般变动较大，但大多也属于长期连续工作制。

3）断续周期工作制：这类设备周期性地工作—停歇—工作，如此反复运行，而工作周期一般不超过 10min，如电焊机和起重机。

8.2.4　计算负荷及其估算

1. 计算负荷

计算负荷是指通过统计计算求出的、用于按发热条件选择供配电系统中各元件的负荷值。按照计算负荷选择的电气设备和导线、电缆，如果以计算负荷持续运行，其发热温度不致超出允许值，因而不会影响其使用寿命。

由于导体通过电流达到稳定温升的时间大约为（3 ~ 4）τ，τ 为发热时间常数（单位为 min）。而截面积在 16mm² 以上的导体的 τ 均大于 10min 以上，也就是载流导体大约经 30min 可达到稳定温升。因此，通常取 30min 平均最大负荷 P_{30}（即年最大负荷 P_{max}）作为计算负荷。计算负荷 P_{30} 也常表示为 P_c 或 P_j。

计算负荷是供配电设计计算的基本依据。若计算负荷过大，将使设备和导线、电缆选择偏大，造成投资和有色金属的浪费；若计算负荷过小，将使设备和导线、电缆选择偏小，造成设备和导线、电缆运行时过热，增加电能损耗和电压损耗，甚至使设备和导线、电缆烧毁，造成事故。因此，合理确定计算负荷具有重要的意义。

目前普遍采用的确定用电设备组计算负荷的方法有需要系数法和二项式法。需要系数法是普遍采用的确定计算负荷的基本方法，简单方便。二项式法应用的局限性较大，但在确定设备台数较少而设备容量悬殊的分支干线的计算负荷时，采用二项式法比需要系数法更为合理，且计算比较简便。

2. 计算负荷的估算

除了上述常用的确定计算负荷的方法外，在方案设计阶段一般可按负荷密度法估算用户的计算负荷。负荷密度法是根据建筑物的总建筑面积和不同类型建筑物每单位面积的负荷来确定计算负荷的一种计算方法。负荷密度法常用于供配电系统的初步设计阶段，其特点是简便快速，但结果通常较为粗略。负荷密度法的计算公式为

$$P_j = \frac{K_s A}{1000} \qquad (8\text{-}4)$$

式中，K_s 为功率密度，单位为 W/m²；A 为建筑面积，单位为 m²。

各类用户的平均负荷密度可由有关设计手册查得，或根据同类用户的实测资料分析确定。

按 GB/T 50293—2014《城市电力规划规范》规定，当采用单位建筑面积负荷密度指标法时，其规划单位建筑面积负荷指标宜符合表 8-4 的规定。考虑到负荷的发展，有关负荷密度（用电指标）宜适当取大一些。

表 8-4　规划单位建筑面积负荷指标

建筑类别	单位建筑面积负荷指标 /（W/m²）
居住建筑	30 ~ 70（或 4 ~ 16，单位为 kW/ 户）
公共建筑	40 ~ 150
工业建筑	40 ~ 120
仓储物流建筑	15 ~ 50
市政设施建筑	20 ~ 50

8.2.5　电力用户供配电电压的选择

1. 电力用户供电电压的选择

电力用户供电电压的选择主要取决于当地供电企业（当地电网）供电的电压等级，同时也要考虑用户用电设备的电压、容量和供电距离等因素。

《供电营业规则》1996 版规定：用户用电设备容量在 100kW 及以下或需用变压器容量在 50kV·A 及以下者，可采用低压三相四线制供电。但《供电营业规则》2024 版对此并无规定。依据 GB 51348—2019《民用建筑电气设计标准（共二册）》，当用电设备安装容量在 250kW 及以上或变压器安装容量在 160kV·A 及以上时，宜以 20kV 或 10kV 供电；当用电设备总容量在 250kW 以下或变压器安装容量在 160kV·A 以下时，可由低压 380V/220V 供电。

2. 电力用户高压配电电压的选择

电力用户高压配电电压的选择主要取决于该用户高压用电设备的电压、容量和数量等因素。

当用户可用的供电电源电压为 10kV 及以上时，用户的高压配电电压一般应采用 10kV。当用户用电设备的总容量较大，且选用 6kV 经济合理，特别是可取得附近发电厂的 6kV 直配电压时，可采用 6kV 作为高压配电电压。若用户 6kV 用电设备不多，则仍应采用 10kV 作为高压配电电压，6kV 设备则通过专用的 10kV/6.3kV 变压器单独供电。若用户有 3kV 的用电设备，则应通过专用的 10kV/3.15kV 变压器供电。

当用户可用的供电电压为 35kV 时，为了减少用户供配电系统的变压级数，在安全要求允许且技术经济合理的情况下，也可考虑采用 35kV 作为用户的高压配电电压，即采用高压深入负荷中心的配电方式。

3. 电力用户低压配电电压的选择

电力用户的低压配电电压通常采用 220V/380V，其中线电压 380V 用来接三相电力设备和额定电压为 380V 的单相设备，而相电压 220V 用来接额定电压为 220V 的单相设备和照明灯具。但某些场合宜采用 660V 甚至更高的 1140V 作为低压配电电压。采用 660V 作为配电电压，目前仅限于采矿、石油和化工等少数部门。而对于 1140V 电压，GB/T 156—2017《标准电压》中明确规定："1140V 仅限于某些应用领域的系统使用。"在矿井下，因负荷往往离变电所较远，为保证远端负荷的电压水平，宜采用 660V 或 1140V 的电压。采用较高的电压配电，不仅可减少线路的电压损耗，保证远端负荷的电压水平，而且能减小导线截面积，减少线路投资，增大供电半径，减少变电点，简化供配电系统。因此，提高低压配电电压具有其明显的经济价值，也是节电的一项有效措施。

8.2.6　规范、标准简介

相关规范、标准如下：
① GB 50053—2013《20kV 及以下变电所设计规范》。
② GB 50052—2009《供配电系统设计规范》。
③ GB 50054—2011《低压配电设计规范》。
④ GB/T 50034—2024《建筑照明设计标准》。
⑤ GB 50057—2010《建筑物防雷设计规范》。
⑥ GB 51348—2019《民用建筑电气设计标准（共二册）》。
⑦ GB 50096—2011《住宅设计规范》。
⑧ GB 50016—2014《建筑设计防火规范》（2018 年版）。

⑨ GB 50038—2005《人民防空地下室设计规范（2023 年版）》。

8.2.7 某高层商住楼供配电系统的方案设计

1. 工程概况

本设计建筑为高层商住楼，主要由商铺和住宅组成，共有两栋楼，每栋楼有 28 层，地下一层是配电室、水泵房、机房和车库等，地下二层是冷冻机房、人防和车库等，地上一、二层是商铺，三层是架空层，4 ~ 28 层是住宅。该项目建设用地面积为 5000.50m²，总建筑面积为 40366.90m²，容积率为 6.7，计入容积率面积为 33499.98m²，其中，住宅建筑面积为 29735.99m²，商场建筑面积为 3575.69m²。住宅总套数为 662 套。

2. 设计依据

除了规范、标准外，还有如下设计依据。
① 工程设计合同及有关批示。
② 建设项目设计任务书。
③ 建筑、结构、给排水、空调等专业提供的设计要求及资料。

3. 设计范围

高低压配电系统、应急电源、动力设备配电、照明配电及防雷接地等。

4. 方案设计

1）确定建筑的类别，并区分建筑内各用电设备的负荷级别。

在 GB 50016—2014《建筑设计防火规范》（2018 年版）中，高层民用建筑根据其建筑高度、使用功能和楼层的建筑面积可分为一类和二类。本商住楼为建筑高度大于 54m 的住宅建筑（包括设置商业服务网点的住宅建筑），所以属于一类高层建筑。接下来，按照 GB 51348—2019《民用建筑电气设计标准（共二册）》，一类建筑的消防控制室、消防水泵、消防电梯及其排水泵、防排烟设施、火灾自动报警及联动控制装置、自动灭火系统、火灾应急照明及疏散指示标志、电动防火卷帘、门窗及阀门等消防用电，走道照明、值班照明、警卫照明、障碍照明，主要业务和计算机系统电源，安防系统电源，电子信息设备机房电源，客梯电力，排污泵，变频调速（恒压供水）生活水泵电力等都为一级负荷。其中，消防负荷、火灾应急照明及疏散指示标志等为一级负荷中特别重要的负荷。

2）估算总的计算负荷，确定供配电电源。

根据负荷级别和负荷容量提出所需电压等级、电源的回路数、容量等要求；确定是否需要设置备用电源、应急电源系统及备用电源和应急电源型式。

因为本工程负荷容量较大（远大于 250kW），所以需要采用 10kV 高压供电；因为本工程有大量的一级负荷，所以需要采用双重电源，即两路独立的 10kV 电源；又因为本工程有特别重要的负荷，所以还需增设柴油发电机作为应急电源，给消防负荷、火灾应急照明及疏散指示标志等提供应急电力。

本阶段主要采用负荷密度法进行估算。

取 K_s 为 40W/m²，则计算负荷为

$$P_j = \frac{K_s A}{1000} = \frac{40 \times 33499.98}{1000} \text{kW} \approx 1340 \text{kW}$$

式中，A 取计入容积率的面积，为 33499.98m^2。

3）估算变压器容量，确定变配电所的位置、数量和面积等，初步确定变压器容量和台数。

① 查《全国民用建筑工程设计技术措施》中的各类建筑物单位面积用电指标，取 K_s 为 50V·A/m^2，则变压器容量为

$$S_j = \frac{K_s A}{1000} = \frac{50 \times 33499.98}{1000} kV \cdot A \approx 1675 kV \cdot A$$

② 设置 2 台变压器，每台容量为 1000kV·A。在地下一层设置一个变配电所，变配电所面积可通过变压器容量来估算。

根据经验，一台变压器配置的变配电所面积为 60m^2，则两台变压器需要的变配电所面积为 120m^2。

8.2.8　技术发展：新型电力系统负荷变化趋势

新型电力系统负荷变化趋势主要如下。

1. 负荷结构更加多元化

在双碳目标的驱动下，新型电力系统的负荷结构更加多元化，"以电代油""以电代煤"的电能替代发展战略将陆续落实。以新能源汽车、电采暖为代表的电力产品将逐渐抢占传统高排放产品的市场。这些电能替代产品的强势发展势必影响未来电力系统负荷曲线。

2. 用户双向互动更加深入

目前，能源消费侧的用能效率和电能占比较低，用户与能源系统之间的互动不足。新型电力系统更加依赖出力随机性较强的清洁能源，发电侧灵活调节能力降低，需要大力发展储能建设，并深入挖掘用户侧调节潜力。随着电动汽车等新型负荷的不断涌现、用户侧分布式储能的推广应用、电力市场现货交易机制的不断完善，提升电网供需互动水平是实现新型电力系统运转的客观要求和必要基础。灵活深入的供需互动将改变新型电力系统的负荷形态：分布式储能的接入使用户从消费者（consumer）转变为产消者（prosumer），负荷不再是单流向分布，而是参与电网侧的双向能量互动。

3. 负荷特性更加复杂

高度电力电子化是新型电力系统的典型特征之一，不仅体现在发电侧电源动态特性的变化，还呈现出越来越复杂的电力电子化负荷特性。为满足用户对可靠性、便捷性、效能等方面的更高要求，用户侧与电网侧的交互越来越多，用户接口处也越来越依赖辅助控制性能更高的电力电子设备，如电动汽车充电站、轨道交通牵引系统、写字楼变频制冷系统等。同样，为适应新型电力系统"源-网-荷"设备快速更新和即插即用的需求，未来配电网基础设施建设也更倾向于采用以电力电子技术为基础的综合解决方案，如直流配电网、微电网、云储能等。这些变化势必造成负荷侧逐渐走向高度电力电子化，使城市配电网的负荷特性更加复杂。

◀ 习　题 ▶

1. 较大工程的建筑电气系统设计包括哪三个阶段？

2. 负荷密度的单位是？

3. 请简要分条说明变压器容量和台数的估算方法。

4. 请简要说明变电所面积的估算方法。

5. 请简要分条说明方案设计的主要内容。

6. 某宾馆的建筑面积 $N=10500\mathrm{m}^2$，按照一般旅游宾馆用电指标判断，该宾馆的装机容量 P_{30} 应为多少千瓦？

8.3　供配电系统的初步设计

本节学习某高层商住楼供配电及照明系统的初步设计。

初步设计阶段各专业一般分两个时段互提资料。第一时段，电气专业工程师接收建筑专业工程师提供的资料后，通过各专业工程师间的配合，对提供的资料进行复核和确认，及时提出调整补充意见并反馈给建筑专业，反馈可采取开协调会或书面意见等形式。第二时段，电气专业工程师接收建筑、结构、给排水、暖通、弱电专业工程师提供的资料后开始分批（次）反提资料，反提资料可采用文字、图表等形式。

初步设计的流程如下。

1）根据工程项目情况及有关专业工程师（如暖通、给排水等）的提资，得到中央空调、风机、水泵等设备的额定容量，设计出配电干线系统图。

2）确定配电干线系统图中各设备的计算负荷，做出负荷计算表。

3）根据负荷计算表确定各个用电设备组的计算负荷和总计算负荷，计算所需变压器的数量和容量。

4）分配各配电干线的负荷，使各变压器的负荷率处于 70% ～ 85%。

8.3.1　按需要系数法确定三相用电设备组的计算负荷

在方案设计阶段，为便于确定供电方案、选择变压器的容量和台数，常采用负荷密度法估算计算负荷。在工程初步设计和施工图设计阶段，一般采用需要系数法或二项式法确定计算负荷。

1. 需要系数法

需要系数法确定计算负荷的公式如下。

有功计算负荷为

$$P_c = K_d P_e \tag{8-5}$$

无功计算负荷为

$$Q_c = P_c \tan\varphi \tag{8-6}$$

视在计算负荷为

$$S_c = \frac{P_c}{\cos\varphi} \qquad (8\text{-}7)$$

计算电流为

$$I_c = \frac{S_c}{\sqrt{3}U_N} \qquad (8\text{-}8)$$

式中，P_e 为用电设备组所有设备（不含备用设备）的额定容量之和，单位为 kW，设备额定容量用 P_N 表示，有 $P_e = \sum P_N$；K_d 为需要系数；$\cos\varphi$ 为该用电设备组的功率因数；$\tan\varphi$ 为该用电设备组功率因数角的正切值；U_N 为该用电设备组的额定电压，单位为 kV。

用电设备组的需要系数 K_d 是用电设备组在最大负荷时需要的有功功率与其设备容量的比值。

需要系数 K_d 可通过查表得到，表 8-5 和表 8-6 分别为照明用电设备的需要系数和住宅用电负荷的需要系数。表中的需要系数一般不是一个确定的数，而是一个范围，所以还需要根据经验和用电设备组的实际运行情况、维护情况等进行选取。

表 8-5　照明用电设备的需要系数

建筑类别	需要系数	建筑类别	需要系数
生产厂房（有天然采光）	0.80～0.90	设计室	0.90～0.95
生产厂房（无天然采光）	0.90～1.00	科研楼	0.80～0.90
锅炉房	0.90	综合商业服务楼	0.75～0.85
仓库	0.50～0.70	商店	0.85～0.90
办公楼	0.70～0.80	体育馆	0.70～0.80
展览馆	0.70～0.80	托儿所、幼儿园	0.80～0.90
旅馆	0.60～0.70	集体宿舍	0.60～0.80
医院	0.50	食堂、餐厅	0.80～0.90
学校	0.60～0.70		

表 8-6　住宅用电负荷的需要系数

按单相配电计算时所连接的基本户数	按三相配电计算时所连接的基本户数	需要系数
1～3	3～9	0.90～1.00
4～8	12～24	0.65～0.90
9～12	27～36	0.50～0.65
13～24	39～72	0.45～0.50
25～124	75～372	0.40～0.45
125～259	375～777	0.30～0.40
260～300	780～900	0.26～0.30

注：住宅的公用照明和公用电力负荷需要系数可取 0.8。

需要系数主要与如下因素有关。

1）用电设备组中所有设备一般不会同时运行，通常，设备组中的设备台数越多，同时运行的可能性越小。

2）同时运行的用电设备不一定同时满负荷运行，通常，设备组中的设备台数越多，同时满负荷运行的可能性越小。

3）设备在运行中有功率损耗。

4）线路在运行中有功率损耗。

用公式定量表示需要系数，即

$$K_\mathrm{d} = \frac{K_\Sigma K_\mathrm{L}}{\eta_\mathrm{e} \eta_\mathrm{WL}} \tag{8-9}$$

式中，K_Σ 为设备组的同时系数，即设备组在最大负荷时运行的设备容量与全部（不含备用）设备容量之比；K_L 为设备组的负荷系数，即设备组在最大负荷时的输出功率与运行的设备容量之比；η_e 为设备组的平均效率，即设备组在最大负荷时的输出功率与其取用功率之比；η_WL 为配电线路的平均效率，即配电线路在最大负荷时的末端功率（即设备组的取用功率）与其首端功率（即计算负荷 P_j）之比。

不同性质的用电设备，其功率因数、需要系数有所不同，见附录 H。因此，在使用需要系数法确定计算负荷时，应将配电干线范围内的用电设备按类型分组，并取不同的需要系数，再根据各组用电设备的功率因数对各组的计算负荷进行计算。

在使用需要系数法分组确定计算负荷时，可能会出现设备台数很少的情况，这种情况下如果不作一些特殊的考虑，仍简单地选用需要系数，可能会造成计算结果偏小，从而导致设计结果不合理。针对这一问题，参照《工业与民用供配电设计手册》，当用电设备的台数小于或等于 5 台时，计算负荷可等于其设备功率的总和，即不考虑需要系数；当用电设备的台数为 5 台以上时，其计算负荷应通过计算确定，即要考虑需要系数。

2. 用电设备组计算负荷的确定

（1）住宅单元组计算负荷的确定   某高层住宅楼第 5 层楼有 12 户，其中 3 户为单房户型，9 户为一房一厅，每户的用电量均为 6kW，假定功率因数为 0.8，试确定这 12 户住宅单元组的计算负荷。

查表 8-6，K_d 取 0.6 有

$$P_\mathrm{c} = K_\mathrm{d} P_\mathrm{e} = 0.6 \times (6 \times 12)\mathrm{kW} = 43.2\mathrm{kW}$$

$$Q_\mathrm{c} = P_\mathrm{c} \tan\varphi = 43.2 \times 0.75\mathrm{kvar} = 32.4\mathrm{kvar}$$

$$S_\mathrm{c} = \frac{P_\mathrm{c}}{\cos\varphi} = \frac{43.2}{0.8}\mathrm{kV \cdot A} = 54\mathrm{kV \cdot A}$$

$$I_\mathrm{c} = \frac{S_\mathrm{c}}{\sqrt{3} U_\mathrm{N}} = \frac{54}{\sqrt{3} \times 0.38}\mathrm{A} \approx 82\mathrm{A}$$

（2）工厂普通用电设备组计算负荷的确定   附录 H 所列的需要系数值是按车间范围设备台数较多的情况确定的，所以需要系数值一般都比较低。例如，冷加工机床组的需要系数值平均只有 0.2 左右。因此，需要系数法较适用于确定车间的计算负荷。若采用需要

系数法计算分支干线上用电设备组的计算负荷,则附录 H 中的需要系数值往往偏小,宜适当取大。当只有 1 ～ 2 台设备时,可认为 K_d=1。

需要系数值与用电设备的类别和工作状态有很大关系,因此,按需要系数法计算时,首先要正确判别用电设备的类别和工作状态,否则将造成错误。例如,机修车间的金属切削机床电动机,应属小批生产的冷加工机床电动机,因为金属切削就是冷加工,而机修车间不可能是大批生产;又如压塑机、拉丝机和锻锤等,应属热加工机床。

例 8-3　已知某机修车间的金属切削机床组含有电压为 380V 的 11kW 三相电动机 1 台、7.5kW 三相电动机 3 台,4kW 三相电动机 12 台,求其计算负荷。

解: 查附表 H,取 K_d=0.2,$\cos\varphi$=0.5,$\tan\varphi$=1.73,则有

$$P_c = K_d P_e = 0.2 \times (11 + 7.5 \times 3 + 4 \times 12)kW = 16.3kW$$

$$Q_c = P_c \tan\varphi = 16.3 \times 1.73 kvar \approx 28.2 kvar$$

$$S_c = \frac{P_c}{\cos\varphi} = \frac{28.2}{0.5} kV \cdot A = 56.4 kV \cdot A$$

$$I_c = \frac{S_c}{\sqrt{3}U_N} = \frac{56.4}{\sqrt{3} \times 0.38} A \approx 85.7A$$

(3)断续周期工作制用电设备组计算负荷的确定　对于断续周期工作制的用电设备组,其设备容量应为各设备在不同负荷持续率下的铭牌容量换算到一个统一的负荷持续率下的容量之和。

常用的断续周期工作制用电设备有电焊机和起重机电动机,它们的容量换算要求如下。

1)电焊机组的容量换算。要求统一换算到 ε=100%,设备容量为

$$P_e = P_N \sqrt{\frac{\varepsilon_N}{\varepsilon_{100}}} = S_N \cos\varphi \sqrt{\frac{\varepsilon_N}{\varepsilon_{100}}}$$

即

$$P_e = P_N \sqrt{\varepsilon_N} = S_N \cos\varphi \sqrt{\varepsilon_N} \tag{8-10}$$

式中,P_N、S_N 为电焊机的铭牌容量,P_N 为有功容量,S_N 为视在容量;ε_N 为与 P_N、S_N 对应的负荷持续率(计算中用小数);ε_{100} 为 100% 的负荷持续率(计算中取 1);$\cos\varphi$ 为铭牌规定的功率因数。

2)起重机电动机组的容量换算。要求统一换算到 ε=25%,设备容量为

$$P_e = P_N \sqrt{\frac{\varepsilon_N}{\varepsilon_{25}}} = 2P_N \sqrt{\varepsilon_N} \tag{8-11}$$

式中,P_N 为起重机电动机的铭牌容量;ε_N 为与 P_N 对应的负荷持续率(计算中用小数);ε_{25} 为 25% 的负荷持续率(计算中取 0.25)。

例 8-4　某装配车间 380V 线路供电给 3 台起重机电动机,其中 1 台 7.5kW(ε=60%),2 台 3kW(ε=15%)。试求该线路的计算负荷。

解： $P_e = 2P_N \sqrt{\varepsilon_N} = 2 \times 7.5 \times \sqrt{0.6} + 2 \times (3 \times 2) \times \sqrt{0.15}\,\text{kW} = 16.23\,\text{kW}$

其他负荷的计算从略。

8.3.2 按需要系数法确定多组用电设备的计算负荷

确定拥有多组用电设备的配电干线或低压母线上的计算负荷时，应考虑各用电设备组最大负荷不同时出现这样一个因素，可结合具体情况对其有功负荷和无功负荷分别计入一个同时系数 $K_{\Sigma p}$ 和 $K_{\Sigma q}$。

对于配电干线，$K_{\Sigma p}$ 为 $0.85 \sim 0.95$，$K_{\Sigma q}$ 为 $0.9 \sim 0.97$。

对于低压母线，由用电设备组计算负荷直接相加计算时，$K_{\Sigma p}$ 取 $0.8 \sim 0.9$，$K_{\Sigma q}$ 取 $0.85 \sim 0.95$；由配电干线计算负荷直接相加计算时，$K_{\Sigma p}$ 取 $0.9 \sim 0.95$，$K_{\Sigma q}$ 取 $0.93 \sim 0.97$。

计算公式如下。

总的有功计算负荷为

$$P_{c\Sigma} = K_{\Sigma p} \sum_{i=1}^{n} P_{ci} \tag{8-12}$$

总的无功计算负荷为

$$Q_{c\Sigma} = K_{\Sigma q} \sum_{i=1}^{n} P_{ci} \tan\varphi_i \tag{8-13}$$

总的视在计算负荷为

$$S_{c\Sigma} = \frac{P_{c\Sigma}}{\cos\varphi} \tag{8-14}$$

总的计算电流为

$$I_{c\Sigma} = \frac{S_{c\Sigma}}{\sqrt{3}U_N} \tag{8-15}$$

式中，P_{ci} 为第 i 组用电设备的计算负荷，$\tan\varphi_i$ 为第 i 组用电设备功率因数角的正切值。

8.3.3 高压母线总计算负荷的确定

可用逐级计算的方法确定 10kV 高压母线上的总计算负荷，系统图如图 8-4 所示。

1）首先计算大楼每一台用电设备的计算负荷（图 8-4 中的"1"均表示一台用电设备），以此来选择每一台用电设备的导线截面积和断路器等控制、保护电器。

2）确定用电设备组的计算负荷（图 8-4 中的"2"点），以此来选择建筑物干线的导线截面积和断路器等控制、保护电器。若忽略建筑物干线（图 8-4 中"2"点与"3"点之间）的功率损耗，则用电设备组的计算负荷（图 8-4 中"2"点的计算负荷）就是低压母线引出线处的计算负荷（图 8-4 中的"3"点）。

3）将三条建筑物干线上各计算负荷相加，并乘以同时系数，即为建筑群变电所低压母线（图 8-4 中"4"点）的计算负荷，以此来选择变电所的变压器容量。

4）变电所低压母线上的计算负荷加上变压器的功率损耗即为变电所高压侧（图 8-4 中"5"点）的计算负荷，以此来选择高压配电线"5"点与"6"点间的导线截面积和断路器等控制、保护电器。

5）变压器高压侧的计算负荷加上高压配电线（图 8-4 中"5"点与"6"点之间）的功率损耗即为高压配电所引出线处（图 8-4 中"6"点）的计算负荷。

6）将高压配电所各条引出线上的计算负荷相加，并乘以同时系数，就是 6～10kV 高压配电所母线（即图 8-4 中"7"点）的总计算负荷。

在计算中，对于电力线路的功率损耗，若建筑设施范围小、线路短，这部分损耗所占的百分比也小，一般可忽略不计。对于变压器的功率损耗，由于数值较大，因此需要计入。为简化计算，可采用如下近似公式：

变压器的有功损耗为

$$\Delta P_r \approx 0.02 S_N \qquad\qquad (8\text{-}16)$$

变压器的无功损耗为

$$\Delta Q_r \approx 0.08 S_N \qquad\qquad (8\text{-}17)$$

式中，S_N 为变压器的额定容量，单位为 kV·A。

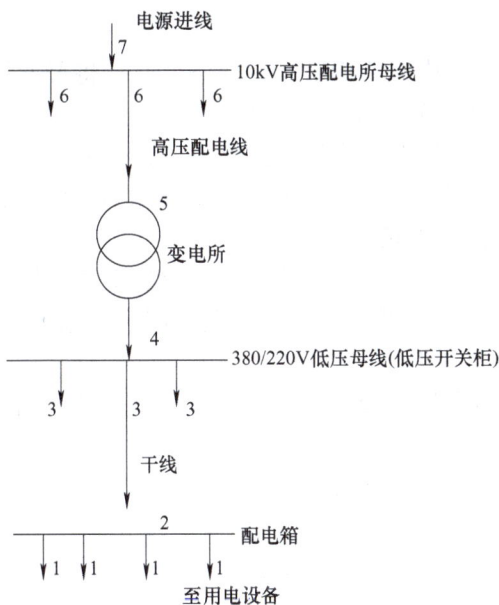

图 8-4　确定高压母线总计算负荷的系统图

8.3.4　配电干线系统设计

1. 多层住宅

多层住宅每层户数较少，一梯二户较为普遍。多层住宅强电竖井一般将电表箱、公共照明箱和其他强电设备箱设置于首层或地下一层的电气间内。电气竖井内仅设有桥架和进出电气竖井的管线，并利用通道作为检修面积，这样可以减小每层电气竖井的尺寸。竖井预留孔洞，考虑到各种电缆桥架的安装空间，预留孔洞的宽度按桥架高度再加100mm，检修门的尺寸（高×宽）为2.1m×0.6m。电井内设置一个单相三孔电源插座，插座底部距地面0.5m暗装，门上方距地面2.5m处壁装自带蓄电池的应急型节能壁灯，壁灯控制开关设于电井内门边距地1.3m处。

2. 高层住宅

高层住宅强电竖井内的电气设备主要有电表箱、应急照明箱、消防正压送风机、消防电梯、客梯等以及相应供电电缆。住宅每户一表，原则上每1～3层设一个电表箱。住宅区标准层的公共区域一般只有疏散楼梯、电梯前室、楼梯间前室、合用前室及较短的走道。由于这些区域的照度要求均较低，每个区域布置1～2盏照明灯具就能满足照度要求，一般用应急照明兼作平时照明使用，不另外设置普通公共照明箱。

消防电梯和客梯的配电箱分别设置在电梯机房内。

在住宅项目中，消防配电线路和其他配电线路分别设置电气竖井会占用较多的公共空间位置，增加公摊，另外也给建筑设计造成一定的困难，因而一般将消防配电线路和其他配电线路敷设在同一电气竖井内，并将它们分别布置在电气竖井的两侧，且消防配电线路应采用矿物绝缘类不燃性电缆。

3. 超高层建筑

1）普通线缆和应急线缆应分线槽敷设，有条件时，将普通线槽和应急线槽分竖井敷设。双电源供电的两根电缆宜分设在两个线槽内。

2）在避难层设置分变电所时，高压线路宜设置独立的竖井。各避难层的交直流电源应按避难层分别供给，并在末端互投。配电干线应按避难层划分供电区域，同一干线不应跨避难层带两个区域单元的用电负荷。

3）竖向配电干线采用母线槽时，要注意超高层建筑物在摇摆时可能会对铜母线槽接驳组件位置产生拉扯压力，此时可考虑采用电缆连接铜母线槽配电的方式，以减少故障发生、增加干线系统的供电可靠性。

4）超高层建筑处于地震烈度较高的地区时，竖向配电干线宜考虑采用电缆供电，电缆在抗震方面的安全性高于密集型母线槽。

5）为了提高供电可靠性，超高层建筑中可考虑采用双母线奇偶层供电方式，并在备用母线上预留插接口。

6）电缆竖井宜按避难层上下错位设置，有条件时，竖井之间的水平距离至少相隔一个防火分区。

7）进行超高层建筑的线缆选型时，普通设备的配电干线应为阻燃低烟无卤交联聚乙烯绝缘电力电缆，消防设备的配电干线应采用矿物绝缘电缆。

8.3.5　变压器数量、容量的确定和功率因数的提高

1. 变压器数量、容量的确定

（1）变压器数量的确定　对于一级负荷或二级负荷，以及季节性变化较大的负荷，宜装设两台及以上变压器。

（2）变压器容量的确定原则

1）装设一台变压器时，应满足以下条件：

$$S_N \geq S_j \qquad (8-18)$$

式中，S_N 为变压器额定容量，S_j 为总计算负荷。

2）装设两台变压器时，每台变压器的容量 S_N 都应同时满足以下两个条件：

① 任一台变压器单独运行时，应满足总计算负荷 70% 的需要，即

$$S_N \geq 0.7S_j \qquad (8-19)$$

② 任一台变压器单独运行时，应满足全部一、二级计算负荷 $S_{j(I,II)}$ 的需要，即

$$S_N \geq S_{j(I,II)} \qquad (8-20)$$

例 8-5　已知一民用建筑总计算负荷 S_j=890kV·A，其中，一、二级负荷 $S_{j(I,II)}$=600kV·A。若在主体建筑内设置变电所，试选择变压器。

解：（1）变压器数量的确定　因有大量的一、二级计算负荷，为满足供电可靠性要求，应选择两台变压器。

（2）变压器容量的确定

1）单台变压器的容量 $S_N \geq 0.7S_j$=0.7×890kV·A=623kV·A

2）单台变压器的容量 $S_N \geq S_{j(I,II)}$=600kV·A

选择单台变压器的容量为 630kV·A，即可满足上述两个条件。

考虑到主体建筑内设置的变电所，应选择干式变压器，查表 8-7 选择两台 SC9-630/10 型变压器。

表 8-7　SC9 型环氧浇注干式变压器技术数据

型号	额定容量 /kV·A	额定电压 /kV		损耗 /W		空负荷电流（%）	阻抗电压降（%）	联结方式
		一次	二次	空负荷	负荷			
SC9-315/10	315	10	0.4	820	3550	0.651	4	Dyn11 或 Yyn0
SC9-630/10	630	10	0.4	1110	6410	0.241	6	
SC9-800/10	800	10	0.4	1350	7560	0.331	6	
SC9-1000/10	1000	10	0.4	1550	8700	0.300	6	
SC9-1250/10	1250	10	0.4	2000	10420	0.302	6	
SC9-1600/10	1600	10	0.4	2300	12600	0.193	6	
SC9-2000/10	2000	10	0.4	2700	15200	0.180	6	

2. 功率因数的提高

GB 51348—2019《民用建筑电气设计标准（共二册）》的 3.6 节规定：35kV 及以下无功补偿宜在配电变压器低压侧集中补偿，补偿基本无功功率的电容器组宜在变电所内集中设置；有高压负荷时宜考虑高压无功补偿，变电所计量点的功率因数不宜低于 0.9。

无功功率补偿的计算公式为

$$\Delta Q_C = Q_{30} - Q'_{30} = P_{30}(\tan\varphi - \tan\varphi') \tag{8-21}$$

式中，P_{30} 为系统的有功计算负荷，单位为 kW；Q_{30} 为补偿前系统的无功计算负荷，单位为 kvar；Q'_{30} 为补偿后系统的无功计算负荷，单位为 kvar；ΔQ_C 为所需并联电容补偿的无功功率，单位为 kvar。

工程上常用的公式为

$$\Delta Q_C = \Delta q_C P_{30} \tag{8-22}$$

式中，Δq_C 为并联电容器的无功补偿率，单位为 kvar/kW，可查表 8-8 得出。

表 8-8　并联电容器的无功补偿率　　　　　（单位：kvar/kW）

补偿前的功率因数	补偿后的功率因数				补偿前的功率因数	补偿后的功率因数			
	0.85	0.9	0.95	1.00		0.85	0.9	0.95	1.00
0.60	0.713	0.849	1.004	1.333	0.76	0.235	0.371	0.526	0.85
0.62	0.646	0.782	0.937	1.266	0.78	0.182	0.318	0.473	0.80
0.64	0.581	0.717	0.872	1.206	0.80	0.130	0.216	0.421	0.75
0.66	0.518	0.654	0.809	1.138	0.82	0.078	0.214	0.369	0.69
0.68	0.458	0.594	0.749	1.078	0.84	0.026	0.162	0.317	0.64
0.70	0.400	0.536	0.691	1.020	0.86	—	0.109	0.264	0.59
0.72	0.344	0.480	0.635	0.964	0.88	—	0.056	0.211	0.54
0.74	0.289	0.425	0.580	0.909	0.90	—	0.000	0.155	0.48

例 8-6　某变电室低压侧计算负荷 $P_{30} = 700\text{kW}$，$\cos\varphi = 0.8$，拟采用 BW0.4-12-1 型并联电容器进行无功补偿，若欲将功率因数提高到 0.95，试计算确定并联电容器的数量。BW 型并联电容器的主要技术数据见表 8-9。

解：根据已知条件，查表 8-8 得 $\Delta q_C = 0.421\text{kvar/kW}$，则有

$$\Delta Q_C = \Delta q_C P_{30} = 0.421 \times 700\text{kvar} = 294.7\text{kvar}$$

电容器数量为

$$n = \frac{\Delta Q_C}{q_C} = \frac{294.7}{12} = 24.6$$

表 8-9　BW 型并联电容器的主要技术数据

型号	额定容量 /kvar	额定电容 /μF
BW0.4-12-1	12	240
BW0.4-12-3		
BW0.4-13-1	13	259
BW0.4-13-3		
BW0.4-14-1	14	280
BW0.4-14-3		

因为所使用的并联电容器是单相的，所以选择的台数应是 3 的整数倍，因此选择 27 台。

8.3.6 规范、标准简介

相关规范、标准与 8.2.6 节相同。

根据 GB 50016—2014《建筑设计防火规范》（2018 年版）规定："消防配电线路宜与其他配电线路分开敷设在不同的电缆井、沟内；确有困难需敷设在同一电缆井、沟内时，应分别布置在电缆井、沟的两侧，且消防配电线路应采用矿物绝缘类不燃性电缆。"

8.3.7 某高层商住楼供配电系统的初步设计

首先，根据工程项目情况及向有关专业工程师（如暖通、给排水等专业工程师）的提资，得到中央空调、风机、水泵等设备的额定容量，设计出配电干线系统图，见附录 C。

其次，确定配电干线系统图中各设备的计算负荷，做出负荷计算表。

1）住宅负荷的计算。每套住宅的用电负荷不再按灯具、插座等的容量逐一计算，而是按套型类别进行计算。根据我国住宅发展现状，选择每套住宅供电容量标准为 5kW。

1 号楼共有 304 户，即 $P_{N1} = 304 \times 5\text{kW} = 1520\text{kW}$。2 号楼共有 358 户，即 $P_{N2} = 358 \times 5\text{kW} = 1790\text{kW}$。因此住宅总负荷为 $P_N = P_{N1} + P_{N2} = (1520 + 1790)\text{kW} = 3310\text{kW}$。

查表 8-6 取住宅用电负荷的需要系数 $K_d = 0.3$，查《民用建筑电气设计手册》，取 $\cos\varphi = 0.8$，则有

$$P_{30} = K_d P_N = 0.3 \times 3310\text{kW} = 993\text{kW}$$

$$Q_{30} = P_{30} \tan\varphi = 993 \times 0.75\text{kvar} = 744.8\text{kvar}$$

2）设备负荷计算。以客梯为例，一个客梯的额定功率为 44kW，共两个客梯，查附录 H，取 $K_d = 0.6$，$\cos\varphi = 0.7$，$\tan\varphi = 1.02$，则有

$$P_{30} = K_d P_e = 0.6 \times (44 \times 2)\text{kW} = 52.8\text{kW}$$

$$Q_{30} = P_{30} \tan\varphi = 52.8 \times 1.02\text{kvar} = 53.9\text{kvar}$$

进行所有负荷的计算，得到低压负荷计算表，表 8-10 是低压负荷计算表的一部分。

表 8-10 低压负荷计算表（部分）

	设备名称	P_e/kW	K_d	$\cos\varphi$	P_{30}/kW	Q_{30}/kvar
正常用电负荷	住宅	3310	0.3	0.8	993	744.8
	客梯	88	0.6	0.7	52.8	53.9
	货梯	22	0.3	0.5	6.6	11.4
	2 号楼屋顶泛光灯	30	0.8	0.75	24	21.1
	给水泵	71	0.7	0.8	49.7	37.3
	冷水机组	180	0.65	0.85	117	87.8
	⋮	⋮	⋮	⋮	⋮	⋮

（续）

设备名称		P_e/kW	K_d	$\cos\varphi$	P_{30}/kW	Q_{30}/kvar
消防及特别重要负荷	消防控制室	20	0.75	0.75	15	13.2
	消火栓及喷淋泵等	112	0.8	0.8	89.6	67.2
	人防报警间电源	15	0.8	0.75	12	10.6
	1号楼疏散照明	82.8	0.8	0.75	66.2	58.3
	地下一、二层应急照明	35	0.8	0.8	28	21
	⋮	⋮	⋮	⋮	⋮	⋮

总的负荷计算结果可分为正常用电负荷、消防及特别重要负荷两部分。

正常用电负荷计算如下：设备安装容量为 P_e=4732.6kW，有功计算功率为 P_{30}=1891.6kW，无功计算功率为 Q_{30}=1520.1kvar，无功补偿容量为 ΔQ_c=760kvar，补偿后功率因数大于 0.9，视在计算功率为 S_{30}=2044.4kV·A。

消防及特别重要负荷计算如下：P_e=664.2kW，P_{30}=407.6kW。

最后，计算所需变压器的数量和容量。变压器容量可按满足总计算负荷的 70% 以上并且满足全部一、二级计算负荷的需要来选择，实际工程中也经常按照两台变压器均分视在计算功率来选择变压器容量。无论采用哪个方法，都需分配各个配电干线的负荷，使得各变压器的负荷率处于 70% ～ 85%。

这里按照后一种方法来选择变压器容量。视在计算功率为 2044.4kV·A，选 1#、2# 变压器的容量分别为 1250kV·A、1000kV·A。

8.3.8　技术发展：参差分布系数的概念

参差分布系数已在不少工程中采用，并取得了较好的社会效益，受到了建设方欢迎，特别在铜材、钢材价格增长的现状下，具有现实的意义。参差分布系数 K_{cf} 的提出是一种新的理念，国内外的一些设计规范、设计手册也无据可查。确定变配电所的变压器、主母线、电缆干线等设备时，除需要系数、同期使用系数之外，还应考虑最大负荷的参差分布系数，参差分布系数 K_{cf} 是确定变配电所和主母线等用电参差最大负荷的分布系数，其取值范围一般为 0.8 ～ 0.9，一般来说，建筑面积及用电负荷越大、用电点分布越广、自动化和智能化程度越高、选用节电产品越多，选取的 K_{cf} 值越应靠近系数的下限值，相反就要靠近上限值。

▶◀ 习　题 ▶◀

1. 需要系数与哪些因素有关？

2. 同时系数与哪些因素有关？

3. 需要系数和同时系数的使用场合各是什么？

4. 请形象说明需要系数和同时系数。

5. 计算某商住楼电梯（包含客梯和消防梯）的 P_{30}、Q_{30}、S_{30}、I_{30}。

6. 用需要系数法计算：某高层住宅楼有 80 户，每户平均用电量为 6kW，$\cos\varphi$=0.8，求该楼的 P_{30}、Q_{30}、S_{30}、I_{30}。

8.4 供配电系统的施工图设计

本节学习某高层商住楼供配电及照明系统的施工图设计。

施工图阶段应在初步设计的基础上进行深化和完善。最终完成齐全的设计文件，包括图样目录、设计说明、高低压配电系统图和平面图、电气设备表、计算书（供内部使用及存档）等。

施工图设计阶段各专业一般分三个时段互提资料，作为各专业在施工图设计过程中的依据。第一时段，电气专业接收建筑专业提供的资料后，通过各专业间的配合，对提供的资料进行复核和确认，及时提出调整补充意见并反馈给建筑专业。第二时段，电气专业接收建筑、结构、给排水、暖通、弱电专业提供的资料后开始分批（次）反提资料，反提资料可采用文字、图表等形式。第三时段，电气专业接收建筑专业提供的资料后，与各专业间细微修改、调整及配合，按设计进度同期进行。

8.4.1 施工图内容

图样目录是图样的一部分，表 8-11 是图样目录的主要部分。

表 8-11 图样目录

序号	图号	图名	图幅	备注
1	D-01	图样目录	3×A4	
2	D-02	主要设备材料表	6×A4	
3	D-03	电气设计说明	A1	
4	D-04	高压配电系统图	A2	
5	D-05	低压配电系统图	A1+	
6	D-06	竖向配电干线系统图	A1	
7	D-07	1、2号楼住宅电表箱和用户配电箱系统图（一）	A1	
8	D-08	1、2号楼住宅电表箱和用户配电箱系统图（二）	A1	
9	D-09	住宅应急照明系统图	A1	
10	D-10	地下一、二层配电系统图	A1	
11	D-11	一层配电系统图	A1	
12	D-12	二层配电系统图	A2	
13	D-13	屋顶配电系统图	A1	
14	D-14	地下一层 Pd1-1 配电系统图及排风机等控制原理图	A1	
15	D-15	地下一层 Pd2-1 配电系统图及排风机等控制原理图	A1	
16	D-16	自喷泵控制原理图和 APXF 配电系统图	A1	
17	D-17	消防泵控制原理图	A1	
18	D-18	正压风机控制原理图	A2	
19	D-19	排烟风机控制原理图	A2	
20	D-20	潜水泵控制原理图（单泵二水位）	A2	

8.4.2 低压配电系统图设计

低压配电系统图通常反映的是低压开关柜，它是一套供配电及照明设计图样中的核心图样。5.4 节讲解了低压开关柜的母线分段方式，在图 5-27 的基础上安排计量抽屉的位置，得到低压配电系统图框架如图 8-5 所示，图中 Wh1 ～ Wh5 分别表示正常母线 I 段负荷、正常母线 II 段负荷、应急母线段负荷、商业负荷及公共负荷的专用计量抽屉。

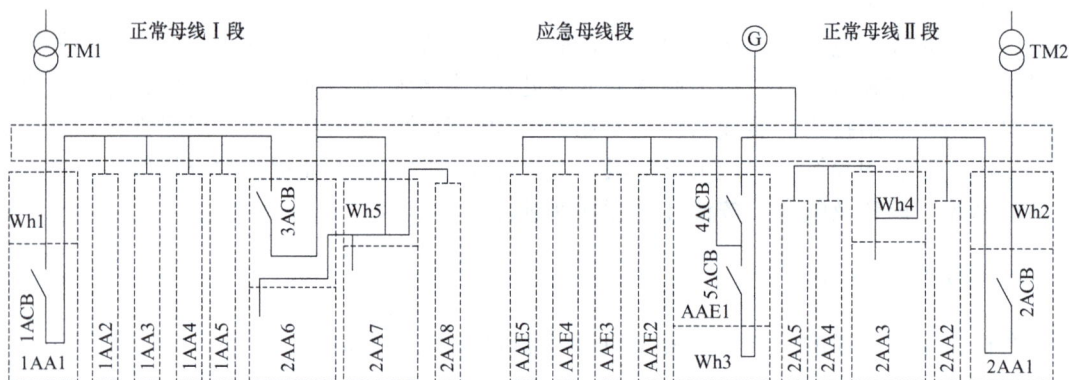

图 8-5　低压配电系统图框架

负荷的安排应使得变压器 TM1 和 TM2 的负荷基本相等，并且负荷应按种类分配在不同的母线下。例如，对于商住楼，住宅用电集中在正常母线 I 段下，公共用电及商业用电等集中在正常母线 II 段下，而应急负荷集中在应急母线段下，正常情况下，应急负荷可由一段正常母线供电。

8.4.3 规范、标准简介

除了 8.2.6 节相关规范、标准外，还有如下设计依据。
① 工程设计合同及有关批示。
② 建设项目设计任务书。
③ 建筑、结构、水、空调等专业提供的设计要求及资料。

8.4.4 某高层商住楼供配电系统施工图设计

1. 设计依据及遵循的规范

参考 8.2.6 所列的规范、标准。

2. 设计范围

1）户内高低压供配电，其中包括高低压配电室、发电机房、动力设备配电、照明配电等。
2）泵类、风机等设备的控制。
3）防雷接地等。

3. 设计内容

（1）高压配电系统及设备　本工程选用 10kV 金属封闭式单元组合型 SF6 环网柜作为高压配电设备。按照供电局要求，10kV 高压配电系统采用环网供电方式，其进出线电源柜选用以 SF6 作为灭弧介质的负荷开关柜（SafeRing 柜）来分合额定值以下的负荷电流，并配以手动开合弹簧储能操作机构；馈电柜装有负荷开关及与负荷开关联动的高压熔断器，高压熔断器用作短路保护。短路时，熔断器熔断并联动负荷开关脱扣分断。在馈电柜电缆侧设有接地开关，按需要可使电缆接地。接地开关与负荷开关之间设有机械联锁装置。

本工程的高压配电室与低压配电室合为一处，设在地下一层。

（2）低压配电系统及设备　本工程的低压配电系统采用单母线分段运行，设三段母线分别为正常母线Ⅰ段、正常母线Ⅱ段和应急母线段。两段正常母线之间设有母联断路器。正常母线Ⅱ段通过双电源切换柜与应急母线段联络。

本工程的低压配电室配电设备选用抽出式开关柜。

（3）应急电源　选择备用型柴油发电机组作为整幢大楼的应急电源。根据消防负荷和重要负荷的供电要求选择容量为 440kW 的应急柴油发电机组。机组通过低压配电室的双电源切换柜向低压应急母线段供电。柴油发电机组设有自动起动装置，并能在 30s 内向应急母线段供电。

（4）用电指标

① 1# 变压器的用电指标如下：设备安装容量 P_e=3310kW，有功计算功率 P_j=993kW，无功计算功率 Q_j=744.8kvar，无功补偿容量 ΔQ=390kvar，补偿后的功率因数 $\cos\varphi$=0.94，视在计算功率 S_j=1054.5kV·A。选择变压器容量为 1250kV·A。

② 2# 变压器的用电指标如下：设备安装容量 P_e=1422.6kW，有功计算功率 P_j=898.6kW，无功计算功率 Q_j=775.3kvar，无功补偿容量 ΔQ=360kvar，补偿后的功率因数 $\cos\varphi$=0.91，视在计算功率 S=989.9kV·A。选择变压器容量为 1250kV·A。

③ 消防负荷和重要负荷的用电指标如下：设备安装容量 P_e=664.2kW，有功计算功率 P_j=407.6kW。

（5）防电击措施

1）本配电系统要求采用 TN-S 接地系统，PE 线和 N 线从变压器中性点开始严格分开。为满足发生故障时开关灵敏度的要求，在有插座供电的设备回路处设置了剩余电流断路器。

2）在地下一层的两个强电竖井内分别设置总等电位盘，对引入大楼内的各金属管道等实施等电位联结。在网络机房、电话机房、消防控制中心、电梯机房、住宅卫生间、游泳池等处设置局部等电位盘，对有关设备及构件实施等电位联结，具体做法见《等电位联结安装》图册。

（6）照明系统　根据不同区域的不同照明要求设计公共照明。在公共区域，如电梯厅、楼梯间、地下车库等。还设计了应急照明，大楼内一旦发生火灾，可以由火灾报警系统模块自动开启应急照明，满足火灾时人员疏散的照明要求。

（7）计量　根据供电局的要求，按照住户、公共用电、商业用电等实施分类计量。对住宅部分每一层设计了电能表箱，以便对每户电费进行单独计量。

（8）防雷与接地　本工程的建筑物属二类防雷建筑。在建筑屋面设置避雷带作为接闪器，利用有关柱子或剪力墙的两根主筋作引下线，以建筑物地下基础（如地梁、挖孔桩等）内的钢筋网作为接地极。柱子或剪力墙引下线的上端与避雷带相连，下端与基础接地网焊牢，形成可靠的电气通路。

选用 ϕ12 镀锌圆钢作为避雷带和支架材料，支架间距为 1m，转角处为 0.5m，支架高 100mm，埋深不小于 70mm。

屋面上所有金属构件及支架等应就近与避雷带两点相连。

为防侧击雷，应将 45m 及以上外墙的栏杆、门窗等较大金属物就近与防雷引下线可靠连接。竖向设置的金属管道及金属物的顶端与底端也应与防雷装置相连。

由于防雷接地、变压器中性点接地和弱电接地等共用一个接地体，因此要求基础接地极的接地电阻不大于 1Ω。

4. 高低压配电系统的系统图和平面图

高压配电系统图和高低压配电室平面图分别如图 1-8 和图 1-7 所示，低压配电系统图和配电干线系统图分别见附录 B 和附录 C。

5. 电气设备表

电气设备表（部分）见表 8-12。

表 8-12　电气设备表（部分）

序号	名称	型号或规格	单位	数量	备注
1	10kV 环网柜	SafePlus，见 D-04	组	1	一组 4 台
2	节能型干式变压器	1000kV·A，10/0.4/0.23 带温控箱和 IP20 保护罩	台	1	
3	节能型干式变压器	1250kV·A，10/0.4/0.23 带温控箱及 IP20 保护罩	台	1	
4	抽出式低压配电柜	见 D-05	台	16	
5	静电电容器柜	390kvar，见 D-05	台	1	
6	静电电容器柜	360kvar，见 D-05	台	1	
7	备用型柴油发电机组	550F-3412，440kW，$\cos\varphi$=0.8 50Hz，0.4/0.23kV	组	1	
8	动力配电箱	见 D-10、D-11、D-12、D-13、D-14、D-15、D-16、D-34	台	31	
9	照明配电箱	见 D-25、D-27、D-35	台	3	
10	应急照明箱	见 D-09、D-11、D-23、D-25、D-27	台	13	
11	商铺配电箱	见 D-11	台	15	
12	住户电表箱	见 D-07、D-08	台	50	
13	住户配电箱	见 D-07、D-08	台	662	
14	潜水泵控制箱	见 D-10	台	12	
15	排烟风机控制箱	见 D-12	台	4	
16	正压风机控制箱	见 D-12、D-13	台	6	

（续）

序号	名称	型号或规格	单位	数量	备注
17	双管荧光灯	2×40W	套	24	嵌入式
18	双管荧光灯	2×40W	套	17	吊链式
19	单管荧光灯	1×40W	套	300	吊链式
20	吸墙式单管荧光灯	1×40W	套	38	

8.4.5 技术发展：BIM 在建筑电气设计中的发展趋势

BIM（建筑信息模型）作为未来的主流设计工具，通过参数化建模实现设计可视化的三维图形，有许多先进的理念。但是由于软件的成熟度还不够，目前在电气专业仅能够实现桥架、箱体等体积较大设备的建模与管线综合碰撞检测，而末端细节的表现仍较为困难，且效率仍然较低，无法满足当前繁重的工程设计任务。BIM 还无法作为唯一的工具进行电气专业施工图设计，仍然需要使用 CAD（计算机辅助设计）作为辅助。BIM 软件的一些不足，如族库小、绘图辅助工具少、专业间配合兼容性还不够、建族的标准尚未统一等问题，是因为目前在 BIM 平台基础上的专业辅助软件仍然较少，并且不够完善。随着 BIM 平台的成熟和推广，各种专业辅助软件也会逐渐丰富起来，这些问题也会迎刃而解。现阶段，电气专业可以先从管线综合、变电所、消防安防控制中心等主干线路入手，实现电气专业主干部分 BIM 化。随着软件应用的逐渐成熟，逐步实现建筑电气专业各个部分 BIM 化。

◁▷ 习 题 ◁▷

1. 施工图设计阶段的主要任务是什么？
2. 一套完整的建筑电气图样包括很多，请说出 5 种主要图样。

附　　录

附录 A　本书涉及的电气设备、元器件的图形符号和文字符号

序号	图形符号	文字符号	说明
1		QL	负荷开关
2		FU	熔断器
3		F	避雷器
4			电缆接头
5		QF	断路器
6		QF	剩余电流断路器
7		TA	电流互感器
8		TV	电压互感器
9			插槽
10	Wh		电能表
11	varh		无功电能表
12		AP	动力配电箱
13		AL	照明配电箱
14		QS	隔离开关
15			带熔断器的隔离开关
16			双刀双投带熔断器的隔离开关
17	A		电流表
18	V		电压表
19		KM	接触器线圈
20		KM	接触器触头
21		AE	应急照明箱
22		AL	动力或照明配电箱
23			三根线

注：灯具、开关、排气扇、插座等的图形符号见图 8-3。

附录 B　低压配电系统图

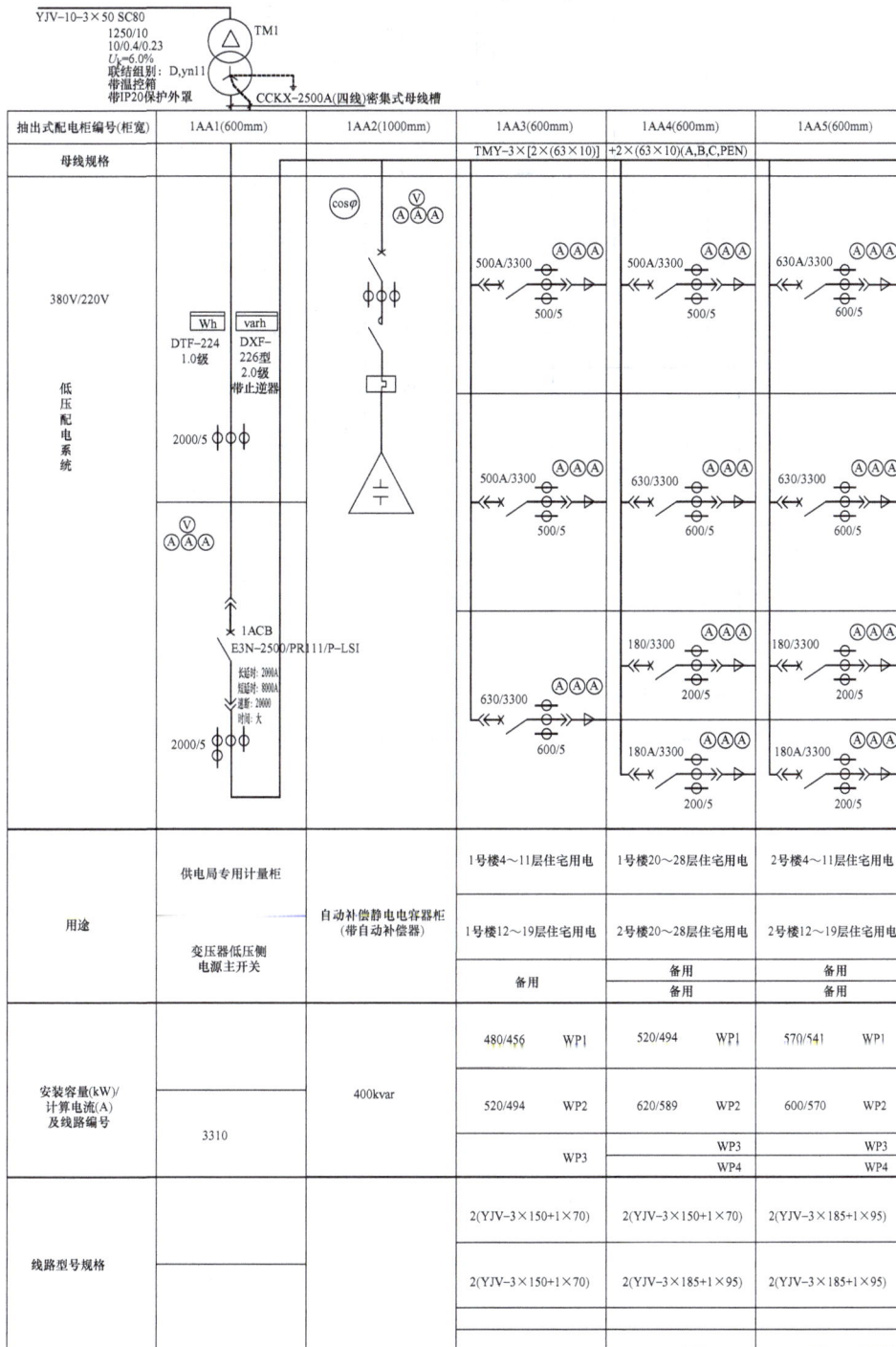

变压器参数:
YJV-10-3×50 SC80
1250/10
10/0.4/0.23
U_k=6.0%
联结组别: D,yn11
带温控箱
带IP20保护外罩
TM1
CCKX-2500A(四线)密集式母线槽

抽出式配电柜编号(柜宽)	1AA1(600mm)	1AA2(1000mm)	1AA3(600mm)	1AA4(600mm)	1AA5(600mm)
母线规格			TMY-3×[2×(63×10)]	+2×(63×10)(A,B,C,PEN)	
低压配电系统 380V/220V	Wh DTF-224 1.0级　varh DXF-226型 2.0级 带止逆器　2000/5　1ACB E3N-2500/PR111/P-LSI 延时:2000A 框架:8000A 瞬时:20000 时间:大　2000/5	cosφ	500A/3300 500/5　500A/3300 500/5　630/3300 600/5	500A/3300 500/5　630/3300 600/5　180/3300 200/5　180A/3300 200/5	630A/3300 600/5　630/3300 600/5　180/3300 200/5　180A/3300 200/5
用途	供电局专用计量柜　变压器低压侧电源主开关	自动补偿静电电容器柜(带自动补偿器)	1号楼4~11层住宅用电　1号楼12~19层住宅用电　备用	1号楼20~28层住宅用电　2号楼20~28层住宅用电　备用　备用	2号楼4~11层住宅用电　2号楼12~19层住宅用电　备用　备用
安装容量(kW)/计算电流(A)及线路编号	3310	400kvar	480/456 WP1　520/494 WP2　WP3	520/494 WP1　620/589 WP2　WP3　WP4	570/541 WP1　600/570 WP2　WP3　WP4
线路型号规格			2(YJV-3×150+1×70)　2(YJV-3×150+1×70)	2(YJV-3×150+1×70)　2(YJV-3×185+1×95)	2(YJV-3×185+1×95)　2(YJV-3×185+1×95)

CCKX-1600A(四线) 密集式母线槽

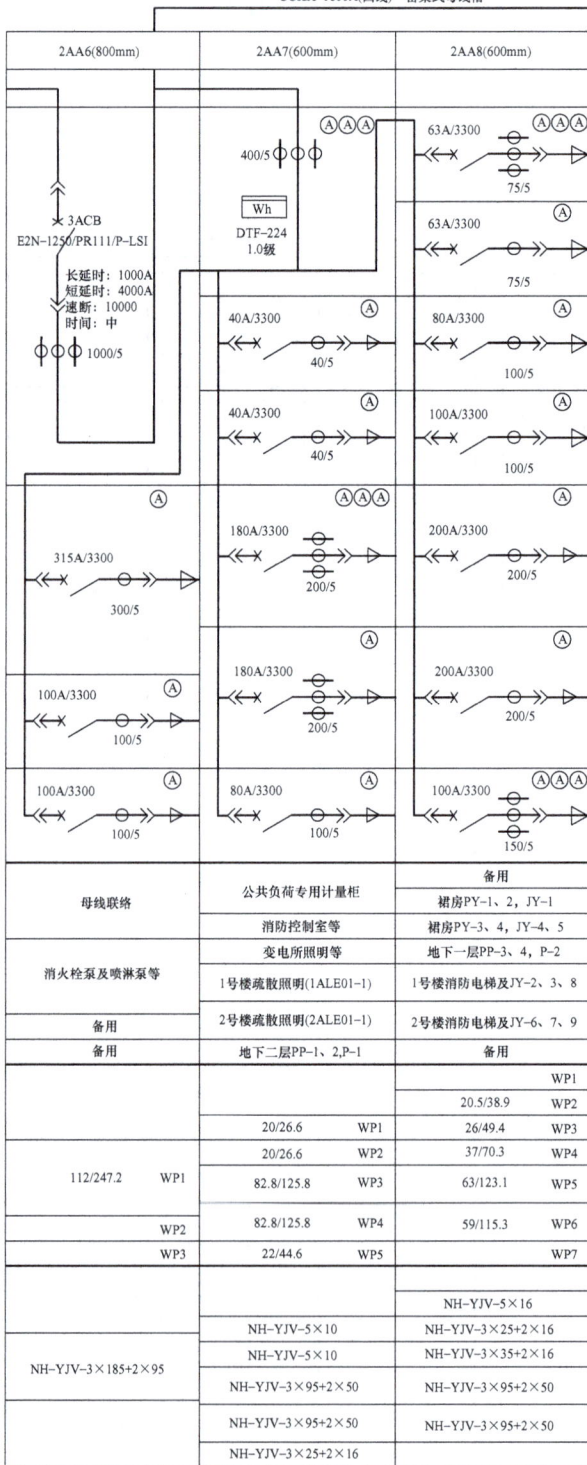

2AA6(800mm)	2AA7(600mm)	2AA8(600mm)

3ACB
E2N-1250/PR111/P-LSI

长延时：1000A
短延时：4000A
速断：10000
时间：中
1000/5

400/5 ⒶⒶⒶ

Wh
DTF-224
1.0级

63A/3300 ⒶⒶⒶ
75/5

63A/3300 Ⓐ
75/5

40A/3300 Ⓐ
40/5

80A/3300 Ⓐ
100/5

40A/3300 Ⓐ
40/5

100A/3300 Ⓐ
100/5

315A/3300 Ⓐ
300/5

180A/3300 ⒶⒶⒶ
200/5

200A/3300 Ⓐ
200/5

100A/3300 Ⓐ
100/5

180A/3300 Ⓐ
200/5

200A/3300 Ⓐ
200/5

100A/3300 Ⓐ
100/5

80A/3300 Ⓐ
100/5

100A/3300 ⒶⒶⒶ
150/5

		备用
母线联络	公共负荷专用计量柜	裙房PY-1、2，JY-1
	消防控制室等	裙房PY-3、4，JY-4、5
消火栓泵及喷淋泵等	变电所照明等	地下一层PP-3、4，P-2
	1号楼疏散照明(1ALE01-1)	1号楼消防电梯及JY-2、3、8
备用	2号楼疏散照明(2ALE01-1)	2号楼消防电梯及JY-6、7、9
备用	地下二层PP-1、2,P-1	备用
		WP1
		20.5/38.9 WP2
	20/26.6 WP1	26/49.4 WP3
	20/26.6 WP2	37/70.3 WP4
112/247.2 WP1	82.8/125.8 WP3	63/123.1 WP5
WP2	82.8/125.8 WP4	59/115.3 WP6
WP3	22/44.6 WP5	WP7
		NH-YJV-5×16
	NH-YJV-5×10	NH-YJV-3×25+2×16
	NH-YJV-5×10	NH-YJV-3×35+2×16
NH-YJV-3×185+2×95	NH-YJV-3×95+2×50	NH-YJV-3×95+2×50
	NH-YJV-3×95+2×50	NH-YJV-3×95+2×50
	NH-YJV-3×25+2×16	

备用型柴油发电机组：600-3412
480kW，cosφ=0.8
50Hz，0.4/0.23kV

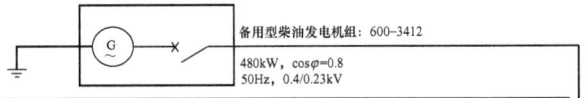

AAE5(600mm)	AAE4(600mm)	AAE3(600mm)	AAE2(600mm)	AAE1(900mm)
TMY-3×(63×10) +2×(50×5) (A,B,C,PEN)				

AAE5栏（左起第一列）：
- 50A/3300 50/5
- 50A/3300 50/5
- 125A/3300 150/5
- 125A/3300 150/5
- 100A/3300 100/5
- 40A/3300 40/5
- 40A/3300 40/5

AAE4栏：
- 180A/3300 200/5
- 180A/3300 200/5
- 80A/3300 100/5
- 63A/3300 60/5
- 50A/3300 50/5
- 100A/3300 100/5
- 63A/3300 75/5

AAE3栏：
- 63A/3300 75/5
- 63A/3300 75/5
- 80A/3300 100/5
- 100A/3300 100/5
- 200A/3300 200/5
- 200A/3300 200/5
- 40A/3300 40/5

AAE2栏：
- 63A/3300 75/5
- 40A/3300 40/5
- 40A/3300 40/5
- 80A/3300 100/5
- 350A/3300 400/5
- 160A/3300 200/5

AAE1栏(900mm)：
DTF-224 1.0级
4ACB E2N-1250/PR111/P-LSI 1250A/4P 1000/5
带机械及电气连锁
5ACB E2N-1250/PR111/P-LSI 1250A/4P
长延时：1250A
短延时：5000A
速断：12500
时间：小
DTF-224 1.0级 1000/5

1号货梯(AP01-HT1)	1号楼疏散照明(1ALE01-1)	备用	备用	市电与柴油发电机电源自动切换柜（要求带机械及电气连锁）
2号货梯(AP01-HT2)	2号楼疏散照明(2ALE01-1)	裙房PY-1、2，JY-1	消防控制室等	
1号楼客梯(1APKT)	地下一、二层应急照明	裙房PY-3、4，JY-4、5	变电所照明等	
2号楼客梯(2APKT)	裙楼一、二层应急照明(ALES-1)	地下一层PP-3、4，P-2	地下二层PP-1、2，P-1	
备用	人防报警间电源	1号楼消防电梯及JY-2、3、8	消火栓泵及自喷泵等	
网络机房电源	人防用电	2号楼消防电梯及JY-6、7、9	1、2号楼给水泵	发电机电源侧计量
电话机房电源	地下室潜水泵2(APd1-2)	地下室潜水泵1(APd2-2)		

	11/30.4	WP1	82.8/125.8	WP1	WP1		WP1		
	11/30.4	WP2			20.5/38.9	WP2	20/26.6	WP2	
	44/109.4	WP3	82.8/125.8	WP2	26/49.4	WP3	20/26.6	WP3	
	44/109.4	WP4	35/59.8	WP3	37/70.3	WP4	22/44.6	WP4	
	54.5/77.7	WP5	20/34.1	WP4	63/123.1	WP5	112/247.2	WP5	
	15/22.8	WP6	15/22.8	WP5	59/115.3	WP6			
	15/22.8	WP7	50/76.0	WP6	14/22.7	WP7	71/121	WP6	WP1
			19/30.8	WP7					

电缆规格：
YJV-5×16	NH-YJV-3×95+1×50	NH-YJV-4×16	NH-YJV-4×10	
YJV-5×16	NH-YJV-3×95+1×50	NH-YJV-3×25+1×16	NH-YJV-4×10	
YJV-3×50+2×25	NH-YJV-3×25+2×16	NH-YJV-3×35+1×16	NH-YJV-3×25+1×16	
YJV-3×50+2×25	NH-YJV-5×16	NH-YJV-3×95+1×50	NH-YJV-3×185+1×95	
YJV-3×35+2×16	YJV-5×10	NH-YJV-3×95+1×50		
YJV-5×10	YJV-3×35+2×16	NH-YJV-3×95+1×50	YJV-3×70+2×35	
YJV-5×10	YJV-5×16	YJV-5×10		3(YJV-3×240+1×120)

YJV-10-3×35 SC80

1000/10
10/0.4/0.23
U_k=6.0%
联结组别：D,yn11
带温控箱
带IP20保护外罩

TM2

CCKX-2500A(四线)
密集式母线槽

2AA5(600mm)	2AA4(600mm)	2AA3(600mm)	2AA2(600mm)	2AA1(600mm)
		TMY-3×(100×10)　+2×(63×10)		

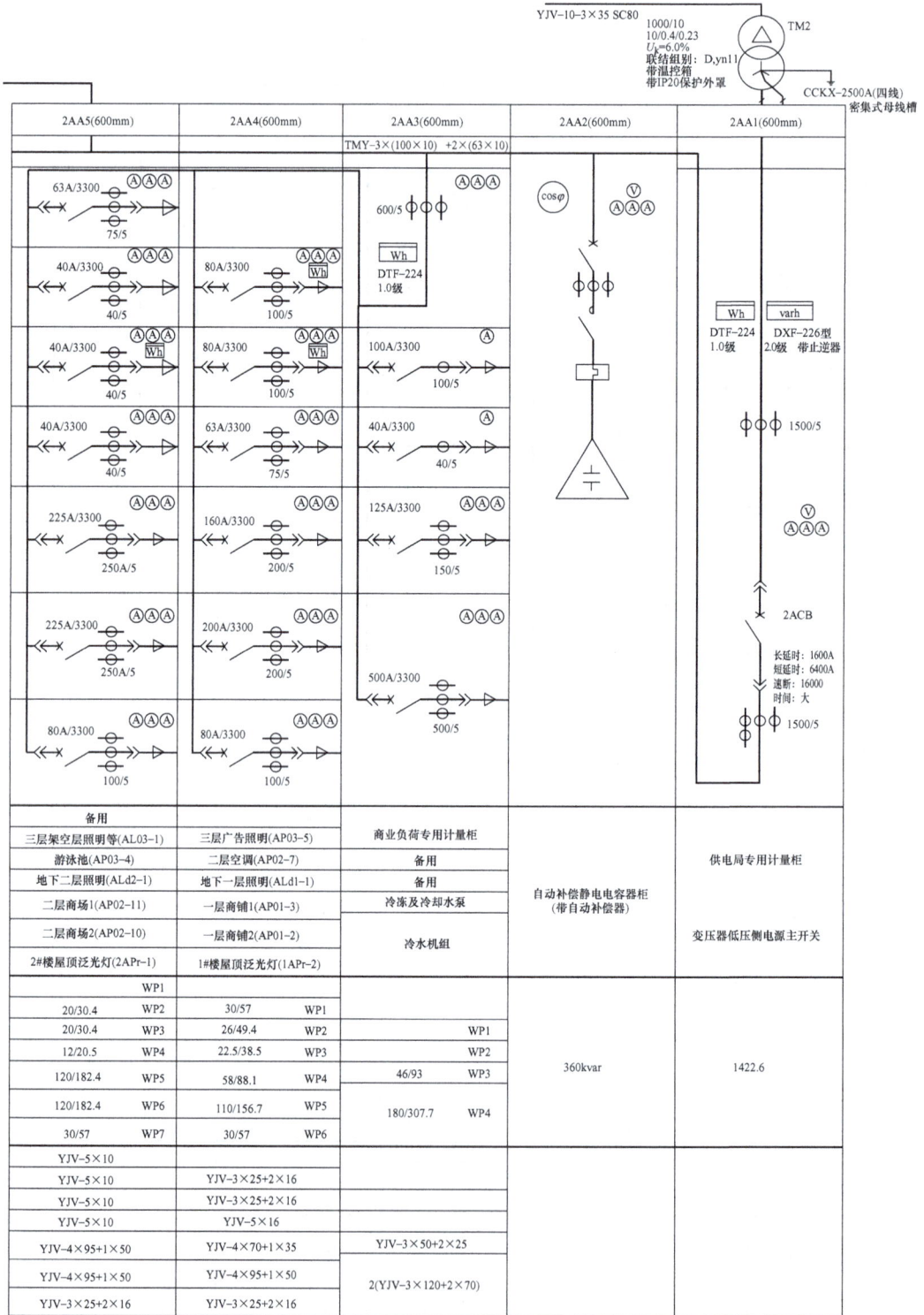

2AA5 柜:
- 63A/3300　75/5
- 40A/3300　40/5
- 40A/3300　40/5　Wh
- 40A/3300　40/5
- 225A/3300　250A/5
- 225A/3300　250A/5
- 80A/3300　100/5

2AA4 柜:
- 80A/3300　100/5　Wh
- 80A/3300　100/5　Wh
- 63A/3300　75/5
- 160A/3300　200/5
- 200A/3300　200/5
- 80A/3300　100/5

2AA3 柜:
- 600/5
- Wh DTF-224 1.0级
- 100A/3300　100/5
- 40A/3300　40/5
- 125A/3300　150/5
- 500A/3300　500/5

2AA2 柜:
- cosφ

2AA1 柜:
- Wh DTF-224 1.0级
- varh DXF-226型 2.0级 带止逆器
- 1500/5
- 2ACB
  - 长延时：1600A
  - 短延时：6400A
  - 速断：16000
  - 时间：大
- 1500/5

2AA5(600mm)	2AA4(600mm)	2AA3(600mm)	2AA2(600mm)	2AA1(600mm)
备用		商业负荷专用计量柜		
三层架空层照明等(AL03-1)	三层广告照明(AP03-5)			
游泳池(AP03-4)	二层空调(AP02-7)	备用		供电局专用计量柜
地下二层照明(ALd2-1)	地下一层照明(ALd1-1)	备用		
二层商场1(AP02-11)	一层铺1(AP01-3)	冷冻及冷却水泵	自动补偿静电电容器柜	
二层商场2(AP02-10)	一层铺2(AP01-2)	冷水机组	(带自动补偿器)	变压器低压侧电源主开关
2#楼屋顶泛光灯(2APr-1)	1#楼屋顶泛光灯(1APr-2)			
	WP1			
20/30.4　WP2	30/57　WP1			
20/30.4　WP3	26/49.4　WP2	WP1		
12/20.5　WP4	22.5/38.5　WP3	WP2		
120/182.4　WP5	58/88.1　WP4	46/93　WP3	360kvar	1422.6
120/182.4　WP6	110/156.7　WP5	180/307.7　WP4		
30/57　WP7	30/57　WP6			
YJV-5×10				
YJV-5×10	YJV-3×25+2×16			
YJV-5×10	YJV-3×25+2×16			
YJV-5×10	YJV-5×16			
YJV-4×95+1×50	YJV-4×70+1×35	YJV-3×50+2×25		
YJV-4×95+1×50	YJV-4×95+1×50	2(YJV-3×120+2×70)		
YJV-3×25+2×16	YJV-3×25+2×16			

附录 C　竖向配电干线系统图

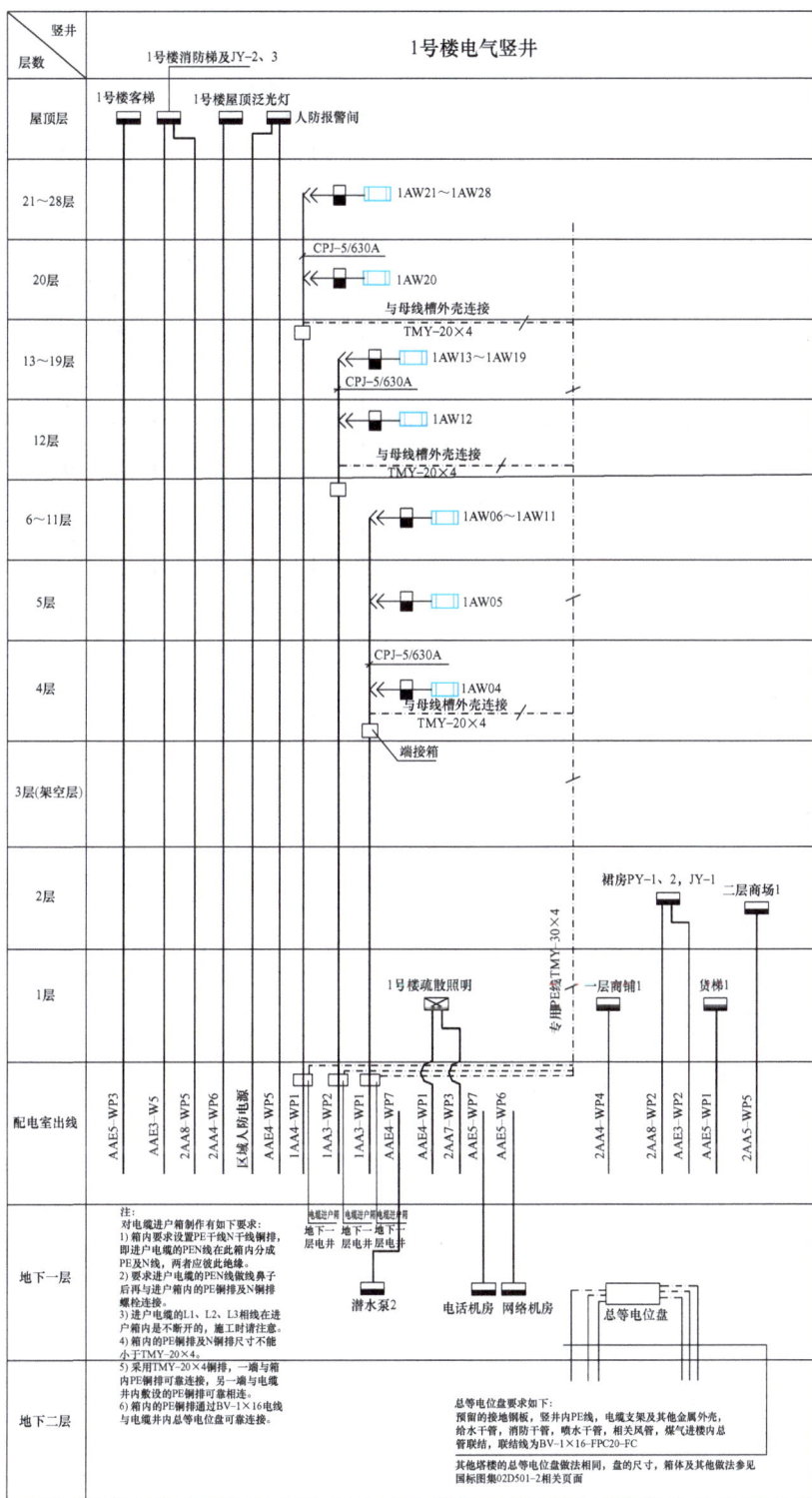

2号楼电气竖井

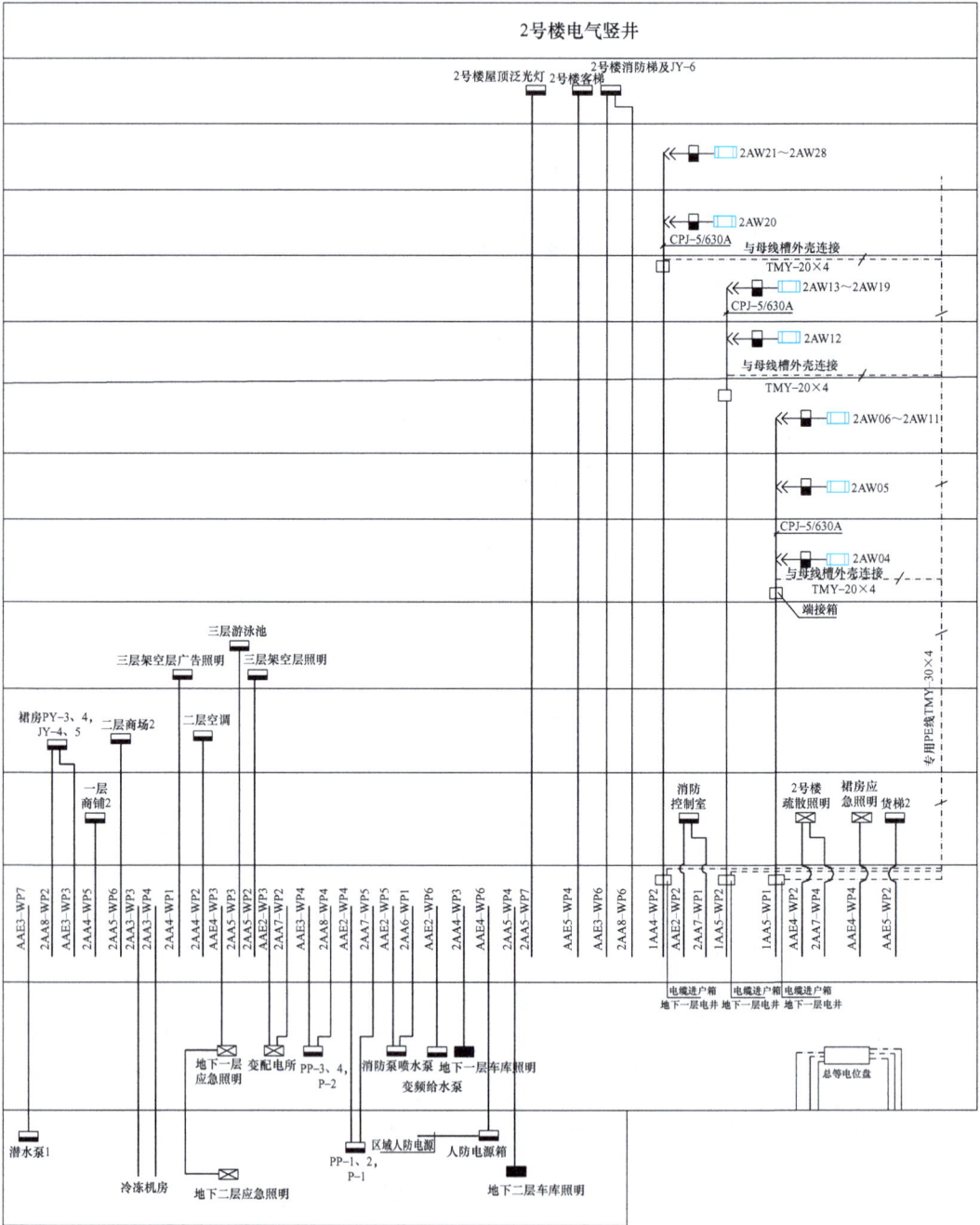

项目	说明
2号楼屋顶泛光灯 2号楼客梯	2号楼消防梯及JY-6

2AW21～2AW28

2AW20
CPJ-5/630A
TMY-20×4 与母线槽外壳连接

2AW13～2AW19
CPJ-5/630A

2AW12
与母线槽外壳连接
TMY-20×4

2AW06～2AW11

2AW05

CPJ-5/630A
2AW04
与母线槽外壳连接
TMY-20×4
端接箱

专用PE线TMY-30×4

三层游泳池
三层架空层广告照明 三层架空层照明

裙房PY-3、4, 二层商场2 二层空调
JY-4、5

一层商铺2

消防控制室 2号楼疏散照明 裙房应急照明 货梯2

AAE3-WP7
2AA8-WP2
AAE3-WP3
2AA4-WP5
2AA5-WP6
2AA3-WP3
AAE3-WP4
2AA4-WP1
2AA4-WP2
AAE4-WP3
2AA5-WP3
AAE2-WP3
2AA7-WP2
2AA8-WP4
AAE3-WP4
AAE2-WP4
2AA7-WP5
AAE2-WP5
2AA6-WP1
AAE2-WP6
2AA4-WP3
AAE4-WP6
2AA5-WP4
2AA5-WP7
AAE5-WP4
AAE3-WP6
2AA8-WP6
1AA4-WP2
AAE2-WP2
2AA7-WP1
1AA5-WP2
1AA5-WP1
AAE4-WP2
2AA7-WP4
AAE4-WP4
AAE5-WP2

电缆进户箱 电缆进户箱 电缆进户箱
地下一层电井 地下一层电井 地下一层电井

地下一层 变配电所 PP-3、4, 消防泵喷水泵 地下一层车库照明
应急照明 P-2 变频给水泵

总等电位盘

潜水泵1

冷冻机房 地下二层应急照明 PP-1、2, 区域人防电源 人防电源箱
P-1 地下二层车库照明

附录 D　某型号塑料外壳式断路器参数表

表 D-1　分断能力参数

型号	CDM10-100	CDM10-250	CDM10-600
额定电流 I_n/A	15/20/25/30/40	100/120/140/150	200/250/300/350
	50/60/80/100	170/200/250	400/500/600
最大额定电流 /A	100	250	600
额定极限短路分断能力 I_{cu}/kA	10	20	25
额定运行短路分断能力 I_{cs}/kA	5	10	12.5
功率损耗 /W	25	55	130
飞弧距离 /mm	≤200	≤200	250

表 D-2　控制电路参数

类型		分励线圈	欠电压线圈		电动机构	
额定工作电压 U_s/V	AC（50Hz）	110　230　400	230	400	230	400
	DC	24　48　110　220	—		—	

表 D-3　辅助触头参数

类型		225A 及以下电流规格	400A 及以上电流规格
约定发热电流 I_{th}/A		3	3
额定绝缘电压 U_i/V		400	400
额定工作电流 I_e/A	AC 400V	0.26	0.4
	DC 220V	0.15	0.2

表 D-4　短路保护整定值

型号	试验电流		整定值准确度（%）	脱扣约定时间 /s	起始状态
	配电保护	电动机保护			
CDM10-100/250	$10I_n$	$12I_n$	±20	<0.2	冷态
CDM10-600	$10I_n$	—			

表 D-5　反时限断开动作参数

保护类型	额定电流范围	基准温度	特定电流整定倍数下的动作时间（电流值 / 起始状态）			
			约定不脱扣电流	约定脱扣电流		可返回
配电保护型	—	+30℃	$1.05I_n$（冷态）	$1.3I_n$（热态）		$3.0I_n$（冷态）
	$I_n \leqslant 63A$		≥1h	<1h		5s
	$63A < I_n \leqslant 225A$		≥2h	<2h		8s
	$I_n > 225A$		≥2h	<2h		8s
电动机保护型	—	+40℃	$1.01I_n$（冷态）	$1.2I_n$	$1.5I_n$（热态）	$7.2I_n$（冷态）
	$1.01I_n \leqslant 100A$		≥2h	<2h	≤2min	$2s < T_p \leqslant 10s$
	$100A < I_n \leqslant 250A$				≤4min	$4s < T_p \leqslant 10s$

注：1. 可返回时间特性试验只在型式试验中进行。
　　2. 热态是指通以约定不脱扣电流到规定时间的状态。

附录 E 450V/750V 型聚氯乙烯绝缘导线穿管载流量和管径

铜

每管 2 线靠墙

线芯截面/mm²	不同环境温度的载流量/A 25℃	30℃	35℃	40℃	管径1/mm SC	MT	PC	管径2/mm SC	MT	PC
1.5	19	17.5	16	15	15	16	16	15	16	16
2.5	25	24	22	21	15	16	16	15	16	16
4	34	32	30	28	15	19	16	15	16	16
6	43	41	38	36	20	25	20	15	16	20
10	60	57	53	49	20	25	25	20	25	25
16	81	76	71	66	25	32	32	25	32	32
25	107	101	94	87	32	38	32	32	32	32
35	133	125	117	108	32	38	40	32	38	40
50	160	151	141	131	40	(51)	50	40	51	50
70	204	192	180	166	50	(51)	63	50	51	63
95	246	232	217	201	50		63	50		63
120	285	269	252	233	65			70		63
150	318	300	281	260	65			70		(63)
185	362	341	319	295	65			80		
240	424	400	374	346	65			80		
300	486	458	428	397	80					

每管 3 线靠墙

线芯截面/mm²	不同环境温度的载流量/A 25℃	30℃	35℃	40℃	管径1/mm SC	MT	PC	管径2/mm SC	MT	PC
1.5	16	15.5	14	13	15	16	16	15	16	16
2.5	22	21	20	18	15	16	16	15	16	16
4	30	28	26	24	15	19	20	15	19	20
6	38	36	34	31	20	25	20	15	19	20
10	53	50	47	43	25	25	25	25	32	32
16	72	68	64	59	25	32	32	25	32	32
25	94	89	83	77	32	38	40	32	38	40
35	117	110	103	95	32	(51)	40	40	51	50
50	142	134	125	116	40	(51)	50	50	51	63
70	181	171	160	148	50	(51)	63	70		
95	220	207	194	179	65		63	70		
120	253	239	224	207	65			80		
150	278	262	245	227	65			80		
185	314	296	277	256	80					
240	367	346	324	300	80					
300	418	394	369	341						

每管 4 线靠墙

线芯截面/mm²	不同环境温度的载流量/A 25℃	30℃	35℃	40℃	管径1/mm SC	MT	PC	管径2/mm SC	MT	PC
1.5	15	14	13	12	15	16	16	15	16	16
2.5	20	19	18	16	15	19	20	15	20	20
4	27	25	23	22	20	20	20	15	20	20
6	34	32	30	28	20	25	25	20	25	25
10	48	45	42	39	25	32	32	25	32	32
16	65	61	57	53	32	38	32	32	38	40
25	85	80	75	69	32	(51)	40	40	51	50
35	105	99	93	86	50	(51)	50	50	51	63
50	128	121	113	105	50	(51)	63	50	(51)	63
70	163	154	144	133	65		63	70		
95	197	186	174	161	65		63	80		
120	228	215	201	186	80					
150	261	246	230	213						
185	296	279	261	242						

每管 5 线靠墙或埋墙

线芯截面/mm²	管径1/mm SC	MT	PC	管径2/mm SC	MT	PC
1.5	15	19	20	15	20	20
2.5	15	19	20	15	20	20
4	20	25	25	20	25	25
6	20	25	32	20	25	25
10	32	38	32	32	38	40
16	32	38	40	32	38	50
25	50	51	50	50	51	63
35	50	(51)	63	50	(51)	63
50	65		63	70		
70	80			80		
95	80			100		
120	80			100		
150	80			100		
185	100			25		
240	100			150		
300	125			150		

注: 1. 管径 1 按导线总截面积≤保护管内孔面积的 40% 计,管径 2 按导线总截面积≤保护管内孔面积的 33% 计。

2. 线芯截面为 10～500mm² 的导线按导线总截面积≤保护管内孔面积的 27.5% 计;线芯截面≥70mm² 的导线按导线总截面积≤保护管内孔面积的 22% 计。

3. 无论管径 2 或管径 1,都规定直管长度≤30m,一个弯管长度≤20m,两个弯管长度≤15m,三个弯管应放大一级管径,超长应设拉线盒或放大一级管径。

4. 小括号中的管径数据不推荐使用。

5. 每管 5 线时,4 线为载流导体,因此载流量数据与每管 4 线时相同。若每管 4 线组成一个三相四线制系统,则载流量数据应参考每管 3 线。

6. SC 为焊接钢管或 KBG 管(国标扣压式导线管),MT 为黑铁导线管,PC 为硬塑料管。

附录 F 利用系数表

表 F-1 某 LED 支架灯具利用系数表

有效顶棚反射系数（%）	70			50			30		
墙壁反射系数（%）	50	30	10	50	30	10	50	30	10
地面反射系数（%）	20			20			20		
室形指数	利用系数（%）								
0.75	51	43	37	47	40	35	44	38	33
1.00	58	50	44	54	47	42	50	44	40
1.25	65	58	52	60	54	49	56	51	46
1.50	70	63	57	65	59	54	60	55	51
2.00	77	71	65	71	66	61	66	61	57
2.50	82	76	71	76	71	66	70	66	62
3.00	86	80	75	79	74	70	73	69	66
4.00	90	86	81	83	79	76	76	73	71
5.00	94	89	86	86	83	80	79	76	74

表 F-2 某 LED 筒灯利用系数表

有效顶棚反射系数（%）	70			50			30		
墙壁反射系数（%）	50	30	10	50	30	10	50	30	10
地面反射系数（%）	20			20			20		
室形指数	利用系数（%）								
0.75	65	58	52	63	57	52	62	56	52
1.00	75	68	63	73	67	63	71	66	62
1.25	82	75	71	79	74	70	77	73	69
1.50	86	81	76	84	79	75	81	77	74
2.00	93	88	84	90	86	82	87	84	81
2.50	97	93	89	94	90	87	91	88	85
3.00	100	96	93	97	93	90	93	90	88
4.00	104	101	98	100	97	95	96	94	92
5.00	106	103	101	102	100	98	98	96	95

附录 G 带反射罩荧光灯单位面积的安装功率

（单位为 W/m²）

计算高度 /m	房间面积 /m²	荧光灯照度 /lx					
		30	50	75	100	150	200
2 ~ 3	10 ~ 15	3.2	5.2	7.8	10.4	15.6	21.0
	15 ~ 25	2.7	4.5	6.7	8.9	13.4	18.0
	25 ~ 50	2.4	3.9	5.8	7.7	11.6	15.4
	50 ~ 150	2.1	3.4	5.1	6.8	10.2	13.6
	150 ~ 300	1.9	3.2	4.7	6.3	9.4	12.5
	300 以上	1.8	3.0	4.5	5.9	8.9	11.0
3 ~ 4	10 ~ 15	4.5	7.5	11.3	15.0	23	30.0
	15 ~ 20	3.8	6.2	9.3	12.4	19	25.0
	20 ~ 30	3.2	5.3	8.0	10.6	15.9	21.2
	30 ~ 50	2.7	4.5	6.8	9.0	13.6	18.1
	50 ~ 120	2.4	3.9	5.8	7.7	11.6	15.4
	120 ~ 300	2.1	3.4	5.1	6.8	10.2	13.5
	300 以上	1.9	3.2	4.8	6.3	9.5	12.6

附录 H 民用建筑用电设备的 K_d、$\cos\varphi$、$\tan\varphi$

用电设备组名称		K_d	$\cos\varphi$	$\tan\varphi$
通风和采暖用电	各种风机、空调器	0.70 ~ 0.80	0.80	0.75
	恒温空调箱	0.60 ~ 0.70	0.95	0.33
	集中式电热器	1.00	1.00	0
	分散式电热器	0.75 ~ 0.95		
	小型电热设备	0.30 ~ 0.5	0.95	0.33
各种水泵		0.60 ~ 0.80	0.80	0.75
起重运输设备	客梯（1.5t 及以下）	0.35 ~ 0.5	0.5	1.73
	客梯（2t 及以上）	0.6	0.7	1.02
	货梯	0.25 ~ 0.35	0.5	1.73
	输送带	0.60 ~ 0.65	0.75	0.88
	起重机械	0.10 ~ 0.20	0.50	1.73
锅炉房用电		0.75 ~ 0.85	0.85	0.62

（续）

用电设备组名称		K_d	$\cos\varphi$	$\tan\varphi$
冷冻机		0.85 ～ 0.90	0.80 ～ 0.90	0.48 ～ 0.75
厨房及卫生用电	食品加工机械	0.50 ～ 0.70	0.80	0.75
	电饭锅、电烤箱	0.85	1.00	0
	电炒锅	0.70		
	电冰箱	0.60 ～ 0.70	0.70	1.02
	热水器（淋浴用）	0.65	1.00	0
	除尘器	0.30	0.85	0.62
机修用电	修理间机械设备	0.15 ～ 0.20	0.50	1.73
	电焊机	0.35	0.35	2.68
	移动式电动工具	0.20	0.50	1.73
打包机			0.60	1.33
洗衣房动力		0.30 ～ 0.50	0.70 ～ 0.9	0.48 ～ 1.02
天窗开闭机		0.10	0.50	1.73
通信及信号设备	载波机	0.85 ～ 0.95	0.80	0.75
	收讯机	0.80 ～ 0.90		
	发讯机	0.70 ～ 0.80		
	电话交换台	0.75 ～ 0.85		
客房床头电气控制箱		0.15 ～ 0.25	0.60	1.33

参考文献

[1] 刘介才.供配电技术 [M].4 版.北京：机械工业出版社，2017.

[2] 王晓丽.供配电系统 [M].北京：机械工业出版社，2004.

[3] 范同顺，苏玮.建筑供配电与照明 [M].北京：中国建设科技出版社，2012.

[4] 李有安，刘晓敏.建筑电气实训指导 [M].北京：科学出版社，2003.

[5] 谢秀颖.电气照明技术 [M].2 版.北京：中国电力出版社，2008.

[6] 郑凤翼.建筑电气快速识图 [M].福州：福建科学技术出版社，2006.

[7] 高满茹.建筑配电与设计 [M].2 版.北京：中国电力出版社，2010.

[8] 李英姿.住宅电气系统设计教程 [M].北京：机械工业出版社，2005.

[9] 戴瑜兴.民用建筑电气设计手册 [M].2 版.北京：中国建筑工业出版社，2007.

[10] 李兴林，李华英.低压保护的选择性配合 [J].建筑电气，2004（5）：3-10.

[11] 李惠菁.电气火灾监控系统设置 [J].建筑电气，2009，28（10）：8-10.

[12] 姜培亮，阚成杰，李富臻，等.对现行《建筑电气工程施工质量验收规范》的几点看法（之五）[J].工程建筑标准化，2008（3）：32-34.

[13] 徐华.等电位联结的研究 [J].低压电器，2007（6）：1-6，13.

[14] 顾惠民.断路器过电流保护脱扣器的设计研究 [J].电器与能效管理技术，2016（2）：9-15，22.

[15] 王厚余.论低压电气装置的接地 [J].电世界，2015，56（11）：1-5.

[16] 杜伯学，马宗乐，霍振星，等.电力电缆技术的发展与研究动向 [J].高压电器，2010，46（7）：100-104.

[17] 王厚余.简论我国建筑电气设计规范 [J].建筑电气，2016（3）：10-15.

[18] 陈洁，吴海涛.某海上天然气平台空压机配电柜三相短路电流计算与分析 [J].电工技术，2017（5）：116-118.

[19] 陈昊琳，张国庆，郭志忠.故障录波器发展历程及现状分析 [J].电力系统保护与控制，2010，38（5）：148-152.

[20] 赵莹莹，纪航，王逊峰，等.电力电缆载流量计算方法综述 [J].电力与能源，2022，43（4）：299-303，331.

[21] 于庆武，顾明，张洪成.应急电源 EPS 的应用与分析 [J].中国电力教育，2009（S1）：281-283.

[22] 高强，李俊格，刘育权，等.基于二次设备远方控制的备用电源自动投入装置在线投退技术 [J].广东电力，2017，30（2）：91-96.

[23] 王健，汤淼，白歆海.大连滨海阳光别墅小区供配电系统设计方案 [J].中国住宅设施，2005，（7）：50-51

[24] 王高，汪海.别墅项目电气设计要点分析 [J].智能建筑电气技术，2019，13（2）：16-19.

[25] 王继业，王德林，杨国生，等.大数据技术在继电保护领域的研究与应用 [J].电力信息与通信技术，2016，14（12）：1-8.

[26] 俞学豪.物联网技术在建筑能源管理系统中的应用 [J].中国新技术新产品，2020（22）：37-39.

[27] 石文喆，李冰洁，尤培培，等.基于深度强化学习的建筑能源系统优化策略 [J].中国电力，2023，56（6）：114-122.

[28] 卜佩征，俞庆，孙尧.建筑节能与建筑能源管理系统设计 [J].浙江电力，2013，32（12）：62-66.

[29] 王雪，高云广，咨伶艳，等.有源电力滤波器的研究现状与展望 [J].电力系统保护与控制，2019，47（1）：177-186.

[30]　罗礼培.电机节能技术及其发展趋势 [J].上海节能，2017（8）：443-450.

[31]　邓攀，鲁新义，李华.电机节能降耗技术发展概述 [J].武汉工程职业技术学院学报，2018，30（1）：1-6.

[32]　陈莹，张争.超高层建筑供配电系统设计探讨 [J].智能建筑电气技术，2019，13（6）：51-57.

[33]　安娜.住宅小区供配电系统设计要点 [J].智能建筑电气技术，2019，13（5）：71-75.

[34]　王厚余.住宅电气设计刍议 [J].建筑电气，2016，35（1）：3-7.

[35]　袁樵.办公室照明方式与视觉功效 [J].照明工程学报，2006（3）：40-45.